Bertil Sander

Schattenrecht der Schwarzarbeit

PL ACADEMIC RESEARCH

Bibliografische Information der Deutschen Nationalbibliothek
Die Deutsche Nationalbibliothek verzeichnet diese Publikation in der Deutschen Nationalbibliografie; detaillierte bibliografische Daten sind im Internet über http://dnb.d-nb.de abrufbar.

Zugl.: Hamburg, Bucerius Law School, Diss., 2014

H 360
ISSN 0531-7312
ISBN 978-3-631-66281-6 (Print)
E-ISBN 978-3-653-05447-7 (E-Book)
DOI 10.3726/978-3-653-05447-7

PL Academic Research ist ein Imprint der Peter Lang GmbH.
Peter Lang – Frankfurt am Main · Bern · Bruxelles · New York · Oxford · Warszawa · Wien

Diese Publikation wurde begutachtet.

www.peterlang.com

Vorwort

Die vorliegende Untersuchung zu einem „Schattenrecht der Schwarzarbeit" wurde von der Bucerius Law School im Herbsttrimester 2014 als Dissertation angenommen. Die Last der Erst- und der Zeitkorrektur hatten Herr Professor Dr. Christian Bumke und Herr Professor Dr. Matthias Jacobs auf sich genommen. Herrn Professor Dr. Bumke schulde ich zugleich Dank für die Begleitung der Arbeit durch fördernde Diskussion.

Die Anregung zu dem Thema habe ich aus der Mitwirkung an einer Prüfung der Schwarzarbeitsbekämpfung durch den Bundesrechnungshof gewonnen. Die Ergebnisse dieser Prüfung, über die dem Deutschen Bundestag berichtet wurde, belegen die Relevanz des Themas auf der empirischen Ebene. Mit ihrer Aufbereitung auf der normativen Ebene soll ein Beitrag zu Reflektion, Evaluation und Fortentwicklung staatlicher Rechtssetzung geleistet werden.

Das Promotionsverfahren wurde am 3. November 2014 mit der mündlichen Prüfung abgeschlossen.

Hamburg/Berlin, den 8. April 2015 — Bertil Sander

Inhaltsverzeichnis

Einleitung und Fragestellungen

Im Jahre 2004 hatte Schwarzarbeit nach Auffassung staatlicher Akteure „ein alarmierendes Niveau erreicht“[1]. Zu ihrer Bekämpfung entwickelten die Bundesregierung[2] und die Regierungsfraktionen des Bundestages[3] deshalb einen neuen Ansatz, den sie als „mehrschichtig“ bezeichneten, weil sich darin eine „Erhöhung des Verfolgungsdrucks“ mit dem Ziel verbinden soll, „neues Unrechtsbewusstsein gegenüber der Schwarzarbeit zu schaffen und rechtmäßiges Verhalten zu fördern“[4]. Mit einem zustimmungsbedürftigen Artikelgesetz wurde das Schwarzarbeitsbekämpfungsrecht novelliert[5]. Dabei galt „die grundlegende Neufassung des Gesetzes zur Bekämpfung der Schwarzarbeit[6]“ als „Kern der Neuregelungen“[7] und nahm der Gesetzgeber für sich in Anspruch, „die vielfältigen Erscheinungsformen der Schwarzarbeit erstmalig“ in einer Legaldefinition erfasst zu haben[8]. Nach seinem Verständnis liegt Schwarzarbeit „bei Verletzung von Melde-, Aufzeichnungs- und Zahlungspflichten nach Steuerrecht und Sozialgesetzbuch (vor)“[9]. Auf den sozio-ökonomischen Kontext kommt es dabei nicht an; unerheblich ist deshalb, ob etwa der Fliesenleger bei der Renovierung des Einfamilienhauses oder auf einer Großbaustelle schwarzarbeitet.

Der Vollzug des neuen Schwarzarbeitsbekämpfungsgesetzes[10] (im Folgenden zitiert als: SchwarzArbG 2004) liegt im Wesentlichen bei der Zollverwaltung[11],

---

1 BT-Drs. 15/2948, S. 5; 15/2573, S. 1
2 BT-Drs. 15/2948
3 BT-Drs. 15/2573
4 BT-Drs. 15/2948, S. 5; 15/2573, S. 17
5 Gesetz zur Intensivierung der Bekämpfung der Schwarzarbeit und damit zusammenhängender Steuerhinterziehung vom 23.07.2004 (BGBl. I S. 1842) – Ausgangspunkt des Gesetzgebungsverfahrens war ein Regierungs- entwurf (BT-Drs. 15/2948), der in Text und Begründung mit einer Vorlage der Regierungsfraktionen gleich lautet und hierauf verweist (BT- Drs. 15/2573); die BT-Drs. werden hier daher gemeinsam zitiert.
6 scil. in der Fassung der Bekanntmachung vom 06.02.1995 (BGBl. I S. 165)
7 BT-Drs. 15/2948, S. 5; 15/2573, S. 17
8 BT-Drs. 15/2948, S. 5; 15/2573, S. 1
9 BT-Drs. 15/2948, S. 5; 15/2573, S. 17
10 Gesetz zur Bekämpfung der Schwarzarbeit und illegale Beschäftigung (Schwarzarbeitsbekämpfungsgesetz – SchwarzArbG), verkündet als Artikel 1 des Artikelgesetzes (Fn. 5)
11 vgl. §§ 2; 14 SchwarzArbG 2004 sowie Huchatz/Materna, in: Bönders, Thomas (Hrsg.) Kompetenz und Verantwortung in der Bundesverwaltung – 30 Jahre Fachhochschule des Bundes für öffentliche Verwaltung, 2009, S. 669ff.

die hierfür rd. 6.300 Bedienstete (2011)[12] als sog. Finanzkontrolle Schwarzarbeit (FKS)[13] einsetzt. Die FKS führt bundesweit Prüfungen und Ermittlungen durch, nach denen es ggf. zu Bußgeld- und/oder Strafverfahren kommt. Dabei steht sie unter der ausdrücklichen Vorgabe, sich an der Höhe des vermuteten Steuer- und Sozialversicherungsschadens zu orientieren[14]. Auf diese Weise „sollen ab 2004 Mehreinnahmen von 1 Mrd. Euro jährlich für den Bund erzielt werden"[15]. Die aus dieser Vorgabe entstandene Vollzugspraxis ruft Kritik hervor. So weisen etwa Arbeitgeberverbände und Gewerkschaften des Baugewerbes gemeinsam darauf hin, dass die FKS ihre Bekämpfungsressourcen auf gewerbliche (Groß-) Baustellen konzentriert, während der sprichwörtliche Häuslebauer von Kontrollen weitgehend verschont bleibt[16]. Die Steuerungsverantwortlichen im Zoll bestreiten die Unterscheidung nicht, halten daran aber für den Bau ebenso wie für andere Arbeitsleistungen grundsätzlich fest[17]. Denn ihre Bekämpfungsstrategie beruht auf der Unterscheidung eines gewerblichen von einem privaten Bereich der Schwarzarbeit. Sie ist darauf ausgelegt, den kodifizierten Gesetzeszweck („Intensivierung der Bekämpfung der Schwarzarbeit"[18]) im gewerblichen Bereich zu verfolgen; im privaten Bereich dagegen will die FKS kaum bzw. gar nicht in Erscheinung treten.

Mit Blick auf die verfassungsrechtliche Bindung der Zollverwaltung an Gesetz und Recht gemäß Art. 20 Abs. 3 GG stellt sich die Frage nach der Legitimation für diese Vorgehensweise gegenüber der Schwarzarbeit. Denn strukturell betrachtet, handelt es sich hierbei um die administrative Aufspaltung, d.h. Veränderung, eines gesetzlich als Einheit erfassten Regelungsgegenstandes. Die hier angestellte Untersuchung geht dieser Frage nach. Ihr Ausgangspunkt ist die Beobachtung, dass der im Bundesgesetzblatt verkündete Wortlaut des Schwarz- ArbG 2004 für die gespaltene Bekämpfungsstrategie der FKS keine Grundlage bietet. Eine deshalb vorgenommene Analyse der Gesetzgebungstechnik und der Gesetzgebungsmaterialien führt allerdings zur Wahrnehmung eines legislatorischen

12 BT-Drs. 17/6219, S. 3

13 vgl. http://www.bundesfinanzministerium.de

14 14 vgl. BT-Drs. 15/2948, S. 5; 15/2573, S. 17

15 BT-Drs. 15/2948, S. 5; 15/2573, S. 2

16 Hauptverband der Deutschen Bauindustrie, Zentralverband des Deutschen Baugewerbes und IG BAU Gemeinsame Presseinfo vom 18.02.2011 http://www.bauindustrie.de/index.php?page=188&article=1871

17 Immobilien Zeitung Nr. 14/2011 vom 07.04.2011, S. 3 http://www.immobilien-zeitung.de/107040/fuer-2-50-euro-auf-bau-malochen

18 § 1 Abs. 1 SchwarzArbG 2004

Willens, der seinerseits von dem Gesetzeswortlaut abweicht. Als Teil des Artikelgesetzes und mit dessen Begründung wird das SchwarzArbG 2004 durch Tatbestands- und Verfolgungsprivilegien eingehegt, die entweder mit Gesetzeskraft ausgestattet sind oder sich in parlamentsöffentlich artikulierten Erwartungen der Legislativakteure an die Verwaltung manifestieren. Die Rede ist von einem „Maßnahmen- und Gesetzespaket“[19], wobei als Mehrheitswille der Legislativakteure in Bundestag und Bundesrat[20] sichtbar wird, dass das SchwarzArbG 2004 auf den sog. Privatbereich „nicht angewendet werden soll“[21]. In ihrer Gesamtheit betrachtet, verbinden sich die Tatbestands- und Verfolgungsprivilegien zu einem legislatorischen Schattenrecht der Schwarzarbeit, an das sich die Zollverwaltung gebunden hält.

Ziel der Untersuchung ist es, das legislatorische Schattenrecht der Schwarzarbeit in seinen Erscheinungsformen zu beschreiben, nach seiner Justiziabilität im Rechtsschutzsystem des GG zu befragen, die Ursachen des Phänomens zu erkunden und es schließlich in einen rechtstheoretischen Kontext zu stellen.

Unter der Geltung des GG üben neben dem Gesetzgeber auch die Gerichte Einfluss auf die Ausgestaltung der staatlichen Rechtsordnung aus. Zwar steht das sog. Richterrecht dem Gesetzesrecht im Range nach[22]; jedoch ist es verfassungsrechtlich legitimiert und für die Rechtspraxis oftmals von gesetzesgleicher Bedeutung[23]. Diese Bedeutung führt zu der Frage nach dem Umgang einerseits des Bundesgerichtshofs (BGH) und andererseits des Bundesarbeitsgerichts (BAG) mit der Schwarzarbeit. Dabei zeigen sich auch hier schattenrechtliche Phänomene, die es erforderlich machen, neben der legislatorischen noch eine justizielle Kategorie des Schattenrechts zu bilden. Erst unmittelbar vor Abschluss der vorliegenden Untersuchung hat der BGH auf eine Zulassungsrevision[24] zumindest für seinen Kompetenzbereich die weitere Ausbildung des justiziellen Schattenrechts eingedämmt[25].

---

19 BT-Drs. 15/2948, S. 5; 15/2573, S. 1 bzw. „Maßnahmen- und Gesetzgebungspaket“, a.a.O. S. 17

20 vgl. die Stellungnahme des Bundesrates zum SchwarzArbG 2004-E - BT-Drs. 15/2948, S. 6; Tz. 2

21 Plenarprotokoll 15/108, S. 9749 (B); vgl. auch S. 9744 (D) http://www.gesmat.bundesgerichtshof.de/gesetzesmaterialien/15_wp/Schwarzarbeit/schwarzarbeit-index.htm

22 vgl. BVerfGE 84, 212, 227 (Rn. 42)

23 vgl. BVerfGE 34, 269, 286 sowie allgemein: Rüthers/Fischer, Rechtstheorie, 5. Auflage 2010, S. 159ff.

24 § 542 Abs. 2 Nr. 1 ZPO

25 BGH, Urteil vom 1.8.2013 – VII ZR 6/13 – NZBau 3013, 627

Beschreibung und Verständnis des legislatorischen und des justiziellen Schattenrechts werden erleichtert, wenn man sich zuvor das staatliche Gesetzes- und Richterrecht der Arbeitskraftverwertung vor Augen führt. Dabei ist zwischen den Grundformen und jenen normativen Varianten zu unterscheiden, bei denen es sich um staatliche Reaktionen auf gesellschaftliche Formen illegaler Arbeitskraftverwertung (Schwarzarbeit) handelt. Die Grundformen werden im ersten Teil, die Varianten im dritten Teil dargestellt. Dazwischen, also im zweiten Teil der Untersuchung, ist eine Beschreibung des derzeit vorhandenen Wissens über Schwarzarbeit und ihre Ursachen angesiedelt. Dieser Aufbau ermöglicht es, Wechselbeziehungen staatlichen und gesellschaftlichen Akteursverhaltens aufzuzeigen und so die Grundlage für die Beschreibung des Schattenrechts selbst im vierten Teil zu gewinnen.

Erster Teil: Normative Formen legaler Arbeitskraftverwertung

Arbeitskraftverwertung nach staatlichen Regeln vollzieht sich in Selbständigkeit oder Unselbständigkeit des Anbieters. Als rechtlich selbständig gilt, wer seine Tätigkeit im Wesentlichen frei gestalten und seine Arbeitszeit bestimmen kann; als unselbständig wird angesehen, wer in Bezug auf Inhalt, Zeit und Ort der Arbeitsleistung einer vertraglichen Bindung oder dem Weisungsrecht eines Dritten unterliegt[26].

Bei einer Erwerbsbevölkerung von rd. 41,1 Mio. Personen verwerten rd. 4,6 Mio. (rd. 11 %) Anbieter ihre Arbeitskraft in selbständiger und rd. 36,5 Mio. (rd. 89%) in unselbständiger Stellung (Stand: Februar 2012)[27].

A. Dienst- und Werkvertragsrecht

Normative Grundform selbständiger Arbeitskraftverwertung ist der Dienst- bzw. der Werkvertrag im Sinne des Bürgerlichen Gesetzbuchs (BGB).

I. Leistungsgegenstand

Vereinbaren die Parteien nur die Arbeitsleistung als solche, liegt ein Dienstvertrag vor[28]; verspricht der Anbieter dem Nachfrager zugleich einen (gegenständlichen) Erfolg, bestimmen sich die gegenseitigen Rechte und Pflichten nach den gesetzlichen Regeln über den Werkvertrag[29].

II. Vergütung

Mit dem Merkmal der Vergütung grenzt das staatliche Recht den Dienst- bzw. Werkvertrag vom unentgeltlichen Auftrag[30] sowie von der ebenfalls unentgeltlichen Gefälligkeit ab[31], bei der allerdings zugleich der Rechtsbindungswille fehlen muss[32]. Für das Erkenntnisinteresse der vorliegenden Untersuchung ist die

26 vgl. § 84 Abs. 1 S. 2 HGB einerseits sowie § 106 GewO andererseits

27 BMF Finanzbericht 2013, S. 87

28 § 611 BGB; vgl. auch BAG NJW 2004, 2545, 2546, Tz. 2. b)

29 §§ 631; 645 BGB

30 § 662 BGB

31 Palandt/Weidenkaff; BGB, 2013, § 612 Rn. 1

32 st. Rspr. seit BGH NJW 1971, 1404, 1405

Gefälligkeit als gesetzliche Ausnahme vom Tatbestand der Schwarzarbeit[33] relevant und als solche später noch näher zu betrachten[34]. An dieser Stelle kommt es zunächst darauf an, dass das Dienst- und das Werkvertragsrecht jeweils vom Grundsatz vereinbarter Entgeltlichkeit ausgehen[35]. Für den Fall, dass es an einer ausdrücklichen Entgeltabrede fehlt, greift zugunsten des Arbeitskraftanbieters die gesetzliche Vermutung einer stillschweigenden Vereinbarung[36]. Der Nachfrager schuldet in diesem Fall eine Vergütung, deren Höhe sich aus Taxen, d.h. staatlich zugelassenen Gebühren, bzw. aus einer festen Übung der beteiligten Verkehrskreise ergibt[37]. Dabei ist schon an dieser Stelle festzuhalten, dass das staatliche Recht auf die Höhe der Zahlungspflicht aus einem Dienst- oder Werkvertrag nicht nur durch die Fiktion/Auslegungsregel der §§ 612 bzw. 632 BGB[38], sondern auch noch von anderer, nämlich fiskalischer, Seite her Einfluss nimmt. So muss der Arbeitskraftanbieter die ständige Rechtsprechung des BGH buchstäblich einkalkulieren, wonach der für eine Leistung vereinbarte Preis grundsätzlich auch die Aufwendung für die von dem Leistenden zu entrichtende Mehrwertsteuer abgilt[39]. Ähnlich preisbildend wirkt etwa der Umstand, dass die HOAI[40] einen Anspruch des Architekten auf Ersatz der gesetzlich geschuldeten Umsatzsteuer begründet[41].

III. Risikoverteilung

Die Selbständigkeit des Arbeitskraftanbieters im Dienst- oder Werkvertrag manifestiert sich insbesondere auch in den Regeln des staatlichen Rechts über die Verteilung des Leistungsrisikos zwischen den Vertragsparteien: Wenn und soweit der Anspruch auf die vereinbarte Leistung nach Maßgabe des § 275 BGB ausgeschlossen ist, entfällt gemäß § 326 BGB auch der Anspruch auf die Gegenleistung.

---

33 § 1 Abs. 3 Nr. 2 SchwarzArbG 2004

34 vgl. unten 3. Teil, D. II:

35 vgl. § 611 Abs. 1 bzw. § 631 Abs. 1 BGB

36 §§ 612 bzw. 632 BGB

37 Palandt/Weidenkaff, BGB, 2013, § 612 Rn. 7f.

38 vgl. zur dogmatisch unterschiedlichen Einordnung BGH NJW 2006, 2472 m.N.

39 vgl. etwa BGH NJW 2002, 2312 mw.N.

40 Honorarordnung für Architekten und Ingenieure vom 11. August 2009 (BGBl. I S. 2732)

41 § 16 HOAI

B. Arbeitsvertragsrecht

Der selbständigen Leistung aufgrund eines Dienst- oder Werkvertrags steht das Arbeitsverhältnis als normative Grundform „nichtselbständiger Arbeit“[42] gegenüber[43]. Im Regelfall wird das Arbeitsverhältnis durch einen Arbeitsvertrag als spezifische Form des Dienstvertrages[44] begründet[45]. Der Arbeitsvertrag ist Ausdruck der Vertragsfreiheit[46], die das GG insbesondere durch seinen Art. 2 Abs. 1 „innerhalb der Schranken der verfassungsmäßigen Ordnung gewährleistet“[47]. Dabei sind unter „der verfassungsmäßigen Ordnung = verfassungsmäßigen Rechtsordnung“[48] im Sinne des Art. 2 Abs. 1 GG „alle Rechtsnormen zu verstehen, die sich formell und materiell mit dem Grundgesetz im Einklang befinden“[49]. Diese Voraussetzung und damit Schrankenfunktion für die Vertragsfreiheit können neben gesetzlichen Vorschriften auch die Bestimmungen einer Betriebsvereinbarung und eines Tarifvertrages erfüllen[50]. Betriebsvereinbarungen gelten unmittelbar und zwingend für alle Betriebsangehörigen[51], Tarifverträge dagegen grundsätzlich nur für die beiderseits Tarifgebundenen[52]. Allerdings kann der Staat durch das Bundesministerium für Arbeit und Soziales (BMAS) einen Tarifvertrag für allgemeinverbindlich erklären[53] und so bewirken, dass dessen Rechtsnormen auch die nicht bereits kollektivrechtlich gebundenen Arbeitgeber und Arbeitnehmer erfassen[54]. Ein solcher „Rechtsetzungsakt eigener Art zwischen autonomer Regelung und staatlicher Rechtsetzung“[55] ist

---

42 § 7 Abs. 1 S. 1 SGB IV
43 instruktiv: Neumann, Die unendliche Geschichte des Arbeitsvertragsrechts, DB 2008, 60
44 vgl. § 311 Abs. 1 BGB sowie Palandt/Weidenkaff, BGB, 2013, Einführung vor § 611 Rn. 4
45 vgl. § 2 Abs. 1 NachwG
46 vgl. BVerfG NJW 1992, 2409, 2410, Tz. 3 sowie
47 BVerfGE 12, 341, 347
48 BVerfGE 6, 32, 42
49 BVerfGE 103, 197, 215
50 50 §§ 105f. GewO
51 § 77 Abs. 4 BetrVG
52 § 4 Abs. 1 TVG
53 §§ 5f. TVG
54 § 5 Abs. 4 TVG
55 BVerfGE 55, 7, 20

zulässig, wenn mindestens 50% der betroffenen Branche tarifgebunden sind und die Maßnahme „im öffentlichen Interesse geboten erscheint“[56].

Geht man von der Abschluss- und der Gestaltungsfreiheit als den beiden wichtigsten Erscheinungsformen der Vertragsfreiheit[57] aus, dann können Betriebsvereinbarungen und Tarifverträge den Parteiwillen in Bezug auf die wesentlichen Inhalte eines Arbeitsverhältnisses[58] beschränken bzw. überlagern; dies gilt unabhängig davon, ob sich der Parteiwille in vertraglichen Abreden[59] oder darin manifestiert, dass dem Arbeitgeber die einseitige Leistungsbestimmung überlassen ist[60]. Die einseitige Leistungsbestimmung darf der Arbeitgeber ohnehin nur auf der Grundlage einer „Abwägung der wechselseitigen Interessen nach verfassungsrechtlichen und gesetzlichen Wertentscheidungen, den allgemeinen Wertungsgrundsätzen der Verhältnismäßigkeit und Angemessenheit sowie der Verkehrssitte und Zumutbarkeit“ vornehmen[61].

Von der Gesetzgebungsebene her greift das staatliche Recht aber durchaus auch in die Abschlussfreiheit ein. So erfordert die gewerbliche Arbeitnehmerüberlassung an Dritte, die sog. Leiharbeit[62], grundsätzlich eine staatliche Erlaubnis[63]. Fehlt es dem Verleiher an dieser Erlaubnis, dann kommt ein Arbeitsverhältnis zwischen dem Entleiher und dem Leiharbeitnehmer durch Gesetz zustande[64].

Schließlich zeichnet sich das staatliche Arbeitsrecht dadurch aus, dass es in besonderem Maße durch höchstrichterliche Rechtsprechung aus- und fortgebildet wird[65].

Für das hier verfolgte Erkenntnisinteresse ist es erforderlich, das aus dem Ineinandergreifen gesetzlicher, kollektivrechtlicher und richterlicher Quellen entstehende Arbeitsvertragsrecht insoweit zu skizzieren, als hierdurch die

---

56 vgl. § 5 TVG sowie BVerfGE 44, 322, 347

57 Bamberger et al./Eckert; Beck'scher Online-Kommentar BGB, 2013, § 145 Rdnr. 8 m.w.N.

58 vgl. § 77 Abs. 3 BetrVG

59 § 105 GewO

60 § 106 GewO

61 BAG DB 2013, 350 (Orientierungssätze der Richterinnen und Richter des BAG)

62 vgl. Müller-Glöge et al./Wank, Erfurter Kommentar zum Arbeitsrecht, 2013, vor § 1 AÜG Rdnr. 1

63 § 1 AÜG

64 § 10 Abs. 1 AÜG

65 vgl. Richardi et al./Richardi, Münchener Handbuch zum Arbeitsrecht, 2009, § 6 Rdnr. 32; Müller-Glöge et al./Preis, Erfurter Kommentar zum Arbeitsrecht, 2013, § 611 BGB Rdnr. 234f. jeweils m.w.N.

Disposition der Parteien über ihren Leistungsaustausch berührt bzw. bestimmt wird. Denn viele Erscheinungsformen illegaler Arbeitskraftverwertung erschließen sich in ihrer Rationalität erst vor dem Hintergrund der normativ- legalen Grundformen.

I. Leistungsgegenstand

Der Arbeitsvertrag verpflichtet den Arbeitnehmer zur Leistung der versprochenen Dienste; erst und grundsätzlich nur durch die Arbeitsleistung erwirbt er den Anspruch auf Vergütung[66]. Dabei erfasst mit dem allgemeinen Sprachgebrauch auch der Gesetzgeber als Arbeitsleistung eine „Tätigkeit“[67]. Ursprünglich war dies auch das Begriffsverständnis des BAG, das die Vergütungspflicht des Arbeitskraftnachfragers an jede vereinbarte „Tätigkeit, die als solche der Befriedigung eines fremden Bedürfnisses dient“[68] knüpfte. Inzwischen jedoch gilt ihm als Arbeitsleistung auch „die vom Arbeitgeber veranlasste Untätigkeit, während derer der Arbeitnehmer am Arbeitsplatz anwesend sein muss und nicht frei über die Nutzung des Zeitraums bestimmen kann“[69].

Für die vorliegende Untersuchung geht es nicht um die Bewertung, sondern lediglich um die Beobachtung eines Paradigmenwechsels im staatlichen Recht, das bis dahin auf den tatsächlichen Einsatz der Arbeitskraft durch die Person des Anbieters[70] abstellte. Kaum übersehen werden kann, dass die Einbeziehung von Untätigkeit in den Begriff vergütungsfähiger bzw. vergütungspflichtiger Arbeitsleistung die Attraktivität des (legalen) Arbeitsvertrages als Austauschinstrument berührt. Dies umso mehr, als der Paradigmenwechsel keineswegs konsequent durchgeführt ist. Denn hinsichtlich der Menge und der Qualität der Leistung kommt es noch immer auf den tatsächlichen Einsatz der Arbeitskraft an. Hier ist nicht „eine „objektive Normalleistung“[71] geschuldet; vielmehr richtet sich der Inhalt des Leistungsversprechens insofern „nach dem persönlichen, subjektiven Leistungsvermögen des Arbeitnehmers“[72]. Indes dürfte ein persönliches Leistungsvermögen für Untätigkeit – sei sie auch durch den Arbeitgeber veranlasst – kaum zu bestimmen sein.

---

66 vgl. §§ 611; 614 BGB
67 vgl. z.B. § 2 Abs. 1 Nr. 5 NachwG
68 vgl. etwa BAG NZA-RR 2010, 231, 233, Tz. 15
69 BAG NZA 2011, 917, 919, Tz. 21
70 vgl. § 613 S. 1 BGB
71 BAG NJW 2004, 2545, 2546, Tz. 2. b)
72 BAG a.a.O.

II. Arbeitszeit

Unter dem Stichwort „Arbeitszeit“ werden hier zwei Regelungsgegenstände betrachtet: zum einen geht es um Beginn, Ende und Lage des Zeitraums, den der Arbeitnehmer an jedem Werktag für die geschuldete Leistung aufbringen muss, zum anderen um die zeitliche Befristung eines Arbeitsverhältnisses.

Das staatliche Recht begrenzt die werktägliche Arbeitszeit von vornherein auf grundsätzlich nicht mehr als 8 Stunden[73]. Nur innerhalb dieses Rahmens und nur insoweit sie nicht durch kollektivrechtliche Regelung gebunden sind[74], können die Parteien die Zeit der Leistungserbringung und deren Verteilung auf die einzelnen Wochentage vertraglich vereinbaren bzw. der Disposition des Arbeitgebers überlassen[75]. Allerdings kennt das staatliche Recht durchaus auch eine einseitige Dispositionsbefugnis der Arbeitnehmers, der ab dem siebten Beschäftigungsmonat verlangen kann, dass die vertraglich vereinbarte Arbeitszeit verringert bzw. wieder verlängert wird[76]; der Arbeitgeber unterliegt insofern einem Abschlusszwang, von dem er sich nur durch Darlegung und Nachweis (dringender) betrieblicher Gründe befreien kann[77] - ggf. wird die Vertragsänderung „entsprechend den Wünschen des Arbeitnehmers“[78] fingiert.

Auch die Dauer des Arbeitsverhältnisses selbst wird durch das staatliche Recht maßgeblich beeinflusst. Zwar kennt das BGB neben dem unbefristeten auch das nur auf bestimmte Zeit eingegangene Dienst- bzw. Arbeitsverhältnis[79]. (Sozial-)Politisch erwünscht ist diese Form der Arbeitskraftverwertung dem Gesetzgeber jedoch nicht[80]. Deshalb lässt er sie nur unter den einschränkenden Voraussetzungen des Teilzeit- und Befristungsgesetzes zu[81]. Dennoch ist die Quote befristeter Arbeitsverträge zwischen 1991 (5,7%) und 2008 (8,9%) deutlich gestiegen[82].

73 § 3 ArbZG

74 vgl. BAG NJW 2010, 394, 395, Tz. 33

75 vgl. § 105f. GewO

76 zur Ausgestaltung des Anspruchs vgl. etwa BAG DB 2013, 760

77 §§ 8; 9 TzBfG

78 § 8 Abs. 5 TzBfG

79 § 620 S. 1 BGB

80 vgl. BT-Drs. 14/4374, S. 12, sub. II sowie BAG AP Nr. 14 zu § 1 KSchG

81 § 620 Abs. 3 BGB in Verbindung mit § 1 TzBfG

82 Statistisches Bundesamt – Ergebnisse des Mikrozensus 2008 https://www.destatis.de/DE/Publikationen/STATmagazin/Arbeitsmarkt/2010_03b/2010_03Beschaeftigung.html

III. Arbeitsort

Was sodann den Arbeitsort betrifft, so liegt dem Arbeitsvertragsrecht die Vorstellung zu Grunde, dass der Arbeitgeber über eine eigene Betriebsstätte verfügt, an der die vereinbarte Arbeitsleistung benötigt und erbracht wird[83]. In der Rechtsprechung des BAG kommt diese Vorstellung durch Beschreibung des Betriebes als „die organisatorische Einheit, innerhalb derer der Arbeitgeber allein oder mit seinen Arbeitnehmern durch Einsatz technischer und immaterieller Mittel bestimmte arbeitstechnischen Zwecke fortgesetzt verfolgt, die sich nicht in der Befriedigung von Eigenbedarf erschöpfen“[84] zum Ausdruck.

1. Arbeitnehmerüberlassung

Der auf der normativen Ebene als notwendig gedachte Zusammenhang hat sich in der Praxis der gesellschaftlichen Akteure allerdings seit langem schon gelockert. Von jeher üblich ist die kurzfristige Überlassung eines Arbeitnehmers gefälligkeitshalber, etwa zur Bewältigung von Engpässen in einem Drittbetrieb, die vielfach sog. echte Leiharbeit[85]. Spätestens seit den 1960er Jahren jedoch wird Arbeitnehmerüberlassung auch gewerblich betrieben. Damals hatte das Bundesverfassungsgericht (BVerfG) unter dem Gesichtspunkt des Art. 12 Abs. 1 GG die Geschäftstätigkeit einer GmbH zu beurteilen, als deren Gegenstand im Handelsregister u.a. die Ausführung von kaufmännischen Sonderaufgaben und von Schreibarbeiten eingetragen war. Tatsächlich jedoch führte die GmbH im eigenen Betrieb gar keine Büroarbeiten aus. Vielmehr überlies sie ihr eigens hierfür angeworbenes Personal gegen Entgelt an Drittunternehmen. Zur Arbeitsleistung im Betrieb der Drittunternehmen angewiesen, konnten die Mitarbeiter von dort jederzeit auch wieder abberufen werden[86].

Der Gesetzgeber sah in einem solchen Sachverhalt zunächst eine Form der Arbeitsvermittlung, die er deshalb dem seinerzeit geltenden staatlichen Monopol unterstellte[87]. Das hiergegen angerufene BVerfG trennte beide Sachverhalte mit der Begründung, dass die Arbeitsvermittlung auf das Zustandekommen eines Arbeitsverhältnisses zwischen Dritten gerichtet sei, während

83 vgl. etwa § 618 Abs.1 BGB oder § 22 Abs. 2 ArbSchG sowie Palandt/Weidenkaff, BGB, 2013, § 611 Rn. 31

84 BAG DB 2013, 1674

85 vgl. etwa Schaub/Koch, Arbeitsrechts-Handbuch, 2013, § 120 Rn. 2

86 BVerfG NJW 1967, 974

87 § 37 Abs. 3 Gesetz über Arbeitsvermittlung und Arbeitslosenversicherung i.d.F.v. 3.4.1957 (BGBl. I S. 321); vgl. auch BT-Drs. VI/2303, Vorblatt und S. 9

der Zeitarbeitsunternehmer im Rahmen eines Arbeitsvertrages handele, der ihn selbst mit dem Arbeitnehmer verbinde[88]. Bei dieser Betrachtung stellte sich das staatliche Monopol als Verletzung der durch Art. 12 GG geschützten Berufswahlfreiheit für Zeitarbeitsunternehmer dar; das BVerfG erklärte die einschlägige Gesetzesnorm deshalb für nichtig[89]. Für die Dauer von mehr als fünf Jahren konnten sich die gesellschaftlichen Akteure daraufhin in einem regelungsfreien Raum bewegen: Der Gesetzgeber lies den Dingen ihren Lauf, musste schließlich jedoch feststellen, dass seine Abstinenz gegenüber der gesellschaftlichen Praxis zu Steuer- und Beitragshinterziehung, Lohndumping, Missachtung des Arbeitsschutzes und Kettenarbeitsverträgen geführt hatte[90]. In der 6. Legislaturperiode des Bundestages kam es daraufhin zur Neuordnung der gewerblichen Arbeitnehmerüberlassung[91], der sog. unechten Leiharbeit[92] oder Zeitarbeit[93], durch das Arbeitnehmerüberlassungsgesetz (AÜG)[94]. Das AÜG lockerte den normativen Zusammenhang zwischen Arbeitsleistung und Arbeitsort, indem es den gewerblichen Verleih von Arbeitnehmern in den Betrieb eines Dritten grundsätzlich gestattete. Allerdings bedarf der Verleiher einer Erlaubnis, die ggf. nur befristet erteilt und mit Auflagen verbunden wird[95]. Auch hielt der Gesetzgeber ursprünglich eine Reihe von „Schutzmaßnahmen (für) notwendig…, weil Leiharbeit aufgrund des Zusammentreffens hoher Flexibilitätsanforderungen mit relativ geringen Entgelten vielfach als prekär angesehen werden musste“[96]. Nach mehrfacher Novellierung des AÜG[97] zeichnete sich schließlich in der 15. Legislaturperiode ein Paradigmenwechsel ab: Angesichts hoher Arbeitslosigkeit galt dem Gesetzgeber „Zeitarbeit (als) ein erfolgversprechender Weg, vorhandene Beschäftigungspotenziale…zu erschließen“[98]. Insbesondere wollte er die gesellschaftlichen Akteure veranlassen, „mittels Arbeitnehmerüberlassung das trotz

88 BVerfG a.a.O.
89 BGBl. 1967 Teil I S. 494
90 vgl. BT-Drs. VI/2303, Vorblatt und S. 9
91 BT-Drs. VI/2303
92 vgl. Schaub/Koch a.a.O.
93 vgl. etwa BT-Drs. 15/25, S. 23
94 Art. 6 § 4 des Gesetzes vom 7.8.1972 (BGBl. I S. 1393)
95 § 2 Abs. 4; 5 sowie Abs. 2 AÜG
96 BT-Drs. 15/25, S. 24
97 instruktiv: Bundesagentur für Arbeit – Der Arbeitsmarkt in Deutschland – Januar 2013, S. 5 http://statistik.arbeitsagentur.de/Statischer-Content/Arbeitsmarktberichte/Berichte-Broschueren/Arbeitsmarkt/Generische-Publikationen/Arbeitsmarkt-Deutschland-Zeitarbeit-Aktuelle- Entwicklung-1HJ2012.pdf
98 BT-Drs. 15/25, S. 23

Massenarbeitslosigkeit fortbestehende große Volumen bezahlter Überstunden in Deutschland zumindest teilweise abzubauen"[99]. Die deshalb mit dem „Ersten Gesetz für moderne Dienstleistungen am Arbeitsmarkt"[100] vorgenommene Flexibilisierung des Arbeitnehmerüberlassungsrechts[101] ist für eine Untersuchung, die sich mit dem Einfluss gesellschaftlicher Akteure auf die staatliche Rechtsordnung befasst, in ihrer Wirkung und in ihrem Zustandekommen interessant.

Was zunächst die Wirkung betrifft, so zeigt die Statistik der Bundesagentur für Arbeit, dass sich die Zahl der Leiharbeitnehmer in den rd. 10 Jahren seit Wirksamwerden der Reform zum Jahresbeginn 2003 annähernd verdreifacht hat: Im Juni 2012 standen 908.000 Arbeitnehmer in einem Leiharbeitsverhältnis[102] zu 18.500 Zeitarbeitsunternehmen[103]. Durch diesen „rasanten Anstieg"[104] könnte sich der Gesetzgeber in der Wahl nicht nur seines Reformansatzes, sondern auch seiner Vorgehensweise bei der Rechtserzeugung bestätigt sehen: Mit bis ins Detail ausformulierten „Erwartungen" an die Normadressaten hatte er der erneuten AÜG- Novellierung den Charakter eines staatlich-gesellschaftlichen „Tauschgeschäfts" gegeben. Quasi im Gegenzug zu der „hier vorgenommenen sehr weitgehenden Reform der Arbeitnehmerüberlassung" wurden „die Tarifparteien und...die Unternehmen der Zeitarbeitsbranche" aufgefordert, die Leiharbeit zu einem hochwirksamen Arbeitsmarktinstrument zu entwickeln und dabei insbesondere auch „neue qualifizierte und sozial abgesicherte Arbeitsplätze" zu schaffen[105]. Tatsächlich liegen die Dinge jedoch differenzierter: Während das staatlich-gesellschaftliche „Tauschgeschäft" in quantitativer Hinsicht als Erfolg erscheint, fällt die qualitative Bilanz durchaus negativ aus. Denn ein Drittel der Leiharbeitnehmer belegt keineswegs „qualifizierte Arbeitsplätze", sondern ist als Hilfsarbeiter tätig[106]. Gleichzeitig setzt die sozialversicherungspflichtige Beschäftigung in der Zeitarbeit ihren Rückgang fort[107], wobei unter dem Gesichtspunkt

99 BT-Drs. 15/25, S. 24

100 BGBl. 2002 I S. 4607

101 vgl. dazu etwa Böhm, „Zweite Belegschaften": Mehr Flexibilität und geringere Personalkosten durch onsite management, NZA 2005, 554

102 vgl. § 4 Abs. 2 S. 2 SchwarzArbG 2004

103 Der Arbeitsmarkt in Deutschland - Januar 2013, S. 5f. (vgl. Fn. 97)

104 BT-Drs. 16/10985, S. 440

105 BT-Drs. 15/25, S. 24

106 Der Arbeitsmarkt in Deutschland - Januar 2013 (Fn. 97), S. 12; vgl. auch BT-Drs. 17/464, S. 23

107 a.a.O.

der sozialen Absicherung hinzuzufügen ist, dass auf Verleiherseite (Arbeitgeber) zumeist Klein- und Kleinstunternehmen[108] auftreten.

Schließlich ist bei der „Tauschgeschäft"-Strategie des Gesetzgebers zu berücksichtigen, dass die Arbeitskraftnachfrager noch immer intensiv nach Ausgängen aus dem staatlichen Recht suchen. Neben Techniken illegaler Arbeitnehmerüberlassung[109] entwickeln sie weitere „atypische Gestaltungsformen"[110], die darauf ausgerichtet sind, anstelle einer Arbeitnehmerüberlassung einen Werkvertrag darzustellen, d.h. den Leiharbeitnehmer als selbständig erscheinen zu lassen[111]. Zuletzt im April 2012 stand deshalb im Bundestag die Ergänzung des AÜG um eine „eindeutige und praxistaugliche Abgrenzung zwischen Leiharbeit und Werkverträgen" zur Diskussion[112], fand allerdings im Ergebnis keine Mehrheit[113].

2. *Arbeitnehmerentsendung*

Seit der Öffnung des EU-Binnenmarktes und besonders seit dem Beitritt ost- und mitteleuropäischer Staaten zur Union gewann der Zusammenhang zwischen Arbeitsleistung und Arbeitsort als Regelungsgegenstand des staatlichen Rechts zugleich einen Auslandsbezug[114]: Vielfach werden in Deutschland Arbeitnehmer eingesetzt, deren Arbeitgeber ihren Betriebssitz im Ausland unterhalten. Das staatliche Recht erfasst diese Konstellation als Arbeitnehmer-Entsendung. Damit verbunden sind Fragen erstens der Arbeits- und insbesondere der Vergütungsbedingungen in ihrer Auswirkung auf den inländischen Arbeitsmarkt; zweitens geht es um die Sozialversicherung für die entsandten Arbeitnehmer sowie um die Auswirkungen der Entsendung auf die Besteuerung des Lohnes. Grundlage für die normative Bewältigung dieser Fragen ist das Arbeitnehmer-Entsendegesetz (AEntG)[115].

Dem Arbeitnehmerentsenderecht liegt die Idee eines Unternehmens zu Grunde, das grundsätzlich auf seinem ausländischen Heimatmarkt branchenaktiv ist, d.h. seine Arbeitnehmer im Regelfall dort und nur vorübergehend

---

108 BT-Drs. 17/464, S. 20

109 vgl. unten

110 Müller-Glöge et al./Wank, Erfurter Kommentar zum Arbeitsrecht, 2013, § 1 AÜG Rdnr. 12

111 vgl. z.B. den Sachverhalt zu BAG NZA 2003, 616

112 BT-Drs. 17/7482, S. 2

113 BT-Drs. 17/9473, S. 2

114 vgl. nur Boemke, EU-Osterweiterung und grenzüberschreitende Arbeitnehmerüberlassung, BB 2005, 266

115 vom 20. April 2009 (BGBl. I S. 799)

in Deutschland einsetzt („entsendefähiges Unternehmen"[116]). Damit durch einen solchen Einsatz das deutsche Arbeitsrecht nicht unterlaufen wird, ist er grundsätzlich meldepflichtig[117]und finden hierauf alle den Leistungsaustausch regelnden Rechts- und Verwaltungsvorschriften zwingend Anwendung[118]; dies gilt „unabhängig von der Branche"[119]. Zur Sicherung des Lohngefüges auf dem Arbeitsmarkt und zur Vermeidung von Wettbewerbsverzerrungen hat der Gesetzgeber durch eine Verordnungsermächtigung[120] sichergestellt, dass allgemeinverbindliche Tarifverträge[121] auch für entsendefähige Unternehmen wirken. Dabei haftet, wer sich eines solchen Unternehmens im Inland bedient, für dessen (tarifliche) Vergütungspflichten wie ein selbstschuldnerischer Bürge[122].

Arbeitnehmerentsendung ist insbesondere in Branchen mit einfach strukturierten Arbeitnehmerleistungen marktrelevant[123]. So sah sich z.B. das Bewachungsgewerbe bei der Herstellung unbeschränkter Freizügigkeit für Arbeitnehmer aus osteuropäischen EU-Staaten zum 01.05.2011 der Tatsache gegenüber, dass Sicherheitsunternehmen mit Sitz in Beitrittsstaaten ihren Arbeitnehmern Stundenlöhne von unter 2 Euro zahlten. Um sich gegen Konkurrenz auf dieser Grundlage zu „wappnen"[124], schlossen der Arbeitgeberverband BDWS und die Dienstleistungsgewerkschaft Verdi im Februar 2011 einen Mindestlohn-Tarifvertrag[125]. Hiernach gilt im Bewachungsgewerbe seit Mai 2011 ein regional gestaffelter Mindestlohn von 6,53 Euro, dessen Anstieg auf 7 Euro im März 2012 und auf 7,50 Euro im März 2013 vereinbart wurde. Auf der Grundlage des § 7 AEntG machte das BMAS den Tarifvertrag für „alle unter seinen Geltungsbereich fallenden und nicht an ihn gebundenen Arbeitgeber sowie Arbeitnehmer und Arbeitnehmerinnen" verbindlich[126]. Ausdrücklich einbezogen sind „Arbeitsverhältnisse zwischen einem Arbeitgeber mit Sitz im Ausland

116 vgl. BT-Drs. 15/5934, S. 16
117 § 18 AEntG
118 § 2 AEntG
119 BT-Drs. 16/13768 Tz. C 3 (S. 21 re. Sp.)
120 § 7 AEntG
121 vgl. oben 1. Teil B.
122 § 14 AEntG i.V.m. § 771 BGB
123 vgl. auch § 4 AEntG
124 FAZ vom 17.01.2011 S. 13
125 Tarifvertrag zur Regelung der Mindestlöhne für Sicherheitsdienstleistungen vom 11. Februar 2011 zwischen dem Bundesverband Deutscher Wach- und Sicherheitsunternehmen und der Vereinten Dienstleistungsgewerkschaft – ver.di (BAnz. 2011 Nr. 72 S. 1693)
126 § 1 SicherheitArbbV vom 05.05.2011 (BAnz. 2011 Nr. 72 S. 1692)

und seinen im Geltungsbereich der Verordnung beschäftigten Arbeitnehmern und Arbeitnehmerinnen"[127] sowie der Fall, dass „ein Leiharbeitnehmer oder eine Leiharbeitnehmerin von einem Entleiher mit Tätigkeiten beschäftigt (wird), die in den Geltungsbereich dieser Verordnung fallen"[128]. Mit Stand 01.04.2013 gelten in neun Branchen sowie in der Arbeitnehmerüberlassung allgemeinverbindliche Mindestlohn-Tarifverträge[129].

Was sodann die Sozialversicherungspflicht betrifft, so sind entsandte Arbeitnehmer hiervon grundsätzlich freigestellt[130]. Dieses Prinzip der sog. Einstrahlung[131] deckt sich mit Regelungen des vorrangigen[132] EU-Rechts, wenn die Entsendung aus einem anderen Mitgliedstaat der Union erfolgt. In diesem Fall bleibt der Arbeitnehmer für die Dauer von längstens 24 Monaten in seinem Herkunftsland sozialversichert[133], entsteht am Beschäftigungsort also keine Beitrags- bzw. Abführungspflicht. Zum Nachweis der örtlichen Versicherungsfreiheit dient eine Bescheinigung[134], die durch den EU-ausländischen Sozialversicherungsträger auf einem Formular mit der Bezeichnung „E 101" ausgestellt wird, die sog. E 101-Bescheinigung[135].

Im März 2013 waren auf der Grundlage einer solchen Bescheinigung 180 357 Arbeitnehmer in Deutschland eingesetzt, davon die meisten aus Polen (52 257) und Ungarn (22 080)[136].

Die im Inland erbrachte unselbständige Arbeitsleistung unterliegt grundsätzlich dem deutschen Lohnsteuerrecht[137]. Allerdings hat das Bundesministerium der Finanzen (BMF) mit einer Vielzahl von Entsendestaaten völkerrechtliche Abkommen geschlossen, um eine Doppelbesteuerung der Arbeitskraftanbieter

---

127 a.a.O. S. 2

128 a.a.O. S. 3; vgl. jetzt auch §§ 3 Nr. 3 und 3a AÜG i.d.F.v. 28.04.2011 (BGBl. I S. 642)

129 BMAS – Verzeichnis der für allgemeinverbindlich erklärten Tarifverträge (Stand: 01.04.2013), S. 5 http://www.bmas.de/SharedDocs/Downloads/DE/PDF-Publikationen-DinA4/arbeitsrecht-verzeichnis-allgemeinverbindlicher-tarifvertraege.pdf?__blob=publicationFile

130 § 5 SGB IV

131 vgl. dazu Kreikebohm et al./Hänlein, Kommentar zum Sozialrecht, 2013, § 5 SGB IV Rdnr. 27

132 vgl. § 6 SGB IV

133 Art. 12 Abs. 1 VO (EG) Nr. 883/2004 vom 29.04.2004 (ABl. Nr. L 166 vom 30.04.2004, S. 1)

134 vgl. BGH (St) NJW 2007, 233 (235)

135 seit 01.10.2005 „A 1-Bescheinigung"

136 BT-Drs. 17/13341, S. 8

137 vgl. § 38 Abs. 1 S. 2 EStG

zu vermeiden[138]. Diese nach einem OECD-Muster gestalteten sog. Doppelbesteuerungsabkommen[139] stellen die Arbeitseinkünfte bis zu einer Entsendedauer von weniger als 183 Tagen von der inländischen Besteuerung frei.

3. *Ausländerbeschäftigung*

Unselbständige Arbeitskraftanbieter, die nicht Arbeitnehmer eines entsendefähigen Unternehmens und nicht Deutsche Sinne des Art. 116 Abs. 1 GG (Ausländer[140]) sind, erfasst das staatliche Recht unter dem Gesichtspunkt sog. Ausländerbeschäftigung[141]. Dabei gelten unterschiedliche Regeln für Angehörige eines EU-Mitgliedstaates einerseits und sog. Drittstaatsangehörige andererseits.

Ein Drittstaatsangehöriger kann in Deutschland legal nur nach den Vorschriften des Aufenthaltsgesetzes (AufenthG)[142] beschäftigt werden. Erforderlich ist grundsätzlich ein Aufenthaltstitel[143], d.h. im Regelfall eine Aufenthaltserlaubnis zum Zwecke der Erwerbstätigkeit[144]; bei besonderer Qualifikation des Arbeitskraftanbieters kann auch eine Niederlassungserlaubnis oder eine sog. Blaue Karte EU beantragt werden[145].

Für Angehörige eines EU-Mitgliedstaates ist ein unionsweites Aufenthaltsrecht zum Zwecke der Erwerbstätigkeit bereits durch die Gründungsverträge gewährleistet (Arbeitnehmerfreizügigkeit)[146]; für diese Arbeitskraftanbieter entfällt deshalb das Erfordernis eines Aufenthaltstitels nach dem AufenthG[147]. Allerdings gibt bzw. gab es insoweit Einschränkungen, die als Voraussetzung einer Beschreibung von Erscheinungsformen illegaler Ausländerbeschäftigung[148] bereits hier angesprochen werden müssen. Die Einschränkungen betrafen Angehörige von Mitgliedstaaten, die bei ihrem EU-Beitritt Übergangfristen vereinbart hatten. Nach Ablauf von Übergangfristen für Estland, Lettland, Litauen,

---

138 vgl. § 2 AO
139 vgl. dazu im einzelnen Tipke et al./Speer, Steuerrecht, 2013, § 1 Rdnr. 92ff.
140 § 2 Abs. 1 AufenthG
141 vgl. dazu etwa Bergmann et al./Röseler/Sußmann, Ausländerrecht, 2013, § 39 AufenthG
142 in der Fassung der Bekanntmachung vom 25.02.2008 (BGBl. I S. 162)
143 § 4 Abs. 3 S. 1 AufenthG
144 §§ 7; 18 AufenthG
145 §§ 19; 19a AufenthG sowie Rahne, Aufenthaltsrechtliche Aspekte der nichtselbständigen Beschäftigung ausländischer Fachkräfte aus Drittstaaten in Deutschland, DB 2012, 2281
146 Art. 45ff. AEUV
147 vgl. § 4 Abs. 1 S. 1 AufenthG i.V.m. Art. 1 VO (EU) Nr. 492/2011 (ABl. Nr. L 141, S. 1)
148 vgl. unten 2. Teil D. IV.

Polen, Tschechien, Slowakei, Slowenien und Ungarn (30.04.2011) war für Bulgarien und Rumänien noch der Zeitraum bis zum 31.12.2011 relevant; unselbständige Arbeitskraftanbieter aus diesen Staaten bedurften einer sog. Arbeitsgenehmigung-EU der Bundesagentur für Arbeit[149].

IV. Vergütung

Das Gegenstück zur Leistung der versprochenen Dienste ist die Gewährung der vereinbarten Vergütung, wobei § 611 Abs. 1 BGB als normativer Standort des Synallagmas den Eindruck vermittelt, dass die Vergütungshöhe gänzlich der Parteidisposition überlassen bleibt. Auch das BVerfG sieht in der vertraglichen Abrede das „maßgebliche rechtliche Instrument", mit dem die Parteien „selbst bestimmen, wie ihre individuellen Interessen zueinander in einen angemessenen Ausgleich gebracht werden"[150]. Arbeitgeber und Arbeitnehmer können deshalb die Arbeitsvergütung grundsätzlich frei vereinbaren[151]. Jenseits dieses Ausgangspunktes bestehen allerdings gesetzliche und kollektivrechtliche sowie richterlich gezogene Schranken auch für die Vergütungsvereinbarung. Das BVerfG betrachtet es ausdrücklich als Aufgabe des staatlichen Rechts zu verhindern, dass sich „für einen Vertragsteil die Selbstbestimmung in eine Fremdbestimmung verkehrt"[152].

Vor diesem Hintergrund ist der erneute Vorschlag[153] zu sehen, den Arbeitgeber zur Zahlung eines gesetzlich festgelegten Mindestlohns zu verpflichten und davon abweichende Parteivereinbarungen für unzulässig zu erklären[154]. Durch die SPD-Fraktion in den Bundestag eingebracht, fand dieser Vorschlag dort in 2012 keine Mehrheit[155]. In 2013 hat sich der Bundesrat die Initiative zu eigen gemacht und zur erneuten Entscheidung gestellt[156]. In Bezug auf eine unmittelbar

149 § 284 Abs. 1 SGB III

150 BVerfGE 114, 1, 34

151 BVerfGE 101, 331, 347

152 BVerfGE 114, 1, 34

153 zu vorangegangenen Vorschlägen vgl. etwa Bayreuther, Gesetzlicher Mindestlohn und sittenwidrige Arbeitsbedingungen, NJW 2007, 2022 m.w.N.

154 vgl. § 2 Gesetz über die Festsetzung des Mindestlohns – Entwurf vom 08.02.2011, BT-Drs. 17/4665 (neu)

155 http://www.bundestag.de/dokumente/textarchiv/2012/37468688_kw03_de_mindestlohn/index.html; vgl. allerdings § 1 Abs. 2 Gesetz über die Festsetzung von Mindestarbeitsbedingungen vom 11. Januar 1952 (BGBl. I S. 17), zuletzt geändert durch Gesetz vom 22. April 2009 (BGBl. I S. 818)

156 vgl. § 2 Gesetz über die Festsetzung des Mindestlohns – Entwurf vom 21.02.2013, BR-Drs. 136/13

bestimmte Untergrenze der Vertragsfreiheit ist das staatliche Recht also derzeit in Bewegung[157].

Mittelbar besteht allerdings bereits erheblicher Einfluss auf die Höhe der Arbeitsvergütung; dabei ist zwischen einer kollektivrechtlichen und einer individualrechtlichen Ebene zu unterscheiden:

Auf der kollektivrechtlichen Ebene lässt sich das verfassungsrechtlich gewährleistete Tarifvertragssystem[158] nutzen, „um die strukturelle Unterlegenheit der einzelnen Arbeitnehmer beim Abschluss von Arbeitsverträgen durch kollektives Handeln auszugleichen und damit ein annähernd gleichgewichtiges Aushandeln der Löhne und Arbeitsbedingungen zu ermöglichen"[159]. Ein wichtiges Instrument hierfür ist die im Tarifvertragsgesetz verankerte Möglichkeit, einen Tarifvertrag für allgemeinverbindlich zu erklären.

Individualrechtlich wirken sich die Nichtigkeitstatbestände der §§ 134 und 138 BGB in Verbindung mit der gesetzlichen Fiktion des § 612 BGB aus:

Gemäß § 134 BGB von vornherein nichtig ist eine Vergütungsvereinbarung, die gegen das in § 291 Strafgesetzbuch (StGB) manifestierte gesetzliche Wucherverbot verstößt. Ebenfalls als Verstoß gegen ein gesetzliches Verbot nichtig[160] ist allerdings auch z.B. die - lohnmindernde - Überwälzung von Arbeitgeberanteilen zur Sozialversicherung auf den Arbeitnehmer[161]. Dasselbe gilt für Konstellationen wie den vertraglichen Ausschluss des Vergütungsanspruchs in Höhe eines Trinkgelds, das der Arbeitnehmer von Dritten erhält[162].

Nach der Rechtsprechung des BAG erfüllt auch eine Vergütungsvereinbarung von weniger als zwei Dritteln des im betreffenden Wirtschaftszweig üblicherweise gezahlten Tariflohns den objektiven Tatbestand des Lohnwuchers[163]. Macht sich der Nachfrager dabei eine intellektuelle oder strukturelle Unterlegenheit des Arbeitskraftanbieters zunutze[164], erfüllt er also zugleich den subjektiven Wuchertatbestand[165], dann ist die Vereinbarung gemäß § 138 Abs. 2 BGB nichtig.

---

157 zur aktuellen Entwicklung: Schneider, Arbeitsrechtliche Vorhaben der Bundestagsparteien, DB 2013, 1551f.

158 Art. 9 Abs. 3 GG

159 BVerfGE 92, 365, 395

160 vgl. § 32 Abs. 1 SGB I

161 BAG NJW 1989, 1692, 1693

162 vgl. § 107 Abs. 3 GewO

163 BAG NZA 2012, 978; vgl. auch BAG NJW-Spezial 2013, 147

164 vgl. dazu BAG NZA 2009, 837, 839f.

165 vgl. BGH NJW 1985, 3006, 3007 m.w.N.

An die Stelle der nichtigen Parteivereinbarung tritt ein gesetzliches Schuldverhältnis: Der Arbeitgeber schuldet gemäß § 612 Abs. 2 BGB die übliche Vergütung[166], wobei für die Üblichkeit grundsätzlich auf den entsprechenden Tariflohn abzustellen ist[167].

V. Risikoverteilung

Die vertraglich oder durch staatliches Recht begründete Vergütungspflicht bleibt unberührt, wenn der Arbeitnehmer aus Gründen, die in die Risikosphäre des Arbeitgebers fallen, seine Leistung nicht erbringen kann. Für die Risikozuordnung unterscheidet die Rechtsordnung zwischen einem Betriebs- und einem Wirtschaftsrisiko (Verwendungsrisiko)[168]. So ordnet das BAG einen witterungs- oder brandbedingten Arbeitsausfall dem Betriebsrisiko zu, das in diesen Fällen der Arbeitgeber zu tragen hat[169], während z.B. Verkehrshindernisse auf dem Weg zur Betriebsstätte in der Risikosphäre des Arbeitnehmers fallen[170].

Beim Wirtschaftsrisiko handelt es sich um das Gegenstück zur Gewinnchance aus der Verwendung unselbständiger Arbeitskraft in einem Unternehmen. Da die Gewinnchance bei dem Unternehmer/Arbeitgeber liegt, ordnet ihm das staatliche Recht grundsätzlich auch das Wirtschaftsrisiko zu. Insbesondere lässt ein Auftrags- oder Absatzmangel die Vergütungspflicht für die unselbständige Arbeitskraft unberührt[171]; nichtig ist daher eine Vereinbarung, die eine Verlustbeteiligung des Arbeitnehmers vorsieht[172] oder das Wirtschaftsrisiko in anderer Weise auf ihn abwälzen soll. Wie später zu zeigen sein wird, manifestiert sich gerade diese Absicht in verschiedenen Erscheinungsformen der Nutzung unselbständiger Arbeitskraft außerhalb der staatlichen Rechtsordnung.

C. Steuer- und Sozialversicherungsrecht

Selbständiger und unselbständiger Arbeitskraftverwertung „innerhalb des Rahmens einer staatlich regulierten Ordnung“[173] ist gemeinsam, dass sie sozial- und

166 BAG NZA 2009, 837 Tz. 9

167 BAG NJW 1998, 2694, 2695

168 Müller-Glöge et al./Preis, Erfurter Kommentar zum Arbeitsrecht, 2013, § 615 BGB Rdnr. 120 m.w.N.

169 BAG NZA 2009, 913 (Orientierungssätze der Richterinnen und Richter des BAG)

170 Palandt/Weidenkaff, BGB, 2013, § 615 Rn. 21a

171 BAG NZA 2006, 423, 427

172 BAG NJW 1991, 860, 861

173 Internationales Arbeitsamt, Das Arbeitsverhältnis, 2006, Tz. 150

steuerrechtlichen Pflichten und daneben vielfach auch sog. Bürokratiekosten[174] auslösen:

Für den selbständigen Arbeitskraftanbieter ergeben sich Einkommens-, Umsatz- und Gewerbesteuerpflichten; der Unselbständige muss seinen Arbeitsverdienst der Lohnsteuer unterwerfen. Die Höhe der steuerlichen Abgabenbelastung für die gesellschaftlichen Akteure lässt sich aus dem entsprechenden Aufkommen des Staates ersehen. Die nachfolgende Übersicht ist hierzu eine Abbildung für das Jahr 2011:

Abbildung 1

Mio. Euro	Lohnsteuer	Einkommensteuer	Umsatzsteuer	Gewerbesteuer
Bund	59.393	13.598	102.433	1.520
Länder	59.393	13.598	83.807	2.149
Gemeinden	20.962	4.799	3.793	33.535
	139.748	31.995	190.033	37.204

Quelle: BMF Finanzbericht 2013, S. 301

Verwertet der selbständige Arbeitskraftanbieter (zugleich) die Leistung von ihm auf vertraglicher Grundlage beschäftigter Dritter, dann wird er zum Arbeitgeber[175] und entstehen ihm aus dem Arbeitsverhältnis die sog. Arbeitskosten. Arbeitskosten setzen sich aus den Bruttoverdiensten der Arbeitnehmer und den Lohnnebenkosten zusammen. Das Statistische Bundesamt erfasst als „Hauptbestandteil der Lohnnebenkosten…die Sozialbeiträge der Arbeitgeber, also vor allem die gesetzlichen Arbeitgeberbeiträge zu den Sozialversicherungen, die Aufwendungen für die betriebliche Altersversorgung sowie die Aufwendungen für die Lohn- und Gehaltsfortzahlungen im Krankheitsfall“[176]. Auf dieser Grundlage berechnet, zahlten „im Jahr 2011…die Arbeitgeber in Deutschland in der Privatwirtschaft auf 100 Euro Bruttoverdienst zusätzlich 28 Euro Lohnnebenkosten“[177]. Insgesamt kostete eine Arbeitsstunde den Nachfrager

174 zum Begriff vgl. etwa Nationaler Normenkontrollrat, Jahresbericht 2011, S. 21 http://www.normenkontrollrat.bund.de/Webs/NKR/Content/DE/Publikationen/2011-09-20- Jahresbericht%202011.pdf?__blob=publicationFile

175 vgl. BAG NJW 2007, 1485

176 Statistisches Bundesamt – Pressemitteilung Nr. 144 vom 24.04.2012 https://www.destatis.de/DE/PresseService/Presse/Pressemitteilungen/2012/04/PD12_144_624.html;jsessionid=802F362BB88DDBD018FF7B32048B4D62.cae1

177 Statistisches Bundesamt a.a.O.

unselbständiger Arbeitskraft 30,10 Euro[178]. Nach einer Steigerung um 19,4 % in den 10 Jahren zwischen 2001 und 2011 lagen die Arbeitskosten in Deutschland damit um 32% höher als im Durchschnitt der EU[179].

Ein weiterer Aufwandsfaktor tritt mit den sog. Bürokratiekosten hinzu. Bürokratiekosten sind Aufwendungen, die durch (unter-)gesetzliche Pflichten zum Vorhalten und Übermitteln von Daten und sonstigen Informationen an Behörden oder Dritte entstehen[180]. Arbeitskraftverwertung bzw. -nachfrage im formellen Wirtschaftssektor begründet für den (Werk-)Unternehmer bzw. Arbeitgeber Melde- und Aufzeichnungspflichten nach Steuer- und Sozialversicherungsrecht[181]. Allein das Melde- und Beitragsverfahren zur Sozialversicherung belastete den Faktor Arbeit gesamtwirtschaftlich bisher mit 31 Mio. Euro jährlich[182]. Hinzu kommt der Bürokratieaufwand durch die betriebsinterne Administration weiterer gesetzlicher Anforderungen. So ist z.B. jeder Unternehmer gut beraten, den Verlauf einer Stellenausschreibung und – besetzung so zu dokumentieren, dass er den Vorwurf einer nach dem Allgemeinen Gleichbehandlungsgesetz (AGG)[183] verbotenen Benachteiligung[184] und daraus erwachsende Schadensersatzansprüche[185] abwehren kann[186]. Allein hierfür entstehen, nach einer durch das Institut der deutschen Wirtschaft (iw) referierten Schätzung[187], Bürokratiekosten von 156 Mio. Euro jährlich[188]. Von der unionsrechtlichen Ebene her

178 Statistisches Bundesamt a.a.O.

179 Statistisches Bundesamt a.a.O.

180 vgl. § 2 Abs. 2 Gesetz zur Einrichtung eines nationalen Normenkontrollrates vom 14.08.2006 (BGBl. I S. 1866)

181 vgl. § 1 Abs. 2 SchwarzArbG 2004

182 Nationaler Normenkontrollrat, Jahresbericht 2012, S. 65 http://www.normenkontrollrat.bund.de/Webs/NKR/Content/DE/Publikationen/Anlagen/2012-10-10-jahresbericht-2012.pdf;jsessionid=8103718EAE7CEF2DBFCC86E957407B5D.s3t1?__blob=publicationFile

183 vom 14.08.2006 (BGBl. I S. 1897)

184 vgl. jüngst BAG NJW-Spezial 2013, 276 (Alterdiskriminierung eines 36-jährigen Bewerbers)

185 §§ 7; 11; 15; 22 AGG

186 vgl. z.B. BVerwGE NJW 2011, 2452

187 Institut der deutschen Wirtschaft Köln, Der Papierkrieg nervt noch immer, iwd – Nr. 24 vom 16.06.2011 http://www.iwkoeln.de/Publikationen/iwd/Archiv/tabid/122/articleid/31181/Default.aspx

188 nach anderer Schätzung hat allein die Einführung des AGG Kosten von 1,73 Mrd. Euro verursacht – Nachw. bei Schiefer/Ettwig/Worzalla, Ein Jahr Allgemeines Gleichbehandlungsgesetz, DB 2007, 1977, 1980

ergibt sich aus jüngster Rechtsprechung des Europäischen Gerichtshofs (EuGH) die Verpflichtung des Arbeitgebers, Arbeitsrhythmus und Aufgabenverteilung in seinem Betrieb nach den Notwendigkeiten behinderter Arbeitnehmer zu organisieren, und zwar „unter Berücksichtigung jedes Einzelfalls“[189]. Der aus Arbeitsverhältnissen entstehende Administrationsaufwand ist Teil eines Kostenblocks, für den der Nationale Normenkontrollrat ein Entlastungspotential der Unternehmen von rd. 9 Mrd. Euro identifiziert hat[190].

D. Zwischenergebnis

Eine kursorische Darstellung normativer Grundformen legaler Arbeitskraftverwertung hat gezeigt, dass und wie das staatliche Recht die gesellschaftlichen Akteure beim Austausch von Arbeitsleistung gegen Geld sowohl einem Gestaltungs-, als auch einem Beteiligungsanspruch unterwirft.

Der Gestaltungsanspruch manifestiert sich in Einschränkungen der Privatautonomie, der Beteiligungsanspruch im Zugriff[191] auf die Erträgnisse des Leistungsaustauschs durch Erhebung von Steuern und Sozialversicherungsbeiträgen. Beide Ansprüche berühren grundrechtlich gewährleistete Freiheiten: die Vertragsfreiheit[192] sowie die „Unternehmerinitiative“[193] bzw. die Verwertungsfreiheit[194]; ferner das Eigentum der Beteiligten jedenfalls dann, wenn man hierfür auf die „Anknüpfung von Geldleistungspflichten an den Erwerb vermögenswerter Rechtspositionen“[195] abstellt.

189 EuGH DB 2013, 1736

190 Monitor Bürokratiekosten der Wirtschaft (Stand: 14.04.2011) http://www.normenkontrollrat.bund.de/Webs/NKR/DE/MonitorBuerokratiekosten/monitorbuerokratiekosten.html

191 vgl. BVerfGE 87, 153, 169

192 BVerfGE 103, 197, 215

193 BVerfGE 50, 290, 366

194 vgl. BVerwGE 35, 201, 205

195 so der Zweite Senat des BVerfG in BVerfGE 115, 97, 112f.

Zweiter Teil: Empirische Formen illegaler Arbeitskraftverwertung – Schwarzarbeit

Im 2. Teil der Untersuchung geht es um die Tatsache, dass Arbeitskraftanbieter und – nachfrager ihren Leistungsaustausch vielfach außerhalb des staatlichen Rechts vornehmen. Die nachfolgende Beschreibung von Erscheinungsformen sog. Schwarzarbeit folgt in ihrem Aufbau der im 1. Teil entwickelten Systematik. Hier wie dort wird der Stoff unter den Gesichtspunkten: Leistungsgegenstand, Vergütung und Risikoverteilung aufbereitet. Anders jedoch als bei den normativen Grundformen tritt bei Schwarzarbeit neben dem selbständigen und dem unselbständigen noch der scheinselbständige Arbeitskraftanbieter auf.

Die Darstellung speist sich aus verschiedenen Quellen, in erster Linie jedoch aus einer Berichterstattung der Bundesregierung, die dem Bundestag seit 1984 im 4-Jahres-Rhythmus vorgelegt wird[196]. Die parlamentarische Befassung mit Techniken informeller Arbeitskraftverwertung geht auf den Beginn der 1970er Jahre zurück, als der Gesetzgeber im Zusammenhang mit der Arbeitnehmerüberlassung (Leiharbeit) flächendeckende Steuer- und Beitragshinterziehung, Lohndumping, Missachtung des Arbeitsschutzes und Kettenarbeitsverträge feststellen musste. Grundlagen der Berichterstattung sind neben eigenen Erkenntnissen der Bundesregierung Beiträge der Bundesländer sowie Stellungnahmen u.a. der Bundesagentur für Arbeit (BA), der Sozialversicherungsträger und gesellschaftlicher Akteursverbände, darunter der Bundesvereinigung der Deutschen Arbeitgeberverbände (BdA) und des Deutschen Gewerkschaftsbundes (DGB)[197]. Bis zum Abschluss der Untersuchung war der Elfte Bericht für die Jahre 2005 bis 2008 veröffentlicht[198], die Berichterstattung für den Folgezeitraum 2009 bis 2012 stand noch aus. Allerdings hatte die Bundesregierung den Entwurf eines Zwölften Berichts bereits den Institutionen/Organisationen zugeleitet; die im Internet verfügbaren Stellungnahmen u.a. des BdA und des DGB wurden für die Untersuchung ausgewertet. Als weitere Quellen wurden der Zehnte Bericht (2000 bis 2004)[199],

---

196 Bericht der Bundesregierung über die Auswirkungen des Gesetzes zur Bekämpfung der illegalen Beschäftigung

197 vgl. BT-Drs. 16/13768, S. 4

198 BT-Drs. 16/13768

199 BT-Drs. 15/5934

Pressemitteilungen[200] der Schwarzarbeitsbekämpfungsbehörden[201], aktuelle Medienberichte und andere Veröffentlichungen herangezogen, wobei sich folgende Besonderheit ergibt:

In zeitlicher Nähe zum Beginn der Berichterstattung im Bundestag (1984) wurde an der Universität Bamberg eine interdisziplinäre Tagung durchgeführt, die durch Beteiligung von Verbands- und Kammervertretern akademisches und praxisempirisches Wissen bündelte (1985). Der hierzu unter dem Titel „Positive Wirkungen der Schattenwirtschaft“ veröffentlichte Tagungsband[202] kann als Kompendium des damals auf wissenschaftlicher bzw. gesellschaftlicher Ebene erreichten Erkenntnisstandes betrachtet werden. Dasselbe gilt für eine Veröffentlichung, die – parallel zum aktuellen Stand der parlamentarischen Berichtserstattung - das derzeitige Wissen um Erscheinungsformen und Ursachen der Schwarzarbeit für ein breiteres Publikum aufbereitet (2006)[203]. Zwar dient der populärwissenschaftliche Stil dieser Aufbereitung durchaus der Begründung bestimmter Thesen, die sich bereits in ihrem Titel („Ein Herz für Schwarzarbeiter“) ankündigen; jedoch werden die dort vorgetragenen Fakten durch andere Quellen bestätigt und kann überdies gerade die Populärwissenschaftlichkeit der Darstellung für eine Materie mit so hoher Alltagsrelevanz als ähnlicher Vorzug gelten, wie die Einbeziehung von Praktikern in den wissenschaftlichen Diskurs der Bamberger Tagung. Mit der Zusammenschau dieser Quellen soll auch der Frage nachgegangen werden, ob sich das Wissen über informelle Arbeitskraftverwertung in einen Zeitraum von rd. 25 Jahren fortentwickelt hat oder ob insoweit Stagnation zu beobachten ist.

Nach den Erscheinungsformen wird die Frage der Ursachen von Schwarzarbeit, d.h. die Frage nach den Anreizen der gesellschaftlichen Akteure, thematisiert. Dabei wird sich zeigen, dass die im 1. Teil beschriebenen Beteiligungs- und Gestaltungsansprüche des Staates zu ökonomischen und sozialpsychologischen Schwarzarbeitsanreizen führen.

---

200 http://www.zoll.de/DE/Presse/Pressemitteilungen/Schwarzarbeitsbekaempfung/schwarzarbeitsbekaempfung_node.html

201 vgl. § 12 Abs. 2 FVG; Fehn, Die Novellierung des Schwarzarbeitsbekämpfungsgesetzes, ZfZ 2004, 218f.

202 Gross/Friedrich (Hrsg.), Positive Wirkungen der Schattenwirtschaft, 1988

203 Schneider/Badekow, Ein Herz für Schwarzarbeiter, 2006

A. Begriffsklärung

Die Verwendung des Elften Berichts als Hauptquelle verweist zugleich auf dessen begriffliches Instrumentarium: Bei ihrer Beschreibung der „Schwerpunkte“[204] illegalen Leistungsaustauschs unterscheidet die Bundesregierung zwischen illegaler Beschäftigung und Schwarzarbeit. Während „als Erscheinungsformen illegaler Beschäftigung insbesondere die illegale Ausländerbeschäftigung, die illegale Arbeitnehmerüberlassung sowie Verstöße gegen das Arbeitnehmer-Entsendegesetz (gelten)“[205], leistet Schwarzarbeit, „wer Dienst- und Werkleistungen erbringt oder ausführen lässt und dabei sozialversicherungsrechtlichen oder steuerrechtlichen Pflichten zuwiderhandelt bzw. unberechtigt Sozialleistungen bezieht oder gegen Anzeige- und Eintragungspflichten nach Handwerks- und Gewerberecht verstößt“[206]. Die Unterscheidung spiegelt die Gesetzgebung zum Aufenthalts-, Arbeitnehmerüberlassungs- und Arbeitnehmer-Entsenderecht wieder[207], dient einer hierauf bezogenen Gliederung der Berichterstattung[208] und ist damit ein Spezifikum der Rechtssprache. Als solches stimmt sie mit dem allgemeinen Sprachgebrauch nicht überein. Denn die Umgangssprache erfasst einen Leistungsaustausch völlig unabhängig von der Herkunft der Beteiligten als Schwarzarbeit; maßgeblich ist hier allein die Anwendung gesellschaftlich-informeller anstelle staatlichformeller Regeln[209].

Auch für die vorliegende Untersuchung, die sich mit der Entstehung eines Schattenrechts an der Schnittstelle zwischen staatlichen und gesellschaftlichen Regeln der Arbeitskraftverwertung befasst, ist die Abschichtung illegaler Beschäftigung vom Begriff der Schwarzarbeit ohne eigenen Erkenntniswert. Denn der zu beschreibende Umgang staatlicher Akteure mit den Erscheinungsformen illegalen Leistungsaustauschs ist nicht davon abhängig, ob sich z.B. der „ohne Rechnung“ arbeitende Werkunternehmer[210] oder die ohne Anmeldung bei der Minijob-Zentrale beschäftigte Hausangestellte[211] unbefugt in Deutschland aufhält. Im Folgenden werden daher Verstöße gegen das Aufenthalts-, Arbeitnehmerüberlassungs- und Arbeitnehmer- Entsenderecht nur in ihrer empirischen

204 BT-Drs. 16/13768, S. 15
205 BT-Drs. 16/13768, S. 15
206 a.a.O. vgl. auch § 1 Abs. 2 SchwarzArbG
207 vgl. oben 1. Teil B. III.
208 BT-Drs. 16/13768, S. 4; 21ff.
209 Fricke, Zivilrechtliche Folgen von Verstößen gegen das SchwarzArbG, 2005, S. 5f. m.w.N.
210 vgl. BT-Drs. 15/2948, S. 5; 15/2573, S. 40
211 vgl. BT-Drs. 15/2948, S. 5; 15/2573, S. 36

Dimension betrachtet, im Übrigen aber wie andere Erscheinungsformen illegaler Arbeitskraftverwertung und -nutzung unter den Begriff der Schwarzarbeit genommen. Ein solches Begriffsverständnis bildet auch eine Intention des Gesetzgebers ab, dessen ausdrückliches Anliegen es ist, Schwarzarbeit dem „allgemeinen Sprachgebrauch angepasst“ zu definieren[212].

B. Gegenstand und Umfang von Schwarzarbeit

Nach den Erkenntnissen der Bundesregierung ist Schwarzarbeit in allen Wirtschaftsbereichen anzutreffen, konzentriert sich jedoch auf bestimmte Branchen; Schneider/Badekow, die dies bestätigen, sprechen von einem „Branchenranking“[213]. Dabei zeigt die Zusammenstellung der betroffenen Wirtschaftsbereiche in der nachfolgenden Abbildung 2.1 für den Zeitpunkt der aktuellen parlamentarischen Berichterstattung (2009)[214] kaum Veränderungen gegenüber dem Stand der Bamberger Tagung (1985)[215].

Abbildung 2

1985	**2009**
Bauwirtschaft	Bau
handwerkliche Fertigung/Reparatur	Reparatur von Kraftfahrzeugen
spezifische Dienstleistungen	Hausmeisterdienste
Taxifahren	Personen- und Güterbeförderung
Putzhilfe	Gebäudereiniger
Friseurgewerbe	Friseurhandwerk
Gesundheitspflege	Gesundheits- und Körperpflege
Versicherungsvermittlung	
	Hotel- und Gaststättengewerbe
	Fleischwirtschaft

212 BT-Drs. 15/2948, S. 5; 15/2573, S. 17

213 Schneider/Badekow, Ein Herz für Schwarzarbeiter, 2006, S. 36; vgl. auch BT-Finanzausschuss, Protokoll Nr. 15/52 (Wortprotokoll), vorbereitende Stellungnahme ifo, S. 1 http://www.gesmat.bundesgerichtshof.de/gesetzesmaterialien/15_wp/Schwarzarbeit/schwarzarbeit-index.htm

214 BT-Drs. 16/13768, S. 15; vgl. auch BT-Drs. 17/6219, S. 6/8; 9

215 Karmann, in: Gross/Friedrich, Positive Wirkungen der Schattenwirtschaft, 1988, S. 90

Kann daher der Gegenstand informeller Arbeitskraftverwertung als in rund 25 Jahren weitgehend konstant gelten, so ist es ebenfalls kein Novum, dass Schwarzarbeit sowohl in Selbständigkeit, als auch in Unselbständigkeit geleistet wird[216].

„Zum Umfang von Schwarzarbeit...liegen gegenwärtig keine genauen Zahlen vor, sondern es existieren lediglich Schätzungen" – an dieser Feststellung des DIW Berlin im Finanzausschuss des Bundestages aus dem Jahre 2004[217] hat sich seitdem nichts geändert. Die Bundesregierung lehnt allerdings eigene Schätzungen ausdrücklich ab[218]; für ihre parlamentarische Berichterstattung bezieht sie sich auf Ergebnisse einerseits der Rockwool-Foundation und andererseits des Instituts für angewandte Wirtschaftsforschung (IAW)[219] sowie ausdrücklich auch des Wirtschaftswissenschaftlers Friedrich Schneider[220]. Hiernach entspricht die Wertschöpfung durch Schwarzarbeit im Berichtszeitraum 2005 bis 2008 einem Anteil von 3 Prozent (Rockwool) bzw. 14 bis 15 Prozent (IAW/Schneider) des Bruttoinlandsprodukts (BIP)[221]. Der von IAW/Schneider ermittelte Wert ist deutlich höher, liegt allerdings in einer Spannbreite von bis zu 16% des BIP, von der die Europäische Kommission für die Gesamt- EU ausgeht[222]. Bedenkt man zugleich, dass die parlamentarische Berichterstattung eine „beträchtliche Unsicherheitsmarge"[223] in Rechnung stellt, dann lässt sich annehmen, dass Schwarzarbeit wenigstens im Bereich eines dreistelligen Milliardenbetrages liegt. So wird ihr Gesamtvolumen auf rd. 150 Mrd. Euro geschätzt[224].

Diese Zahlen sind ein Indikator für den weitgehenden Fehlschlag des staatlichen Versuchs, Schwarzarbeit zu unterbinden. Das hierzu 1957 erlassene Gesetz[225] wurde schon vor dem SchwarzArbG 2004 mehrfach novelliert. Im Rahmen der parlamentarischen Beratungen zur Neufassung als Teil des

---

216 vgl. BT-Drs. 15/2948, S. 5; 15/2573, S. 18; 22

217 BT-Finanzausschuss, Protokoll Nr. 15/52 (Wortprotokoll), vorbereitende Stellungnahme DIW, S. 1

218 BT-Drs. 17/6219, S. 15

219 vgl. auch Boockmann et al., Abschätzung des Ausmaßes der Schwarzarbeit, IAW Policy Report Nr. 4, März 2010 http://www.iaw.edu/iaw/De:Publikationen:IAW-Reihen:IAW_Policy_Reports

220 BT-Drs. 15/5934, S. 11; 16/13768, S. 15

221 BT-Drs. 16/13768, S. 15

222 Pressemitteilung IP/09/298 vom 19.02.2009 http://europa.eu/rapid/pressReleasesAction.do?reference=IP/09/298&format=HTML&aged=0&language=DE&guiLanguage=en.

223 BT-Drs. 16/13768, S. 15

224 Enste, in: Enste/Schneider, Jahrbuch Schattenwirtschaft 2010/2011, 2011, S. 1

225 Gesetz zur Bekämpfung der Schwarzarbeit vom 30.03.1957 (BGBl. I S. 315)

„Maßnahmen- und Gesetzespakets"[226] führte der Finanzausschuss des Bundestages eine öffentliche Anhörung von Gutachtern und Verbänden durch[227]. Bei dieser Anhörung wurde die Einschätzung vorgetragen, „dass Schwarzarbeit überwiegend von privaten Haushalten und kleineren Betrieben nachgefragt wird"[228]. Tatsächlich identifizierte eine repräsentative Umfrage Schwarzarbeit zu 18,7 Prozent als Werkleistung in Haus und Garten sowie zu 15,8 Prozent als haushaltsnahe Dienstleistung (Januar 2007)[229]. Rechnet man noch Körperpflege mit 12,2 sowie Kinder- und Seniorenbetreuung mit je 12,1 bzw. 4,3 Prozent hinzu, dann entfällt auf den privaten Haushalt als Nachfrager illegaler Arbeitskraft ein Anteil von 44,4 Prozent[230].

C. Selbständige Schwarzarbeit – Sog. Ohne-Rechnung-Geschäfte

Selbständige Schwarzarbeit erfolgt hauptsächlich als sog. Ohne-Rechnung-Geschäft[231], auch Ohne-Rechnung-Abrede genannt[232]. Hierbei wird die Arbeitsleistung gegen Barzahlung erbracht und durch einvernehmlichen Verzicht auf Rechnungsstellung und Quittungserteilung die Erfüllung des Steuertatbestandes verschleiert[233].

Den gesellschaftlichen Akteuren erscheint es rational, ihr Austauschverhältnis auf diese Weise von der Fiskalbeteiligung zu entlasten[234]: der Nachfrager kann günstiger „einkaufen", der Anbieter privilegiert sich gegenüber Mitbewerbern und kann zugleich seinen steuerbaren Betriebsgewinn geringer darstellen[235]. „Ohne-Rechnung-Geschäfte" werden deshalb durch angemeldete Unternehmer ebenso

---

226 vgl. oben Einleitung

227 BT-Finanzausschuss, Protokoll Nr. 15/52 (Wortprotokoll) mit vorbereitenden Stellungnahmen, abrufbar: http://www.gesmat.bundesgerichtshof.de/gesetzesmaterialien/15_wp/Schwarzarbeit/schwarzarbeit-index.htm

228 BT-Finanzausschuss, Protokoll Nr. 15/52 (Wortprotokoll), vorbereitende Stellungnahme Ignor, S. 5; 3

229 Enste, in: Enste/Schneider, Jahrbuch Schattenwirtschaft 2010/2011, 2011, S. 4; 13

230 Enste/Hülskamp/Schäfer, Familienunterstützende Dienstleitungen - Marktstrukturen, Potentiale und Politikoptionen, 2009, S. 34

231 BT-Drs. 15/2948, S. 5; 15/2573, S. 33

232 vgl. etwa BGH NJW-RR 2008, 1050 sub II. 1. passim

233 BGH a.a.O., dazu auch: Tipke et al./Englisch, Steuerrecht, 2013, § 17 Rdnr. 93

234 vgl. das Rechenbeispiel in: BT-Finanzausschuss, Protokoll Nr. 15/52 (Wortprotokoll), vorbereitende Stellungnahme Bund Deutscher Kriminalbeamter, S. 2

235 Peters, Die Leistung ohne Rechnung, NJW 2008, 2478

praktiziert wie durch nicht registrierte Arbeitskraftanbieter. Sie haben sich bereits seit den 1950er Jahren[236] derart verbreitet, dass sie inzwischen als „Massenphänomen" bezeichnet[237] und in Rechtsprechung und Literatur wie eine Rechtsfigur diskutiert werden[238]. Schon auf der Bamberger Tagung (1985) ging man ohne weiteres davon aus, dass z.B. im Baugewerbe „auf Anfrage beinahe jeder Unternehmer zumindest einen Teil des Auftrags „schwarz laufen lässt"[239]. An dieser Praxis hat sich nichts geändert. So heißt es in einer aktuellen Stellungnahme des DGB: „Regulär angemeldete Handwerker rechnen einen Teil der Auftragssumme schwarz ab oder erbringen sowohl legale als auch illegale Dienstleistungen parallel"[240]. Schneider/Badekow präzisieren, dass „die Auftraggeber (für Malerleistungen) mit Rechnung 2,5 – 4,2mal soviel zahlen würden" und geben für Umzüge gar den Faktor 4,7 bis 6 an[241]. Mit dieser Präzisierung ist zugleich ein Hinweis auf den Wirtschaftsbereich gegeben, in dem „Ohne-Rechnung-Geschäfte" ein „Massenphänomen" darstellen. Die Bundesregierung, die sich insoweit auf den Bundesrechnungshof (BRH) beruft, identifiziert als diesen Bereich „u. a. das privat genutzte Eigenheim, die selbst genutzte Wohnung, ein Mietwohngrundstück oder ein Gartengrundstück", bei „denen die Kosten nicht steuerlich geltend gemacht werden können, weil auch Einnahmen nicht zu versteuern sind"[242].

D. Unselbständige Schwarzarbeit

Unselbständige Schwarzarbeit ist ihrem äußeren Erscheinungsbild nach von einem legalen Arbeitsverhältnis insofern nicht zu unterscheiden, als hier wie dort der Arbeitskraftanbieter seine Tätigkeit nicht selbst bestimmt. Diese strukturelle Abhängigkeit von Weisungen eines Dritten entspricht dem im staatlichen Arbeitsvertragsrecht einschließlich AÜG und AEntG normativ beschriebenen Modell[243]. Die Unterschiede zeigen sich erst und nur „hinter den Kulissen". Sie

---

236 vgl. BGH NJW 1954, 1401

237 Peters, a.a.O. 2479

238 vgl. Peters a.a.O; Stamm NZBau 2009, 78; Palandt/Sprau, BGB, 2013, § 631 Rn. 4

239 Gross, in: Gross/Friedrich (Hrsg.), Positive Wirkungen der Schattenwirtschaft, 1988, S. 23

240 Stellungnahme vom 21.01.2013 zum 12. Bericht der Bundesregierung über die Auswirkungen des Gesetzes zur Bekämpfung der illegalen Beschäftigung, S. 2 http://www.dgb.de/themen/++co++58d4852c-acdb-11e2-b7de-00188b4dc422; der Bericht selbst war bei Abschluss der Untersuchung noch nicht veröffentlicht

241 Schneider/Badekow, Ein Herz für Schwarzarbeiter, 2006, S. 35

242 BT-Drs. 15/2573, S. 33

243 vgl. oben 1. Teil B. III.

beziehen sich sowohl auf die am Leistungsaustausch tatsächlich Beteiligten bzw. hiervon Begünstigten, als auch auf Inhalt, Ort und Zeit der Arbeitsleistung sowie auf die Vergütung.

I. Scheinarbeitgeber

Das staatliche Arbeitsvertragsrecht geht von der Identität des rechtlichen Arbeitgebers mit dem tatsächlichen Arbeitskraftnachfrager aus[244]. Im Zusammenhang mit Schwarzarbeit ist dagegen eine Konstellation zu beobachten, bei der als Arbeitgeber anstelle des tatsächlich Begünstigten ein rechtsfähiger Dritter, zumeist eine juristische Person, auftritt[245]. Durch Überwälzung aller Pflichten des Steuer-, Sozialversicherungs- und Arbeitsrechts auf diesen Scheinarbeitgeber bei gleichzeitiger Bestimmung von Inhalt, Zeit und Ort der Arbeitsleistung durch den tatsächlich Begünstigten erzielt der Arbeitskraftnachfrager aus dem Vorgang einen aufwandlosen Ertrag. Zu beobachten sind dabei wiederum mehrere Vorgehensvarianten:

In einer Variante 1 bedient sich der Arbeitskraftnachfrager eines Schein-Unternehmens bzw. Schein-Sub-Unternehmens, das er eigens zu diesem Zweck gründet oder erwirbt. Schein(Sub-)-Unternehmen spielen insbesondere dann die Rolle des normativen Arbeitgebers, wenn die Arbeitnehmer an wechselnden Orten einzeln oder in Gruppen beschäftigt werden sollen:

Sog. illegale Kabotage im Güterkraftverkehr ist hierfür ein Beispiel: Inländische Transportunternehmer gründen bzw. erwerben branchengleiche Firmen im Ausland. Die ausländischen Firmen werden allerdings an ihrem Standort nicht marktaktiv, sondern begründen lediglich Arbeitsverhältnisse zu dortigen Bedingungen; die Arbeitsleistung selbst wird dann im Inland gesteuert, erbracht und genutzt[246]. Damit ist der inländische Transportunternehmer Begünstigter der Arbeitsleistung im Inlandsmarkt, während die korrespondierenden Rechtspflichten auf das Auslandsunternehmen entfallen.

In allen Branchen als Schein-Arbeitgeber verwendbar ist die klassische „Briefkastenfirma“[247], aber auch der günstig erworbene GmbH-Mantel, der nicht nur die Möglichkeit seriösen Auftretens[248], sondern auch Sicherheit gegenüber

244 vgl. etwa § 106 GewO oder § 1 AÜG
245 vgl. BT-Drs. 15/5934, S. 32
246 BT-Drs. 15/5934, S. 39; vgl. auch BT-Drs. 15/2573, S. 22
247 BT-Drs. 15/5934, S. 48; vgl. auch Wegner, in: Ignor/Rixen, Handbuch Arbeitsstrafrecht, 2008, § 5 Rn. 68
248 BT-Drs. 15/5934, S. 47

staatlichen Stellen bietet. Im Falle der Aufdeckung der Zusammenhänge meldet das Schein-Unternehmen Insolvenz an, während sich die Begünstigten absetzen, um alsbald mit einer neuen Firmenhülle dieselbe Methode wieder anzuwenden[249].

Die Kombination aus illegaler Kabotage und „Briefkastenfirma" bietet ein in Krefeld aufgedeckter Fall der Hinterziehung von Sozialversicherungsbeiträgen in Höhe von 250.000 Euro: Der Speditionsunternehmer hatte eine Scheinfirma in Polen gegründet und in einer Privatwohnung angesiedelt. Von dort aus warb er polnische Lkw-Fahrer an, die in Deutschland für rd. 1.000 Euro, d.h. für weniger als die Hälfte des üblichen Lohnes, arbeiteten; 100 Euro ihres Lohnes wurden den Fahrern für Unterkunft abgezogen[250].

Speziell im Bau- und Gartenbaugewerbe ist zu beobachten, dass Unternehmen als kurzlebige Kapitalgesellschaften ohne nachweisbare Betriebsstätte gegründet werden. Zweck dieser Gründungen ist es, zu dem Kapitalgeber in ein fiktives Subunternehmerverhältnis zu treten. Die tatsächlich und wirtschaftlich für den Kapitalgeber eingesetzten Arbeitnehmer werden arbeitsrechtlich mit dem fiktiven Subunternehmen verbunden, wobei Lohnsteueranmeldungen und Beitragsnachweise nur in dem Umfang abgegeben werden, der für den Anschein ordnungsgemäßer Betriebsführung unverzichtbar ist[251].

Nah an der Subunternehmer-Fiktion liegen die Fälle des sog. Kettenbetrugs im Baugewerbe[252]. Dabei handeln Baufirmen als sog. Kolonnenschieber, d.h. sie lassen Gruppen von Bauarbeitern (Baukolonnen) jeweils für einige Monate von einem branchengleichen Subunternehmen beschäftigen und „schieben" sie anschließend in ein anderes Subunternehmen weiter. Arbeitsverhältnisse bestehen ausschließlich mit den Subunternehmen, die ihrerseits die Arbeitnehmer nur baustellenbezogen und auf der Grundlage von Minimallohnvereinbarungen an- und abmelden[253].

An Stelle von Schein-(Sub-)Unternehmen handeln vielfach auch sog. Service-Unternehmen, die der Arbeitskraftnachfrager entweder selbst gründet oder im Markt vorfindet und damit beauftragt, als Arbeitgeber im Rechtssinne aufzutreten (Variante 2). Die Service- Unternehmen stellen ihm sodann (Schein-)

249 Wirtschaftwoche 21/2008, S. 20ff.

250 Zoll online vom 10.08.2011 http://www.zoll.de/SharedDocs/Pressemitteilungen/DE/Schwarzarbeitsbekaempfung/2011/y79_pm_scheinfirma.html?nn=98148

251 BT-Drs. 15/5934, S. 48

252 BT-Drs. 15/5934, S. 21; 48

253 vgl. auch BT-Drs. 15/2573, S. 23

Rechnungen in gewünschter Höhe[254]. Diese Vorgehensweise entlastet den Arbeitskraftnachfrager nicht nur von allen Arbeitsverhältnissen; sie ermöglicht es ihm zugleich, den in den sog. Abdeckrechnungen[255] dargestellten Aufwand gewinnwirksam steuerlich geltend zu machen[256]. Die, je nach Konstellation, gekauften, eigens gegründeten oder beauftragten Unternehmen erhalten für die Übernahme der normativen Arbeitgeberpflichten und die Erstellung der Abdeckrechnungen zwischen 5 und 20 Prozent des ausgewiesenen Rechnungsbetrages[257]. Nach den Erkenntnissen der Bundesregierung hat sich der Handel mit Abdeckrechnungen „mittlerweile zu einem eigenen Geschäftszweig entwickelt"[258]. Der Empfänger reicht die Rechnungen beim Finanzamt zum Vorsteuerabzug ein und gewinnt auf diese Weise Liquidität, die er zur Bezahlung von Schwarzlohn bzw. Schwarzlohnanteilen verwendet[259]. Über zwei einschlägige Fälle der Reinigungs- bzw. der Baubranche berichtete der Zoll für München (400.000 Euro) und Erfurt (970.000 Euro)[260]. Ein neues Urteil des EuGH[261] könnte zum weiteren Aufblühen dieses „Geschäftszweigs" beitragen. Dem Vorabentscheidungsersuchen[262] eines ungarischen Gerichts zur Auslegung der Richtlinie über das gemeinsame Mehrwertsteuersystem[263] lag eine Variante der hier beschrieben Konstellation zu Grunde: Ein Bauunternehmer legte mit seiner Steuererklärung u.a. die Rechnung eines Subunternehmers vor, die er bar bezahlt haben wollte. Der Subunternehmer hatte die von ihm eingesetzten Bauarbeiter

254 BT-Drs. 15/5934, S. 40; 16/13768, S. 19; vgl. auch BT-Drs. 15/2573, S. 20

255 BT-Drs. 16/13768, S. 19; vgl. den Sachverhalt zu BGH NStZ 2010, 635

256 BT-Drs. 15/5934, S. 22; vgl. auch http://www1.wdr.de/themen/panorama/razziabau100.html

257 BT-Drs. 15/5934, S. 17; 22

258 BT-Drs. 15/5934, S. 22

259 BT-Drs. 16/13768, S. 19

260 Zoll online vom 29.06.2011 http://www.zoll.de/SharedDocs/Pressemitteilungen/DE/Schwarzarbeitsbekaempfung/2011/y81_pm_betrugsfall.html?nn=98148 und 29.07.2011 http://www.zoll.de/SharedDocs/Pressemitteilungen/DE/Schwarzarbeitsbekaempfung/2011/y96_pm_bauunternehmerin.html?nn=98148

261 Urt. v. 6.9.2012, Rs. C-324/11 – Tóth - abrufbar unter: http://curia.europa.eu/juris/document/document.jsf?text=%2522cet%2Bassujetti%2Bsavait%2Bou%2Baurait%2Bd%25C3%25BB%2Bsavoir%2522&docid=126436&pageIndex=0&doclang=DE&mode=req&dir=&occ=first&part=1&cid=348496 – Tenor auch abgedruckt in: DB 2012, 2142

262 Art. 276 AEUV

263 Richtlinie 2006/112/EG des Rates vom 28.11.2006 über das gemeinsame Mehrwertsteuersystem, (ABl. Nr. L 347 S. 1, ber. ABl. Nr. L 335 S. 60)

„weder als fest angestellte Arbeitnehmer noch als Zeitarbeitnehmer bei der Steuerverwaltung gemeldet"[264]. Nach Auffassung des EuGH „darf das Recht auf Vorsteuerabzug...nur dann verweigert werden", wenn die Steuerbehörde dem (Abdeck-)Rechnungsempfänger Kenntnis/Kennenmüssen der Steuerhinterziehung durch Schwarzarbeit „anhand objektiver Umstände" nachweist[265]. Da offen bleibt, „welche Anforderungen an diesen Nachweis in der Zukunft von der Finanzverwaltung erwartet werden"[266] ist die Vorsteuerabzugsberechtigung in der beschrieben Konstellation als „Lizenz zum Gelddrucken" bezeichnet worden[267].

II. Illegale Arbeitnehmerüberlassung

Nicht selten überlassen – meist kleinere – Unternehmen Teile ihres Personals an Dritte, ohne die hierfür erforderliche Erlaubnis[268] zu besitzen. Bei einer bundesweiten Schwerpunktprüfung im Herbst 2011 wurde die sog. illegale Arbeitnehmerüberlassung[269] vor allem auf Großbaustellen festgestellt[270]. Schon in den 1980ger Jahren hielt der Deutsche Gewerkschaftsbund (DGB) eine Schätzung von 100.000 illegal überlassenen Arbeitnehmern für eher erheblich zu niedrig als zu hoch gegriffen[271]. Zur Verschleierung dient vielfach sog. Scheinselbständigkeit[272] der Arbeitskraftanbieter.

III. Illegale Arbeitnehmerentsendung

Bei der Vorstellung des Scheinarbeitgebers wurde am Beispiel der sog. illegalen Kabotage im Güterkraftverkehr[273] eine informelle Technik beschrieben, die auf

264 EuGH a.a.O. Tz. 15f.

265 EuGH a.a.O. Tz. 4

266 Möller/Hudasch, Schwarzarbeit und damit einhergehende Steuerhinterziehung – Recht des Rechnungsempfängers zum Vorsteuerabzug trotz Erbringung von Schwarzarbeit BDZ Fachteil 1-2/2013, F1 (F3)

267 Möller/Hudasch a.a.O., F4

268 vgl. dazu § 1 Abs. 1 S. 1 AÜG sowie oben 1.Teil B. III. 1.

269 BT-Drs. 16/13768, S. 15 passim

270 Zoll online http://www.zoll.de/DE/Presse/Pressemitteilungen/Schwarzarbeitsbekaempfung/schwarzarbeitsbekaempfung_node.html

271 Groser, in: Gross/Friedrich, Positive Wirkungen der Schattenwirtschaft, 1988, S. 261 m.w.N.

272 BT-Drs. 16/13768, S. 18; Schüren, Der Scheinwerkvertrag – Rechtsfolgen und Identifikation verdeckter, illegaler Arbeitnehmerüberlassung, Wirtschaft und Verwaltung 2001, 173, 176ff.

273 vgl. dazu auch BT-Drs. 15/2573, S. 22

die Nutzung von Arbeitskraft im Inland zu günstigeren Tarifen und Standards des Auslands ausgelegt ist.

Grundsätzlich ermöglicht das staatliche Recht Unternehmen mit Sitz im Ausland dort eingestellte Arbeitnehmer zur Arbeitsleistung nach Deutschland entsenden[274]; die Rechtsgrundlage hierfür bildet das Arbeitnehmer-Entsendegesetz (AEntG). Illegal ist diese Praxis, wenn dabei staatlich gesetzte bzw. sanktionierte Sozialstandards nicht eingehalten werden.

Nach ständiger Rechtsprechung des Europäischen Gerichtshofs (EuGH) ist die E 101- Bescheinigung[275] für die Behörden des Gastlandes mit der Maßgabe verbindlich, dass auch die zu Grunde liegenden Tatsachen wie etwa die Entsendefähigkeit des Unternehmens oder das tatsächliche Bestehen des Arbeitsverhältnisses der örtlichen Nachprüfung entzogen sind[276]. Der BGH in Strafsachen hat sich dieser EuGH-Rechtsprechung auch für den Fall angeschlossen, dass „die Bescheinigung durch Manipulation erschlichen worden ist“; er hat in einem solchen Fall die nach § 266a StGB Angeklagten frei gesprochen und für vergleichbare Konstellationen auf ein Verfahrenshindernis erkannt[277]. Der Entscheidung lag folgender Sachverhalt zu Grunde: Die Angeklagten handelten für eine GmbH, die in Deutschland Bauaufträge ausführte und dafür portugiesische Bauarbeiter einsetzte. Obwohl die Bauarbeiter vollständig in den Betrieb der GmbH eingegliedert waren, bestanden Arbeitsverträge zu Unternehmen in Portugal, die tatsächlich allerdings gar keinen Kontakt zu den Arbeitskraftanbietern hatten. Die Voraussetzungen des Entsendetatbestandes und damit der Versicherungsfreiheit am Beschäftigungsort waren auch insofern nicht erfüllt, als die Bauarbeiter zum maßgeblichen Zeitpunkt bereits mehr als 12 Monate in Deutschland eingesetzt gewesen waren. Unter Täuschung über diesen Sachverhalt erwirkten die portugiesischen Scheinarbeitgeber bei den dortigen Behörden E 101-Bescheinigungen, woraufhin in Deutschland keine Sozialversicherungsbeiträge abgeführt wurden.

Nach den Erkenntnissen der Bundesregierung gehört eine Vorgehensweise nach diesem Muster inzwischen zu den etablierten Techniken informeller Arbeitskraftnutzung[278]. Nachdem der BGH selbst für den Verdachtsfall ein Verfahrenshindernis festgestellt und die deutschen Stellen auf ein Rücknahmeersuchen an die Ausstellungsbehörden des Herkunftslandes beschränkt hat[279], ist das

274 vgl. § 1 AEntG sowie oben Teil 1
275 vgl. oben 1.Teil C.
276 Nachw. in BGH (St) NJW 2007, 233 (235)
277 BGH, a.a.O. 236
278 BT-Drs. 15, 5934, S. 16; 16/13768, S. 17
279 BGH, a.a.O. 236

Risiko der gesellschaftlichen Akteure gering. Denn in der grenzüberschreitenden Verwaltungsrealität kommen für solche Ersuchen nicht nur „unverhältnismäßig lange" Bearbeitungsfristen vor, sondern werden Bescheinigungen „häufig...auch dann nicht (zurückgenommen), wenn nach den Erkenntnissen der Kontrollbehörden der Rücknahmetatbestand eindeutig vorgelegen hatte"[280].

IV. Illegale Ausländerbeschäftigung

Die Erscheinungsform der illegalen Ausländerbeschäftigung[281] knüpft an die öffentlichrechtlich determinierte Befugnis eines Ausländers, sich im Bundesgebiet aufzuhalten und/oder dort seine unselbständige Arbeitskraft entgeltlich zu verwerten[282].

Da Angehörige eines EU-Mitgliedstaates aufgrund der unionsrechtlich gewährleisteten Freizügigkeit nach Deutschland kommen und dort erwerbstätig sein dürfen[283], sind sie im Kontext illegaler Ausländerbeschäftigung nur insoweit eine relevante Gruppe, als das Unionsrecht die Freizügigkeit durch Übergangsfristen einschränkt[284]. Ohne die in diesem Fall erforderliche Arbeitsgenehmigung-EU[285], ist die Ausländerbeschäftigung illegal und kann bußgeld- bzw. strafrechtlich geahndet werden[286]. Um diese Einschränkungen bzw. Folgen zu umgehen, wird auch bei abhängiger Arbeitsleistung vielfach Selbständigkeit vorgetäuscht, sodass eine spezifische Form illegaler Beschäftigung legaler Ausländer entsteht. Beispielhaft für diese Konstellation und zugleich im Grenzbereich zur illegalen Arbeitnehmerentsendung ist der Einsatz osteuropäischer Haushaltshilfen und Pflegekräfte durch Unternehmen aus ehemaligen MOE- Staaten in Deutschland[287]. „Die organisierte Schwarzarbeit in Privathaushalten mit Pflegebedürftigen ist zu einem gravierenden Problem geworden. Der Bundesverband privater Anbieter sozialer Dienste e. V. (bpa) geht mittlerweile von 100 000 illegalen Pflegekräften aus, die oft über Dritte, auch über kriminelle Schleuserbanden, in Privathaushalte vermittelt werden"[288] – so wurden die

---

280 BT-Drs. 16/13768, S. 18

281 vgl. dazu auch BT-Finanzausschuss, Protokoll Nr. 15/52 (Wortprotokoll), vorbereitende Stellungnahmen DGB, S. 3 und Ignor, S. 4

282 vgl. oben 1. Teil B. III.

283 Art. 21; 45ff. AEUV

284 vgl. oben 1. Teil B. III.

285 § 284 Abs. 1 SGB III

286 §§ 404 Abs. 2 SGB III; 10f. SchwArbG 2004

287 BT-Drs. 16/13768, S. 21

288 BT-Drs. 16/2278, S. 1

Verhältnisse im Bundestag beschrieben (2006). Gegenwärtig „(befinden sich) nach Schätzungen ca. 115.000 osteuropäische Pflegekräfte in Deutschland, die in Privathaushalten legal und illegal beschäftigt sind“[289].

Der Lauf der Übergangsfristen für Bulgarien und Rumänien[290] hat auch in anderen Branchen unterschiedliche Formen der Illegalität entstehen lassen: „Manche melden…ein Gewerbe an und leben in der Scheinselbständigkeit, andere suchen ganz ohne Papiere als Tagelöhner Jobs, doch auf dem Schwarzmarkt macht das kaum einen Unterschied“ – so beschreibt ein SPIEGEL-Artikel die gegenwärtige Situation für bulgarische Arbeitskraftanbieter[291]; vor dem Finanzausschuss des Bundestages ist von einem „Sklavenmarkt München“ die Rede[292].

Die Belastbarkeit dieser Beschreibungen erweist sich in der Vollzugspraxis der Zollverwaltung z.B. durch einen in Dresden aufgedeckten Fall: In einem dortigen Hotel trafen die Zollbeamten 5 rumänische Scheinselbständige an, die in ihrem Heimatort angesprochen und mit der Aussicht auf Arbeit nach Deutschland förmlich gelockt worden waren; anstelle des zugesagten Arbeitsvertrages hatten sie hier allerdings nur den Antrag auf Gewerbeerlaubnis zur Unterschrift vorgelegt bekommen[293]. Drahtzieher war ein Hamburger Unternehmer, wobei auffällt, dass sich auch der SPIEGEL auf einen Hamburger Unternehmer („Hakim“) bezieht, Identität also zumindest möglich ist. „Hakims Angebot ist begehrt, seine Bulgaren sind auf Baustellen gefragt, im Hafen, in Gaststätten, in Putzkolonnen… Sie (scil. die Auftraggeber) bestellen Menschen für 25 Euro pro Tag, steuerfrei und unversichert…Jede Woche bringt Hakim in seinem Minibus acht Arbeiter in die Bundesrepublik“[294]. Unter diesen Umständen überrascht nicht, dass der Zoll

---

289 Stellungnahme des DGB vom 21.01.2013 zum 12. Bericht der Bundesregierung über die Auswirkungen des Gesetzes zur Bekämpfung der illegalen Beschäftigung, S. 4

290 vgl. oben 1. Teil, Tz. 2.3.3

291 DER SPIEGEL 16/2011, S. 34ff. - „Die Hoffnungsreisenden“ - Moderne Menschenhändler beliefern den deutschen Markt mit Arbeitskräften aus Bulgarien, auf die drei Euro Stundenlohn warten und Schlafplätze im Kellerverschlag

292 BT-Finanzausschuss, Protokoll Nr. 15/52 (Wortprotokoll), vorbereitende Stellungnahme Cyrus, S. 10 vgl. auch F.A.Z. vom 14.04.2012, S. 3 „Ein Gedicht für den Zoll“ - abrufbar unter: http://fazarchiv.faz.net/?q=Bulgarenindustrie&search_in=q&timePeriod=timeFilter&timeFilter=&DT_from=&DT_to=&KO=&crxdefs=&NN=&CO=&CN=&BC=&submitSearch=Suchen&sext=0&maxHits=&sorting=&toggleFilter=&dosearch=new#hitlist

293 http://www.zoll.de/SharedDocs/Pressemitteilungen/DE/Schwarzarbeitsbekaempfung/2011/y94_pm_dresdner_ho tel.html?nn=98148

294 DER SPIEGEL 16/2011, S. 34

bei einer bundesweiten Schwerpunktprüfung z.B. in Darmstadt auf 18 Baustellen 19 Arbeitskraftanbieter ohne eine Arbeitsgenehmigung-EU antraf (2011)[295].

Die zweite Gruppe illegal beschäftigter Ausländer bilden Drittstaatsangehörige, denen die verwaltungsrechtliche Erlaubnis zu Aufenthalt und Arbeit in Deutschland, der sog. Aufenthaltstitel, fehlt[296]. Bei dieser Gruppe stehen nicht Varianten der Scheinselbständigkeit, sondern Techniken im Vordergrund, die auf Verschleierung des Herkunftslandes bzw. des persönlichen (Aufenthalts-) Status ausgerichtet sind[297]. So gibt sich der Arbeitskraftanbieter als Tourist[298], Verwandter oder als Freund des Nachfragers[299] aus oder behauptet, nur für den Eigenbedarf bzw. überhaupt ohne Entlohnung zu arbeiten[300]. Bei der soeben erwähnten Schwerpunktprüfung wurden in Darmstadt 5 und in Hamburg 8 Arbeitskraftanbieter ohne Aufenthaltstitel angetroffen[301].

Über die Missachtung räumlicher und/oder zeitlicher Begrenzungen eines ggf. vorhandenen Aufenthaltstitels hinaus, wird spätestens mit dem Gebrauch gefälschter, gestohlener oder vom rechtmäßigen Inhaber überlassener Ausweisdokumente[302] die Grenze zwischen Schatten- und Untergrundwirtschaft überschritten. Die Europäische Kommission geht davon aus, dass sich zwischen 4,5 und 8 Millionen Personen illegal in der Union aufhalten und dass diese Zahl jährlich um rd. 350.000 bis 500.000 steigt; illegale Beschäftigung im Baugewerbe, in der Landwirtschaft, im Sektor Haus-/Reinigungsarbeiten sowie im Hotel- und Gaststättengewerbe ist dabei an der Tagesordnung[303].

V. Lohnsplitting

In den Absprachen und Techniken zur Vergütung von Schwarzarbeit manifestiert sich das grundsätzlich übereinstimmende Interesse der Beteiligten an der Umgehung steuer- und sozialversicherungsrechtliche Pflichten, gleichzeitig aber auch ihr struktureller Antagonismus im Innenverhältnis. Ausdruck der

---

295 http://www.zoll.de/DE/Presse/Pressemitteilungen/Schwarzarbeitsbekaempfung/schwarzarbeitsbekaempfung_nod e.html

296 vgl. auch § 98a AufenthG

297 BT-Drs. 16/13768, S. 21

298 BT-Drs. 15/5934, S. 37

299 BT-Drs. 15/5934, S. 39

300 BT-Drs. 15/5934, S. 39

301 http://www.zoll.de/DE/Presse/Pressemitteilungen/Schwarzarbeitsbekaempfung/schwarzarbeitsbekaempfung_nod e.html

302 BT-Drs. 15, S. 22; 16/13768, S. 21

303 Pressemitteilung IP/09/298 vom 19.02.2009

Interessenkohärenz in Bezug auf den (Para-)Fiskus als „gemeinsamen Gegner" ist das sog. Lohnsplitting. Hierbei vereinbaren die Beteiligten die Aufteilung der Arbeitsvergütung in versteuerte und unversteuerte (Bar-)Anteile[304]. Das Lohnsplitting tritt in vielfältigen Erscheinungsformen auf, wobei die Barzahlung entweder unmittelbar[305] oder an eine Vertrauensperson des Arbeitskraftanbieters, zumeist einen Angehörigen, erfolgt[306].

Schon „klassisch" ist die Deklaration von Arbeitsentgelt als Sonn-, Feiertags- und Nachtzuschläge, Auslösungen, Fahrkostenersatz oder sonstige Reisekosten sowie als Vergütung für doppelte Haushaltsführung[307]; durch Einbeziehung von Urlaubsvergütung wurde die Technik weiterentwickelt[308]. In weiten Teilen des Gastgewerbes ist es inzwischen üblich, nur noch Teile des vereinbarten (Tarif-) Entgelts sozialversicherungsgebunden auszuzahlen und den Rest durch Trinkgeldregelungen abzudecken[309].

Ebenfalls weit verbreitet sind Lohnsplittingmodelle, bei denen die gesellschaftlichen Akteure mit Sozialleistungen kalkulieren[310]. Vereinbarungen hierzu werden nur mündlich getroffen und sodann schwarz abgewickelt[311]. Das Modell ist für beide Seiten attraktiv: Für den Anbieter, weil er ohne Einkommensverlust einen Wettbewerbsvorteil gewinnt; für den Nachfrager, weil er entsprechend günstig „einkaufen" kann. Einen Anhaltspunkt für die Größenordnung des Problems lässt sich aus der Statistik der Verfolgungsbehörden gewinnen: in den Jahren 2009 und 2010 wurden jeweils mehr als 30.000 Fälle des Leistungsmissbrauchs[312] bzw. weit mehr als 90.000 Fälle des Leistungsbetruges[313] aufgedeckt und bußgeld- bzw. strafrechtlich geahndet[314].

---

304 BT-Drs. 15/5934, S. 22; vgl. auch Wegner, in: Ignor/Rixen, Handbuch Arbeitsstrafrecht, 2008, § 5 Rn. 67

305 vgl. BGH NStZ 2011, 645

306 BT-Drs. 16/13768, S. 19; insoweit geradezu „lehrbuchhaft" der Sachverhalt zu BAG DB 2010, 1241

307 BT-Drs. 15/5934, S. 17

308 BT-Drs. 16/13768, S. 19

309 BT-Drs. 15/5934, S. 17; Persönliches Interview des Verfassers mit dem Leiter der Tarifabteilung in der Hauptverwaltung der Gewerkschaft Nahrung Genuss Gaststätten (NGG) am 16.02.2007

310 ein prägnantes Beispiel in: DER SPIEGEL 8/2008, S. 64; vgl. auch BT-Drs. 15/2573, S. 21

311 BT-Drs. 16/13768, S. 20

312 SGB II und III

313 § 263 StGB; § 9 SchwarzArbG 2004

314 BT-Drs. 17/6219, S. 7

Seit Einführung des mit höchstens 450 Euro vergüteten sog. Mini-Jobs als gesetzlicher Form der Teilzeitbeschäftigung[315] haben sich illegale Vergütungsregelungen ausgebildet, für die ein vor dem BAG verhandelter Sachverhalt beispielhaft ist (2010): Die Beteiligten hatten für die regelmäßige Tätigkeit des Arbeitskraftanbieters in der Spielothek des Nachfragers einen Mini-Job mit der seinerzeit geltenden Entgeltgrenze von 400 Euro vereinbart. Tatsächlich flossen jeweils weitere 900 Euro sowie Umsatzprovisionen, wobei auf diese Teile der Gesamtvergütung weder Lohnsteuern noch Sozialversicherungsbeiträge abgeführt wurden[316]. „Der Minijob wird regulär angemeldet, der Rest wird „schwarz" ausgezahlt"[317] - so fasst eine Stellungnahme des DGB gegenüber der Bundesregierung die inzwischen flächendeckende Akteurspraxis zusammen (2013).

Spektakulär war eine Variante, bei der die mittelbare Beteiligung eines staatlichen Unternehmens presseöffentlich wurde: Die CAP Flughafen München Sicherheits-GmbH, Tochter der staatlichen Flughafen München GmbH (FMG) und des Dienstleisters Securitas, sah sich dem Vorwurf ausgesetzt, auftragsbedingten Bedarf an Mehrarbeit ihrer Mitarbeiter nicht durch Anordnung und sozialversicherungspflichtige Vergütung von Überstunden, sondern in der Weise gedeckt zu haben, dass dieselben Mitarbeiter im Anschluss an ihre regelmäßige Arbeitszeit bei einem Drittunternehmen auf Basis eines Mini-Jobs tätig und von dort aus wieder für CAP eingesetzt wurden[318].

VI. Lohndumping

Als Ausdruck des strukturellen Antagonismus zwischen Anbieter und Nachfrager von Schwarzarbeit ist die Unterschreitung gesetzlicher oder tariflicher Vergütungsregeln bis hin zur Sittenwidrigkeit anzusehen - eine Praxis, die in der Rechtssprache als „Lohnwucher"[319] und in der Umgangssprache[320] sowie in der parlamentarischen Berichterstattung[321] als „Lohndumping" bezeichnet wird. Lohndumping begünstigt ausschließlich den Arbeitskraftnachfrager, hat für

---

315 vgl. §§ 2 Abs. 2 TzBfG; 8, 8a SGB IV - vgl. dazu unten 3. Teil Gesetzes zur Bekämpfung der illegalen Beschäftigung, S. 8

316 BAG NJW 2010, 2604; vgl. auch BT-Drs. 16/13768, S. 19

317 Stellungnahme des DGB vom 21.01.2013 zum 12. Bericht der Bundesregierung über die Auswirkungen des

318 DER SPIEGEL 42/12.10.2009, S. 70

319 vgl. BAG, Urteil vom 22.4.2009, 5 AZR 436/08

320 vgl. SPIEGEL ONLINE von 14.01.2010 http://www.spiegel.de/wirtschaft/unternehmen/0,1518,671982,00.html

321 BT-Drs. 15/5934, S. 37; 61

diesen jedoch einen doppelten Effekt: die Ersparnis – u.U. erheblicher – Netto Vergütungsanteile einerseits, von Steuern und Sozialversicherungsanteilen andererseits. Hauptsächlich als Begleiterscheinung illegaler (Ausländer-)Beschäftigung aufgedeckt[322], wird Lohndumping durch ein empirisch-soziologisches Machtgefälle zwischen Nachfrager- und Anbieterseite ermöglicht. Nach den Erkenntnissen der Bundesregierung wird „bei Personenbefragungen im Rahmen von Prüfungen der Zollverwaltung…auch vom Arbeitnehmer aus Angst um seinen Arbeitsplatz nicht der tatsächlich gezahlte Lohn angegeben, sondern… der Erhalt des zustehenden Mindestlohns behauptet“[323]. Die Umsetzung der Lohnvereinbarung erfolgt ggf. dadurch, dass ausländische Arbeitnehmer einen Teil des ihnen in Deutschland ausgezahlten Mindestlohnes nach Rückkehr wieder abführen müssen[324]. Eine andere Variante sind erhebliche Verdienstabzüge für Kleidung, Verpflegung und Unterkunft[325]. Ausländischen Arbeitskräften wurden für den Transfer in die Bundesrepublik zwischen 100 und 200 Euro sowie für die Unterkunft zwischen 50 und 100 Euro im Monat berechnet[326], als sogenanntes Darlehen gewährt und später abgezogen; dabei wurden Reisepässe als „Pfand“ einbehalten[327]. Bei alledem wird die Führung von Lohnunterlagen vermehrt an ausländische Standorte verlegt und so der Überprüfung entzogen[328].

Einen gesetzlichen Mindestlohn sieht das staatliche Recht derzeit nicht vor; jedoch gelten mit Stand 01.04.2013 in neun Branchen sowie in der Arbeitnehmerüberlassung allgemeinverbindliche Mindestlohn-Tarifverträge[329]. Wie auch beim Lohnsplitting/Leistungsmissbrauch[330], lässt sich aus der Statistik aufgedeckter Fälle ein Anhaltspunkt für das Ausmaß des Lohndumpings gewinnen: So wurden im Jahr 2012 z.B. im Baugewerbe 1.690 Ermittlungsverfahren wegen Nichtgewährung des Mindestlohnes eingeleitet[331].

---

322 BT-Drs. 15/5934, S. 17; 37; vgl. aber auch Böhm, Lohndumping durch konzerninterne Arbeitnehmerüberlassung?!, DB 2010, 672

323 BT-Drs. 16/13768, S. 22

324 BT-Drs. 15/5934, S. 55; BT-Drs. 16/13768, S. 22

325 BT-Drs. 15/5934, S. 48; 54

326 vgl. auch DER SPIEGEL 16/2011, S. 37: „150 Euro zahlt Erfan monatlich für seinen Schlafplatz“.

327 BT-Drs. 15/5934, S. 40; vgl. auch „Der Spiegel“ 14/2007, S. 28; 16/2011, S. 35

328 BT-Drs. 15/2573, S. 31

329 vgl. oben 1. Teil B. IV.

330 vgl. oben 2. Teil D V.

331 BT-Drs. 17/13206, S. 2

Lohndumping wird durch ein weitgefächertes Methoden-Spektrum ins Werk gesetzt, das auch den Einsatz von Scheinarbeitgebern umfasst. So ist die Beteiligung an einer Ausschreibung mit einem Angebot, das nur durch Dumping-Löhne dargestellt werden kann, eine Variante, die sich durch den Einsatz fingierter Nachunternehmen als Scheinarbeitgeber absichern lässt. Geführt als kurzlebige Kapitalgesellschaften ohne nachweisbare Betriebsstätte, sind es diese juristischen Personen, die im Innenverhältnis die Dumping-Löhne vereinbaren und im Außenverhältnis Lohnsteueranmeldungen und Beitragsnachweise in dem Umfang abgeben, der erforderlich ist, um den Anschein ordnungsgemäßer Betriebsführung zu erwecken. Natürliche Personen als Betriebsinhaber treten in diesem Kontext nicht bzw. nur unter einem Pseudonym auf[332]. Eine andere Spielart des Lohndumpings knüpft an das Recht der Grundsicherung für Arbeitssuchende nach dem SGB II an. Presseöffentlich wurde der Fall eines Pizzeria-Betreibers, der seinen Küchenhilfen und Pizzaboten Stundenlöhne von 1,32 Euro gezahlt hatte. Den übrigen Lebensbedarf deckten die Arbeitnehmer über staatliche Transferleistungen; das Ausmaß dieser Akteurspraxis ist derzeit Gegenstand behördlicher Untersuchung[333].

Der für den Nachfrager wohl attraktivste Weg des Lohndumpings führt allerdings über die Scheinselbständigkeit des (ausländischen) Arbeitskraftanbieters als Werkvertragsunternehmer oder Dienstleister; er wird deshalb im Zusammenhang damit beschrieben[334].

VII. Schwarzlohnabreden

Das Ohne-Rechnung-Geschäft findet sein (unselbständiges) Gegenstück in der Schwarzlohn-oder Schwarzgeldabrede, d.h. in der einvernehmlichen Hinterziehung der auf ein formelles Arbeitsverhältnis entfallenden Steuern und Sozialversicherungsbeiträge[335]. Beispielhaft hierfür ist die oben beschriebene Fallkonstellation, die dem BAG im Jahre 2010 vorlag: Über die für einen Mini-Job vereinbarte Vergütung von 400 Euro hinaus hatte der Arbeitskraftnachfrager dem Anbieter 900 Euro sowie Umsatzprovisionen „schwarz" (= abgabenfrei) ausgezahlt.

332 BT-Drs. 15/5934, S. 48

333 SZ vom 5.6.2013 – „Jobcenter klagen gegensittenwidrige Nettolöhne" http://www.sueddeutsche.de/wirtschaft/ostdeutschland-jobcenter-klagen-gegen-sittenwidrige-niedrigloehne-1.1689079

334 vgl. unten E.

335 vgl. BAG NZA 2004, 313, 315

E. Scheinselbständige Schwarzarbeit

Als „Scheinselbständigkeit“[336] wird eine Form der Schwarzarbeit bezeichnet, die den Anschein erzeugen soll, dass der Arbeitskraftanbieter seine Leistung frei von (Ausführungs-) Weisungen des Nachfragers sowie auf eigenes Risiko erbringt, während tatsächlich die Merkmale eines Arbeitsverhältnisses vorliegen[337]. Den nachfragerseitigen Ausführungsweisungen unterworfen, wird der Scheinselbständige mit einem „Unternehmerlohn“[338] vergütet, der meist erheblich unter (allgemeinverbindlichen) Tariflöhnen liegt[339]; zugleich trägt er das Unternehmerrisiko oder die Unternehmerkosten (Abzüge für Werkzeug und Material[340]). So berichten verschiedene Quellen, dass osteuropäischen Dienstleistern in der Fleischbranche Stundenlöhne zwischen 1,50 € und 4 € gezahlt worden seien[341] [342]; dass Anbieter aus „Billiglohnländern“ vorwiegend Osteuropas jede Art von Bauarbeiten gegen einen „Unternehmerlohn“ von 9 Euro/ Std. und weniger[343] (1,48/Std. Euro: Karstadt-Baustelle[344]) verrichteten; dass Gleisbauarbeiter 1,50 bis 6,50 Euro/Std.[345] und rumänische Torfstecher für den laufenden Meter umgeschichteten Torfs nur rund die Hälfte des an deutsche Arbeitnehmer zu zahlenden Betrags erhalten hätten[346]. Nach Erhebungen des Instituts der deutschen Wirtschaft für 2006[347] konnte eine Stunde unselbständiger Schwarzarbeit im Mittel für 10 € brutto gleich netto „eingekauft“ werden. Die

---

336 BT-Drs. 16/13768, S. 18

337 Schaub/Vogelsang, Arbeitsrechts-Handbuch, 2013 § 8 Rdnr. 54; Wegner, in: Ignor/ Rixen, Handbuch Arbeitsstrafrecht, 2008, § 5 Rdnr. 72; Körner, Pflegekräfte aus Osteuropa – Licht ins Dunkel der Schwarzarbeit? Zur sozialrechtlichen Bewertung der Tätigkeit von Pflegekräften in Privathaushalten im Hinblick auf die Erweiterung der Arbeitnehmer-Freizügigkeit zum 1. 5. 2011, NZS 2011, 370; BT-Finanzausschuss, Protokoll Nr. 15/52 (Wortprotokoll), vorbereitende Stellungnahme DGB, S. 2 „… Tarnung von Schwarzarbeit…“

338 BT-Drs. 15/5934, S. 17

339 vgl. auch DER SPIEGEL 16/2011, S. 37: „Ein normaler Arbeitstag hatte 15 Stunden und brachte maximal 30 Euro“.

340 „Der Spiegel“ 14/2007, S. 28

341 Peter, Die Fleischmafia – Kriminelle Geschäfte mit Fleisch und Menschen, 2006, S. 18

342 Hinweis auf: BT-Drs 17/14029 http://dip21.bundestag.de/dip21/btd/17/140/Z171 4029.pdf

343 BT-Drs. 15/5934, S. 17

344 1,48 Euro/Stunde - BT-Drs. 16/7423, S. 1

345 http://www.spiegel.de/wirtschaft/unternehmen/0,1518,672412,00.html

346 BT-Drs. 15/5934, S. 40

347 iwd- Nr. 11 vom 15.03.2007

Zollverwaltung berichtet über die Kombination von Scheinselbständigkeit und Lohndumping, etwa im Sicherheitsgewerbe (2,50 Euro statt 6,53 Euro/Std.)[348], als weit verbreitete Schwarzarbeitstechnik[349]. Einem aktuellen Pressebericht zufolge hat sogar die Deutsche Telekom in verschiedenen IT-Projekten Scheinselbständige eingesetzt[350].

Statistisch gesicherte Erkenntnisse über das Ausmaß scheinselbständiger Arbeitskraftverwertung liegen jedenfalls der Bundesregierung nicht vor[351]. Allerdings schätzten schon vor mehr als 10 Jahren das Institut der deutschen Wirtschaft Köln und die damalige Bundesanstalt für Arbeit die Zahl der Scheinselbständigen im Haupterwerb auf bis zu 430.000 und im Nebenerwerb auf bis zu 1 Million Erwerbspersonen[352] und beobachten heute die Tarifpartner der Bauwirtschaft eine „rasant zunehmende Scheinselbstständigkeit"[353]. Im September 2011 ergab sich bei einer bundesweiten Überprüfung großer Baustellen z.B. in Hamburg und Darmstadt für mehr als 1/3 der angetroffenen Unternehmer ein Scheinselbständigkeitsverdacht[354] [355], wobei hinzuzufügen ist, dass Scheinselbständige durchaus auch auf Baustellen öffentlicher Auftraggeber angetroffen werden[356].

Die „klassische" Form der Scheinselbständigkeit ist ein (schriftlicher) Dienst- bzw. Werkvertrag, dessen Vorliegen ein Arbeitsverhältnis entweder zu dem Arbeitskraftnachfrager selbst oder zu einem Verleiher verschleiern soll. Insbesondere die Verschleierung illegaler Arbeitnehmerüberlassung durch Werkverträge hat eine

---

348 http://www.zoll.de/SharedDocs/Pressemitteilungen/DE/Schwarzarbeitsbekaempfung/2011/y91_pm_sachsenring. html?nn=98148

349 vgl. auch BT-Drs. 17/6219, S. 14

350 Deutsche Wirtschaftsnachrichten vom 30.06.2013 http://deutsche-wirtschafts-nachrichten.de/2013/06/30/deutsche-telekom-verdacht-der-schwarzarbeit-bei-hunderten-it-mitarbeitern/ (Aufruf: 02.08.2013)

351 vgl. BT-Drs. 16/5819 S. 2

352 iwd – Nr. 13 vom 26.03.1998

353 Hauptverband der Deutschen Bauindustrie, Zentralverband des Deutschen Baugewerbes und IG BAU Gemeinsame Presseinfo vom 18.02.2011 http://www.bauindustrie.de/index.php?page=188&article=1871

354 Zoll online http://www.zoll.de/DE/Presse/Pressemitteilungen/Schwarzarbeitsbekaempfung/schwarzarbeitsbekaempfung_node.html

355 „Zoll erhöht Druck auf Schwarzarbeiter" Hamburger Abendblatt vom 27.09.2011 http://www.abendblatt.de/hamburg/polizeimeldungen/article2040157/Der-Zoll-erhoeht-den-Druck-auf- Schwarzarbeiter.html

356 vgl. Stuttgarter Nachrichten vom 11.03.2011 (Stuttgarter Stadtbibliothek)

Bedeutung erreicht, die sie in den Fokus nicht nur wissenschaftlicher[357], sondern auch der politischer Aufmerksamkeit bringt[358]. „Umgehungs-Werkverträge und Scheinselbstständigkeit“[359] werden häufig im Transport- und Gebäudereinigungsgewerbe sowie in der Fleisch- und der Bauindustrie angewandt[360], wobei sich der Trend hierzu mit dem EU-Beitritt mittel- und osteuropäischer Staaten (vormals sog. MOE-Staaten) im Jahr 2004 nochmals deutlich verstärkt hat[361]. So verdoppelte sich z.B. die Zahl der bundesweiten Anmeldungen selbständiger Fliesenleger allein im Jahr 2004 von 12 401 auf 25 545[362]. Ein Großteil der Anmelder waren Arbeitskraftanbieter aus MOE-Staaten, die sich unter Inanspruchnahme der neu erworbenen Niederlassungsfreiheit[363] als selbständige Fliesenleger anmeldeten, tatsächlich jedoch auch jede andere Art von Bauarbeiten in abhängiger Stellung ausführten[364].

Scheinselbständigkeit wird entweder schon in die Leistungsbeziehung eingebracht oder im Zusammenhang damit erst begründet. In der einen Konstellation kommen der Arbeitskraftanbieter und der Nachfrager erstmals zusammen, um Arbeit gegen Entgelt in einer Leistungsbeziehung auszutauschen, der sie den Anschein eines Werk- oder Dienstvertrages geben. In der anderen Konstellation sind Anbieter und –nachfrager zunächst durch ein normatives Arbeitsverhältnis verbunden. Dieses Arbeitsverhältnis wird dann zugunsten einer formellen Selbständigkeit des Anbieters beendet, an der Weisungsgebundenheit der Leistung ändern sich jedoch nichts. Nach den Erkenntnissen der Bundesregierung vollzieht sich dieser Vorgang nicht selten auf Veranlassung der bisherigen Arbeitgeber[365]. Einen eingängigen Beispielsfall hierfür deckte der Zoll in Augsburg auf (2011): Ein

357 Marschall, Zur Abgrenzung zwischen Werkvertrag und Arbeitnehmerüberlassung, NZA 1984, S. 150; Körner, Pflegekräfte aus Osteuropa – Licht ins Dunkel der Schwarzarbeit? Zur sozialrechtlichen Bewertung der Tätigkeit von Pflegekräften in Privathaushalten im Hinblick auf die Erweiterung der Arbeitnehmer-Freizügigkeit zum 1. 5. 2011, NZS 2011, 370, 373 („Gretchenfrage“)

358 BT-Drs. 17/7482, S. 2 sowie BT-Drs. 17/9473, S. 2

359 Stellungnahme des DGB vom 21.01.2013 zum 12. Bericht der Bundesregierung über die Auswirkungen des Gesetzes zur Bekämpfung der illegalen Beschäftigung, S. 10

360 vgl. auch REGIERUNGonline vom 04.06.2007 – „Schwarzarbeit ist kein Kavaliersdelikt“

361 BT-Drs. 16/13768, S. 6; 18

362 BT-Drs. 15/5934, S. 16

363 Artikel 49 AEUV

364 BT-Drs. 15/5934, S. 16f.; vgl. auch Wegner, in: Ignor/Rixen, Handbuch Arbeitsstrafrecht, 2008, § 5 Rdnr. 72

365 BT-Drs. 15, S. 22; 16/13768, S. 18 a.E.

Bauunternehmer hatte bei ihm vormals angestellte Zimmerleute in Gruppen zu je 4 Personen aufgeteilt, die sich in dieser Konstellation selbständig machten, jedoch ausschließlich Aufträge ihres bisherigen Arbeitgebers ausführten. Dieser stellte das zur Gründung der Unternehmen erforderliche Kapital zur Verfügung und umging auf diese Weise Sozialversicherungsabgaben von 1,5 Mio. Euro[366]. Nach ähnlichem Muster hinterzog ein Gaststättenbetreiber in Lörrach 60.000 Euro, indem er Bedienungs-, Küchen- und Reinigungspersonal mehrerer Lokale in die Scheinselbständigkeit entließ, jedoch weiterhin wirtschaftlich beherrschte[367]. Verbreitet ist auch die Technik, tatsächlich unselbständige Arbeitsleistung als Gesellschaftsverhältnis zwischen Anbieter und Nachfrager zu verschleiern. So wurden z.B. 54 polnische Bauhandwerker jeweils für maximal 3 Monate in eine von deutschen Gesellschaftern gegründete (Bau-)Gesellschaft bürgerlichen Rechts aufgenommen, für die sie sodann weisungsabhängige Bauleistungen erbrachten[368].

Scheinselbständige verbinden sich allerdings auch untereinander nicht selten zu sog. Arbeitsgemeinschaften[369] oder zu Personengesellschaften[370] und vermarkten ihre Arbeitskraft in dieser Konstellation. So schlossen sich z.B. Kraftfahrer aus neuen EU-Mitgliedstaaten als Kommanditisten zu einer KG zusammen und ließen sich sodann über eine britische Ltd. an interessierte Transportunternehmen vermitteln[371]. Im Hintergrund dieser „Arbeitsgemeinschaften" bzw. „Gesellschaften" siedeln sich sog. Service-Agenturen an, denen die Scheinselbständigen den „wesentlichen Kernbereich ihres Unternehmertums"[372] vom Auftrag/Arbeitseinsatz bis zur Abrechnung überlassen[373].

Eine spezifische Methode zur Abwälzung des Unternehmerrisikos bei gleichzeitiger Senkung der Lohnkosten hat sich im Beherbergungsgewerbe etabliert: Reinigungskräfte für Hotelzimmer z.B. waren vormals als sog. Zimmermädchen Arbeitnehmerinnen des Hoteliers und wurden nach den für das Hotel- und Gaststättengewerbe vereinbarten Tarifbedingungen mit einem Stundenlohn

---

366 http://www.zoll.de/SharedDocs/Pressemitteilungen/DE/Schwarzarbeitsbekaempfung/2011/y60_pm_haft_bauunt ernehmer.html?nn=98148

367 http://www.zoll.de/SharedDocs/Pressemitteilungen/DE/Schwarzarbeitsbekaempfung/2011/y95_pm_geldstrafe.ht ml?nn=98148

368 Hessisches LAG 20.3.2000 - 16 Sa 591/99

369 BT-Drs. 15/5934, S. 16

370 BT-Drs. 16/13768, S. 21

371 BT-Drs. 16/13768, S. 21

372 BT-Drs. 16/13768, S. 18

373 BT-Drs. 15/5934, S. 16f.

zwischen 5 und 8 Euro bezahlt[374]. Inzwischen lagern viele Herbergen den Service an Reinigungsunternehmen aus, die die Zimmermädchen nach den Tarifen des Reinigungsgewerbes mit 2,50 Euro bezahlen, allerdings nicht pro Stunde, sondern für jedes Zimmer, das während der vereinbarten Arbeitszeit gereinigt werden kann. Das Risiko dafür, dass der Hotelgast das Zimmer rechtzeitig räumt, der Verdienst also überhaupt erwirtschaftet wird, trägt das Zimmermädchen[375].

Schließlich ist eine gewissermaßen atypische Form der Scheinselbständigkeit zu erwähnen, bei es nicht um die Verschleierung eines normativen Arbeitsverhältnisses, sondern um die Begründung bzw. den Erhalt von Sozialversicherungsansprüchen geht. Hierzu gründet der Arbeitslose oder Rentner auf den Namen eines Dritten (z.B. seiner Ehefrau) einen Gewerbebetrieb zur (weiteren) Verwertung seiner Arbeitskraft, nunmehr allerdings unter gleichzeitigem Sozialleistungsbezug[376].

F. Schwarzarbeitsanreize der gesellschaftlichen Akteure

„Die Ursachen von Schwarzarbeit und illegaler Beschäftigung sind seit langem bekannt" – diese Feststellung des Baugewerbeverbandes (ZDB)[377] beschreibt einen Kenntnisstand wissenschaftlicher[378] und verbandspolitischer Akteure[379], der nirgends bestritten und vielfach bestätigt wird[380]. Für die vorliegende Untersuchung ist eine Darstellung dieser Ursachen bzw. Anreize zunächst aus dem Blickwinkel der gesellschaftlichen Akteure erforderlich. Denn wie sich im weiteren

374 DER SPIEGEL 14/2007, S. 32

375 „Hinz&Kunzt" Das Hamburger Straßenmagazin Nr. 169/2007; vgl. schon BAG NJW 1991, 860

376 BT-Drs. 15/5934, S. 24/26f.

377 Stellungnahme vom 12.12.2012 zum 12. Bericht der Bundesregierung über die Auswirkungen des Gesetzes zur Bekämpfung der illegalen Beschäftigung, S. 2 http://www.zdb.de/zdb-cms.nsf/res/ZDBStellungnahme_ZwoelfterBericht_Bundesregierung_12122012.pdf/$file/ZDBStellungnahme_ZwoelfterBericht_Bundesregierung_12122012.pdf

378 vgl. Enste, in: Enste/Schneider, Jahrbuch Schattenwirtschaft 2010/2011, 2011, S. 1

379 vgl. BDA Stellungnahme vom 31.01.2013 zum 12. Bericht der Bundesregierung über die Auswirkungen des Gesetzes zur Bekämpfung der illegalen Beschäftigung, S. 1 http://www.arbeitgeber.de/www/arbeitgeber.nsf/res/90D4C42226D10C2FC1257B170054B071/$file/Stn- Schwarzarbeit-effektiv-bekaempfen.pdf

380 Stellungnahme des Bundesrates BT-Drs. 15/2948/Anlage 2 S. 6; ferner: BT-Drs. 14/9200, S. 493 BT-Finanzausschuss, Protokoll Nr. 15/52 (Wortprotokoll), vorbereitende Stellungnahme Baugewerbe, S. 3 „…unumstritten…"

Verlauf zeigen wird, beruht das Schattenrecht der Schwarzarbeit u.a. auf einer Korrelation staatlicher und gesellschaftlicher Akteursinteressen. Während dabei auf der staatlichen Ebene systemimmanente Faktoren wirken[381], kumulieren auf der gesellschaftlichen Akteursebene ökonomische und sozialpsychologische Schwarzarbeitsanreize zu einem diffusen Akzeptanzmuster.

I. Ökonomische Anreize

Im wissenschaftlichen[382] wie im allgemein öffentlichen[383] Diskurs gilt als gesichert, dass Steuern und Sozialabgaben wesentlich zum Aufkommen von Schwarzarbeit beitragen[384]. Denn legale Arbeitskraftverwertung schmälert auf der Anbieterseite den Ertrag, während sie auf der Nachfragerseite den Aufwand erhöht[385]. Für ein durchschnittliches Arbeitsverhältnis nach staatlichen Regeln muss der Arbeitgeber monatlich 3.101 Euro aufwenden, kann dem Arbeitnehmer jedoch nur 1.691 Euro auszahlen; die Differenz von 1.410 Euro entfällt auf die Abzüge (Arbeitnehmer) bzw. Beiträge (Arbeitgeber) für Steuern und Sozialversicherung (2012)[386]. Vor diesem Hintergrund überrascht nicht, dass finanzwissenschaftliche Expertise den durch (para-)fiskalische Abgabenansprüche

381 vgl. dazu 4. Teil, Tz. 5

382 Enste/Hardege: Regulierung und Schattenwirtschaft Vorabdruck aus: IW-Trends – Vierteljahresschrift zur empirischen Wirtschaftsforschung aus dem Institut der deutschen Wirtschaft Köln, 34. Jahrgang, Heft 1/2007; Blankart, Öffentliche Finanzen in der Demokratie, 6. Auflage 2006, S. 253f. BT-Finanzausschuss, Protokoll Nr. 15/52 (Wortprotokoll), vorbereitende Stellungnahme ifo Institut, S. 1f.

383 vgl. etwa: Wirtschaftwoche 21/2008, S. 20ff.; Die Welt vom 10.07.2008 http://www.welt.de/wirtschaft/article2200505/Geputzt-wird-meistens-schwarz.html Zeit online vom 18.01.2011 http://www.zeit.de/karriere/beruf/2011-01/arbeitsalltag-putzfrau BT-Finanzausschuss, Protokoll Nr. 15/52 (Wortprotokoll), vorbereitende Stellungnahme Bund der Steuerzahler, S. 1

384 BT-Finanzausschuss, Protokoll Nr. 15/52 (Wortprotokoll), Anhörung Buchner, S. 12 sowie vorbereitende Stellungnahme Baugewerbeverband, S. 1; BDA Stellungnahme vom 31.01.2013 zum 12. Bericht der Bundesregierung über die Auswirkungen des Gesetzes zur Bekämpfung der illegalen Beschäftigung, S. 1; Schneider/Badekow, Ein Herz für Schwarzarbeiter, 2006, S. S. 92

385 vgl. oben sowie BT-Finanzausschuss, Protokoll Nr. 15/52 (Wortprotokoll), vorbereitende Stellungnahme ifo, S. 1

386 Berechnung der Universität Duisburg-Essen mit Daten des Statistischen Bundesamtes http://www.sozialpolitik-aktuell.de

ausgelösten Informalitätsanreiz mit bis zu 38 Prozent veranschlagt[387]. Auch die Bundesregierung bestätigt den Zusammenhang, indem sie „bezahlbare legale Beschäftigung“ zum wirksamsten Mittel gegen Schwarzarbeit erklärt (2008)[388]. Neu ist diese Erkenntnis allerdings nicht: Die „Funktionsüberlastung der bezahlten Arbeit in ökonomischer und sozialpolitischer Hinsicht“[389] wurde bereits 1985 diskutiert und auch bei der Anhörung zum SchwarzArbG 2004-E thematisiert[390].

Ebenfalls seit mindestens 25 Jahren ist bekannt, dass die Pflicht zur administrativen Vorbereitung der Steuer- und Abgabenerhebung, aber auch zur Umsetzung spezifischer Normen wie etwa des AGG[391] die privatautonomen Gewinnchancen und zugleich die individuelle Kosten- Nutzen-Bilanz legaler Arbeitskraftverwertung wesentlich beeinträchtigt[392]. Mit Blick auf die hieraus entstehenden Bürokratiekosten[393] wurde bereits 1985 vorgetragen, dass Schwarzarbeit „zumindest teilweise auch aus einem hohen Regulierungsdruck…resultiert“[394]; im Jahre 2006 verweisen Schneider/Badekow auf eine OECD-Studie, die zeige, „dass die inoffizielle Wirtschaft im Durchschnitt zu 10 bis 15 Prozent eine Reaktion auf die staatliche Regulierungsintensität ist“[395]. Ihrer Einschätzung zufolge liegt in der kostenrelevanten Regulierung des formellen Leistungsaustauschs „nach der steuerlichen Abgabenlast die zweitwichtigste Ursache dafür, dass die Schattenwirtschaft blüht“[396].

II. Individual- und sozialpsychologische Anreize

Den ökonomischen Informalitätsanreizen werden im Folgenden Faktoren gegenübergestellt, die das Bewusstsein des Einzelnen vor dem Hintergrund seiner

---

387 vgl. Blankart, Öffentliche Finanzen in der Demokratie, 6. Auflage 2006, S. 255 m.w.N.

388 „Aktionsprogramm der Bundesregierung für Recht und Ordnung auf dem Arbeitsmarkt“ Gemeinsames Schreiben des Bundesarbeits- und des Bundesfinanzministers vom 04.06.2008/Anlage, S. 2 http://www.olafscholz.de/media/public/db/media/1/2010/12/191/20080604_gemeinsames_schreiben_bmf_und_bmas_zum_aktionsprogramm_recht_undordnung_auf_dem_arbeitsmarkt1.pdf

389 Hegner, in: Gross/Friedrich, Positive Wirkungen der Schattenwirtschaft, 1988, S. 52

390 BT-Finanzausschuss, Protokoll Nr. 15/52 (Wortprotokoll), vorbereitende Stellungnahme DEHOGA, S. 3 „…mehr netto…“

391 vgl. oben 1. Teil, Tz. 3

392 BT-Finanzausschuss, Protokoll Nr. 15/52 (Wortprotokoll), vorbereitende Stellungnahme Bund der Stellungnahme Steuerzahler, S. 1

393 vgl. oben 1. Teil, Tz. 3

394 Gross, in: Gross/Friedrich, Positive Wirkungen der Schattenwirtschaft, 1988, S. 39

395 Schneider/Badekow, Ein Herz für Schwarzarbeiter, 2006, S. 65

396 Schneider/Badekow, a.a.O.

individuellen Bedürfnisse und Einstellungen sowie seiner Wahrnehmungen im sozialen Umfeld beeinflussen; diese Faktoren sollen als individual- und sozialpsychologische Anreizfaktoren kategorisiert werden. Sie verdienen hier besondere Aufmerksamkeit, weil sich auf der Grundlage von Systemzweifeln, Freiheitsansprüchen und Sozialadäquanz eine weit verbreitete Akzeptanz jedenfalls gegenüber bestimmten Erscheinungsformen von Schwarzarbeit ausgebildet hat[397].

1. „Gefühlte Abgabenlast“ und Systemzweifel

Nach der Identifikation der Arbeitskosten als Anreiz, „sich dem vereinnahmenden Zugriff des Staates durch Schwarzarbeitsvereinbarungen zu entziehen“[398], verfestigt sich die Erkenntnis, dass es neben der objektiven auch eine subjektive, „gefühlte“[399], Steuer- und Abgabenlast gibt. Während die attributive Bezeichnung des Phänomens der gegenwärtigen Umgangssprache entstammt, ist seine Beobachtung schon Jahrzehnte älter: so wurde der Anteil jener, die ihre Steuerlast als zu hoch „empfinden“[400] bereits für das Jahr 1959 publiziert (47%) und auf das Jahr 1978 fortgeschrieben (65%)[401]. Dies führte schon 1988 zu der Empfehlung, der „Optik“[402] der gesellschaftlichen Akteure Rechnung zu tragen. Im Jahre 2004, bei der Anhörung von Wissenschaftlern und Verbänden zum Entwurf des derzeit geltenden SchwarzArbG[403], wurden die Abgeordneten des Bundestages darauf hingewiesen, dass „offensichtlich den Bürgern in breiterem Umfang das Verständnis und die Akzeptanz für die Höhe der Belastungen (fehlt)“[404].

Mit dieser Einsicht ist die Beobachtung verbunden, dass die gesellschaftlichen Akteure ein negatives „Gefühl“ bzw. „Empfinden“ nicht nur gegenüber der Ertrag

---

397 Wirksamkeit der Bekämpfung der Schwarzarbeit durch die „Finanzkontrolle Schwarzarbeit“: Empirische Untersuchung der Entwicklung der Schwarzarbeit und des hierauf bezogenen Bewusstseins- und Wertewandels – Machbarkeitsstudie - ZEW Abschlussbericht an das BMF vom Dezember 2005 ftp://ftp.zew.de/pub/zew-docs/gutachten/Endbericht3-1.pdf

398 BT-Finanzausschuss, Protokoll Nr. 15/52 (Wortprotokoll), vorbereitende Stellungnahme DEHOGA, S. 4f.

399 Schneider/Badekow, Ein Herz für Schwarzarbeiter, 2006, S. 53

400 Gross, in: Gross/Friedrich, Positive Wirkungen der Schattenwirtschaft, 1988, S. 37

401 Gross, in: Gross/Friedrich a.a.O.

402 Karmann, in: Gross/Friedrich, Positive Wirkungen der Schattenwirtschaft, 1988, S. 107 m.w.N.

403 vgl. unten 4. Teil, Tz. 2.1.2

404 BT-Finanzausschuss, Protokoll Nr. 15/52 (Wortprotokoll), vorbereitende Stellungnahme Buchner, S. 2

mindernden Höhe (para-)fiskalischer Abgaben[405], sondern auch in Bezug auf deren Nutzen für sich selbst entwickeln. Lange schon wird darauf hingewiesen, dass „die Bürger (nicht) an eine angemessene Gegenleistung des Staates glauben, beispielsweise in Form einer auskömmlichen Rente oder auch aktuell was Gesundheitsleistungen angeht“[406]; dass sie ein „Missverhältnis von Staatsnutzen und Steuerbelastung wahrnehmen“[407]; dass die sozialstaatlichen „Beitragsforderungen und Leistungsangebote…als dem Lebensplan und der Zeitpräferenz… (nicht) angemessen empfunden werden“[408].

2. *Freiheits- und Entfaltungsansprüche*

Ebenfalls aus einer subjektiv-objektiven Gemengelage entsteht der Anreiz, individuelle Freiheits- und Entfaltungsansprüche durch informellen Leistungsaustausch zu verwirklichen. Im verfassungsrechtlichen Modell des Grundgesetzes bleibt der Einzelne bei der Gestaltung seiner Austauschbeziehungen zu anderen Privaten von Eingriffen des Staates grundsätzlich frei[409]: das im vorliegenden Zusammenhang einschlägige Recht auf privatautonome Verwertung der eigenen Arbeitskraft[410] ist ihm garantiert, ebenso die unternehmerische Handlungsfreiheit[411]. Die Habitualisierung dieser Garantien[412] subjektiviert das Verhältnis zu allen Beschränkungen der Freiheitsund Entfaltungsansprüche. Vor diesem Hintergrund haben Schneider/Badekow 2006 unter den gesellschaftlichen Akteuren eine „gefühlte“ Regulierung ausgemacht und meinen, dass sich „dieses Gefühl… längst bei Alarmstufe rot eingependelt“ habe[413]. Die Formulierung ist drastisch,

405 TNS Emnid Ergebnisse einer bundesweiten Umfrage zur Ausgabenpolitik des Staates (März 2013) http://www.insm.de/insm/Presse/Pressemeldungen/Der-Staat-hat-genug.html

406 Schneider/Badekow, Ein Herz für Schwarzarbeiter, 2006, S. 54

407 Karmann, in: Gross/Friedrich, Positive Wirkungen der Schattenwirtschaft, 1988, S. 90

408 Koslowski, in: Gross/Friedrich, Positive Wirkungen der Schattenwirtschaft, 1988, S. 239f.

409 BVerfGE 114, 1, 34

410 BVerfGE 35, 201, 205

411 BVerfGE 65, 196, 210

412 vgl. Höland, Normalitätswandel statt Normenerosion: Atypische Erwerbsformen aus rechtssoziologischer Sicht, in: Frommel/Gessner (Hrsg.) Normenerosion 1996, S. 99, 106

413 Schneider/Badekow, Ein Herz für Schwarzarbeiter, 2006, S. 67

der Gedanke jedoch nicht wirklich neu; denn bereits 1985 hatte man z.B. folgenden Zusammenhang erkannt:

Staatliches bzw. staatlich approbiertes (Tarif-)Recht hat die Arbeitszeit des formellen Sektors in rund 100 Jahren ungefähr halbiert[414]. Hierdurch sind den Arbeitskraftanbietern Zeitressourcen zugewachsen, die man schon in den 1980ger Jahren auf etwa 1,3 Mrd. Freizeitstunden pro Jahr veranschlagte[415]. Vor diesem Hintergrund, so lautete eine damalige Einschätzung, sei „schwer zu akzeptieren, dass man anstelle des Do-it-yourselfs nicht die eigenen Fertigkeiten auf einem zweiten Feierabend-Arbeitsmarkt anbieten darf und mit dem damit verdienten Entgelt sich nicht jene Leistungen kaufen darf, welche man weniger gut selber erbringen kann"[416]. Unter den heutigen, oben als „Systemzweifel" dargestellten Verhältnissen, kommt die Tendenz hinzu „Eigenvorsorge" zu betreiben[417]. In diesem Sinne wurde bei der parlamentarischen Anhörung zum SchwarzArbG 2004-E von Schwarzarbeit als einem „stillen Ausstieg breiter Bevölkerungsschichten aus dem System"[418] gesprochen.

3. *Sozialadäquanz und Akzeptanz*

Der Bundesregierung liegen keine Erkenntnisse dazu vor, wie viele „Beschäftigte in 2009 und 2010 ausschließlich und nebenbei in der Schwarzarbeit tätig (waren)"[419]. Presseberichte gehen, unter Bezugnahme auf wissenschaftliche Expertise, von „konstant etwa…10 Prozent der Bevölkerung" (2013)[420] bzw. unter Bezugnahme auf Umfrageergebnisse davon aus, dass es in Deutschland bis zu 10 Millionen nebenberufliche (Teilzeit-) Schwarzarbeiter gibt, die durchschnittlich je 400 Stunden pro Jahr tätig sind (2008)[421]. An diesen Zahlen ist nicht nur ihre Größenordnung, sondern auch ihre Entwicklung bemerkenswert: Bereits 1988 wurde eine Hochrechnung referiert, aus der sich rd. 3,3 Millionen

---

414 Gross, in Gross/Friedrich, Positive Wirkungen der Schattenwirtschaft, 1988, S. 16
415 Martin, in: Gross/Friedrich, Positive Wirkungen der Schattenwirtschaft, 1988, S. 123
416 Gross, in: Gross/Friedrich, Positive Wirkungen der Schattenwirtschaft, 1988, S. 36
417 BT-Finanzausschuss, Protokoll Nr. 15/52 (Wortprotokoll) Anhörung Buchner, S. 12
418 BT-Finanzausschuss, Protokoll Nr. 15/52 (Wortprotokoll), vorbereitende Stellungnahme Bauindustrie, S. 1
419 BT-Drs. 17/6219, S. 16
420 FAZ vom 06.02.2013 http://www.faz.net/aktuell/wirtschaft/iaw-studie-weniger-schwarzarbeit-in-deutschland-12053088.html
421 Wirtschaftwoche 21/2008 (19.05.2008, S. 20ff.);

Schwarzarbeiter ergaben[422]; 1997/1998 lag die geschätzte Zahl bei 7 bis 9 Millionen „Vollzeitschwarzarbeiter(n)"[423].

Bei Umfragen räumte jeder fünfte ein, schon einmal (unselbständig) schwarzgearbeitet zu haben; jeder dritte hatte mindestens einen Auftrag zu (selbständiger) Schwarzarbeit erteilt[424].

Unabhängig von der Belastbarkeit der berichteten Daten ist allein schon die Tatsache, dass derartige Umfragen mit relevanten Ergebnissen überhaupt möglich sind, ein Indikator für die breite gesellschaftliche Akzeptanz von Schwarzarbeit.[425] „Der größte Teil der Bevölkerung empfindet es nicht als Unrecht, wenn Putzfrauen, Nachhilfelehrer und Babysitter Schwarzarbeit leisten, und hält die Inanspruchnahme auch weitergehender Werk- und Dienstleistungen „ohne Rechnung" wegen der allgemeinen Abgabenlast für irgendwie legitim" - so wurde die sozialpsychologische Befindlichkeit den Abgeordneten des Bundestages bei der Anhörung zum SchwarzArbG 2004-E von Gutachterseite beschriebe[426]. Und in der Tat: Ohne ein hohes Maß an Sozialakzeptanz und -adäquanz gäbe es wohl kaum die Bereitschaft gesellschaftlicher Akteure, sich über ihr Angebots- und Nachfrageverhalten in der Schattenwirtschaft befragen zu lassen.

Die Akzeptanz entfaltet eine sich selbst verstärkende Wirkung: „Der einzelne Bürger ist umso eher zur Schwarzarbeit bereit, je öfter ihm Menschen begegnen, die Schwarzarbeit ausüben oder in Auftrag geben"[427] - dass diesem Befund neben der empirischen auch eine normative Relevanz zukommt, wurde bereits auf der Bamberger Tagung diskutiert: „So wird was alle anderen tun zur Norm und nicht, was die Behörden zur Schwarzarbeit meinen"[428]. Während allerdings

---

422 Gross, in: Gross/Friedrich, Positive Wirkungen der Schattenwirtschaft, 1988, S. 23f.; vgl. auch DER SPIEGEL 20/1983, S. 82

423 Emmerich, iab-Wirtschaftsdienst 2002, S. 1 http://www.iab.de/389/section.aspx/Publikation/k021024904

424 Enste et al., Familienunterstützende Dienstleitungen, 2009, S. 34 http://www.bosch-stiftung.de/content/language1/downloads/Analyse.pdf vgl. auch Schneider/Badekow, Ein Herz für Schwarzarbeiter, 2006, S. 15

425 vgl. dazu BT-Finanzausschuss, Protokoll Nr. 15/52 (Wortprotokoll), vorbereitende Stellungnahmen DGB, S. 3 „...Bereitschaft geschwächt..."; ifo, S. 3 „...sinkende Steuermoral..."; Buchner, S. 1 „...Diskrepanz Staat/Bürger..."

426 BT-Finanzausschuss, Protokoll Nr. 15/52 (Wortprotokoll), vorbereitende Stellungnahme Ignor, S. 2

427 Schneider/Badekow, Ein Herz für Schwarzarbeiter, 2006, S. 137; vgl. auch BT-Finanzausschuss, Protokoll Nr. 15/52 (Wortprotokoll), vorbereitende Stellungnahme DEHOGA, S. 2 „...schlechte Beispiele..."

428 Gross, in: Gross/Friedrich, Positive Wirkungen der Schattenwirtschaft, 1988, S. 35

die psycho-sozialen „Umweltbedingungen" informellen Leistungsaustauschs im Jahre 1988 noch mit einer gewissen Zurückhaltung als „wohlwollende Stimmungslage" beschrieben wurden, „die quer durch alle gesellschaftlichen Gruppierungen und Parteiungen hindurchgeht"[429], gilt 20 Jahre später Schwarzarbeit als „moralisch von der Mehrheit der Bevölkerung akzeptiert" (2008)[430]. Neben den finanziellen Vorteilen für den Einzelnen sind, so das Institut der deutschen Wirtschaft (2010), „vor allem die wahrgenommenen sozialen Normen entscheidend – nach dem Motto: Tut der Nachbar es auch, ist es wohl in Ordnung"[431]. Bei einer repräsentativen Umfrage im Januar 2007 ging mehr als die Hälfte der Befragten davon aus, dass wenigsten 40 Prozent der Nachbarn/Freunde bereits Schwarzarbeiter beschäftigt hatten und glaubte mehr als ein Fünftel, dass mindestens 50 Prozent der Nachbarn/Freunde selbst schwarz gearbeitet hatten[432]

Die „wahrgenommenen sozialen Normen" lassen sich gut an der Metapher vom „Kavaliersdelikt"[433], einem Topos des staatlich-gesellschaftlichen Diskurses über Schwarzarbeit, aufzeigen. Der Gesetzentwurf SchwarzArbG 2004 beruht u.a. auf dem Satz: „Schwarzarbeit ist kein Kavaliersdelikt, sondern handfeste Wirtschaftskriminalität, die dem Gemeinwesen schweren Schaden zufügt."[434] Der Satz wirkt wie eine Antwort, wie ein Widerspruch, gegen eine andernorts aufgestellte Behauptung. Und in der Tat: die Rede von Schwarzarbeit als „Kavaliersdelikt" ist alt. Sie gehört schon auf die Bamberger Tagung von 1985, bei der referiert wurde: „Schwarzarbeit (wird) in der Auffassung der Bevölkerung mehr oder minder als Kavaliersdelikt betrachtet"[435]. Sogleich hinzuzufügen ist, dass diese Aussage im Kontext einer Betrachtung steht, die zwischen einem „nichtkriminelle(n), lediglich außerlegale(n)…Teil der Schattenwirtschaft"[436] und der „organisierten Schwarzarbeit"[437] unterscheidet. Die Unterscheidung hat sich bis

429 ders. a.a.O. S. 31f.

430 Wirtschaftwoche 21/2008, S. 20; vgl. BT-Finanzausschuss, Protokoll Nr. 15/52 (Wortprotokoll), vorbereitende Stellungnahme Ignor, S. 2 „…längerfristig maßgebenden Wertüberzeugungen…"

431 IW-Nachrichten vom 26. Januar 2010 http://www.iwkoeln.de/Publikationen/IW-Nachrichten/tabid/123/articleid/24312/sq/Schwarzarbeit/Default.aspx

432 Enste, in: Enste/Schneider, Jahrbuch Schattenwirtschaft 2010/2011, 2011, S. 11

433 Schneider/Badekow, Ein Herz für Schwarzarbeiter, 2006, S. 125 BT-Finanzausschuss, Protokoll Nr. 15/52 (Wortprotokoll), vorbereitende Stellungnahme Herzog, S. 6

434 BT-Drs. 15/2948, S. 1

435 Groser, in: Gross/Friedrich, Positive Wirkungen der Schattenwirtschaft, 1988, S. 262

436 Koslowski, in: Gross/Friedrich, Positive Wirkungen der Schattenwirtschaft, 1988, S. 238

437 Gross, in: Gross/Friedrich, Positive Wirkungen der Schattenwirtschaft, 1988, S. 34

heute gehalten. So stellen auch Schneider/Badekow 2006 eine „Alltagsform der Schwarzarbeit“ den „Beschäftigungsdelikten der organisierten Kriminalität“ gegenüber[438]. Insbesondere mit Blick auf Schwarzarbeit im Privathaushalt sagen 27% der Teilnehmer einer repräsentativen Umfrage, „dass doch niemand seine Haushaltshilfe anmelde und dies somit ein „Kavaliersdelikt“ sei“[439]

Zugleich gibt es Anhaltspunkte dafür, dass die Entwicklung des gesellschaftlichen Bewusstseins bei der bloßen Akzeptanz „individuelle(r)“[440] oder „landläufige(r)“[441] Schwarzarbeit nicht stehengeblieben ist. So hat, wie der Deutsche Gewerkschaftsbund (DGB) berichtet, Schwarzarbeit unter geringfügig Beschäftigten inzwischen „weniger den Charakter eines „Kavalierdelikts“, sondern gilt als Ausweis von Engagement, Flexibilität und Vertrautheit mit dem Arbeitgeber – und ist nahezu eine soziale Norm“[442]. Bei der parlamentarischen Anhörung zum SchwarzArbG 2004-E wurde der Leistungsaustausch außerhalb der staatlichen Rechtsordnung von einem Gutachter gar als soziales Gemeinschaftserlebnis beschrieben: „Vor Ort wird Schwarzarbeit als Win-Win-Situation erlebt: der „schwarze Verdienst“ und die „schwarze Leistung“ sind „Schnäppchen“, mit denen man sich gemeinsam den als erdrückend erlebten staatlichen Reglementierungen und Steuerbelastungen entzieht“[443].

G. Zwischenergebnis

Die Darstellung von Erscheinungsformen sog. Schwarzarbeit sollte verdeutlichen, dass es sich hierbei keineswegs nur um ein empirisches Phänomen handelt, dessen Qualität sich darin erschöpfen würde, staatliches Recht zu brechen. Vielmehr wird die Arbeitskraftverwertung extra legem durch Verwertungstechniken und –regeln geprägt, die die gesellschaftlichen Akteure in der Auseinandersetzung mit dem staatlichen Recht selbst erzeugen. Während die gesellschaftlich-autonomen Regeln als solche ein Wirksamkeitsdefizit des staatlichen Rechts anzeigen, belegen ihre Entstehungsgründe (Informalitätsanreize),

---

438 Schneider/Badekow, Ein Herz für Schwarzarbeiter, 2006, S. 125

439 Enste, in: Enste/Schneider, Jahrbuch Schattenwirtschaft 2010/2011, 2011, S. 5

440 Gross, in: Gross/Friedrich, Positive Wirkungen der Schattenwirtschaft, 1988, S. 34

441 Schneider/Badekow, Ein Herz für Schwarzarbeiter, 2006, S. 127

442 Stellungnahme vom 21.01.2013 zum 12. Bericht der Bundesregierung über die Auswirkungen des Gesetzes zur Bekämpfung der illegalen Beschäftigung, S. 9

443 BT-Finanzausschuss, Protokoll Nr. 15/52 (Wortprotokoll), vorbereitende Stellungnahme Herzog, S. 3 „…win-win-Situation…“

dass viele „Rahmenbedingungen legaler Beschäftigung“[444] den gesellschaftlichen Akteuren nicht attraktiv erscheinen und zugleich ihrem Rechtsbewusstsein nicht (mehr) entsprechen. Schwarzarbeit gewinnt hierdurch eine normative Dimension, die mit einer Radbruch'schen Wendung bereits als „Rechtsentstehung durch Rechtsbruch“[445] beschrieben werden könnte, jedenfalls aber das staatliche Recht in eine Wettbewerbsposition drängt[446] und damit die Frage nach der Legitimität seines Geltungsanspruchs[447] aufwirft.

Die Geltungsfrage ist nicht allein „die zentrale Frage der Rechtswissenschaft und der Justiz“[448]. Sie treibt -wohl unter dem Gesichtspunkt der „Normativität des Faktischen“[449] - auch den parlamentarischen Gesetzgeber um, dem die hohe „gesellschaftliche Akzeptanz der Schwarzarbeit“[450] bewusst ist.

---

444 BT-Drs. 15/2948, S. 5; 15/2573, S. 1

445 Radbruch, Rechtsphilosophie, 1956, S. 180

446 Vesting, Rechtstheorie, 2007, S. 95

447 vgl. dazu etwa Mahlmann, Rechtsphilosophie und Rechtstheorie, 2. Auflage 2012, S. 262ff.; Rüthers/Fischer, Rechtstheorie, 5. Auflage 2010, S. 215ff.

448 Rüthers/Fischer, a.a.O. S. 216

449 Radbruch unter Bezug auf Jellinek a.a.O. S. 174

450 BT-Drs. 15/2948, S. 5; 15/2573, S. 1

Dritter Teil: Modernisierung der Legalität und Intensivierung der Schwarzarbeitsbekämpfung

Der parlamentarische Gesetzgeber und neben ihm die letztinstanzlichen (Zivil-) Gerichte als „Ersatzgesetzgeber“[451] müssen das Schwarzarbeitsphänomen in seiner empirischen ebenso wie in seiner normativen Dimension bewältigen. Im 3. Teil der Untersuchung wird die Vorgehensweise zunächst der Legislativakteure und sodann des Bundesgerichtshofs (BGH) sowie des Bundesarbeitsgerichts (BAG) bei der Begegnung mit dieser Herausforderung in den Blick genommen.

A. Normatives Programm des Bundesgesetzgebers

Die Erkenntnis staatlicher Akteure, dass „Schwarzarbeit in Deutschland ein alarmierendes Niveau erreicht (hat)“[452], verband sich mit der Einsicht in Strukturdefizite der Rahmenbedingungen für legale Beschäftigung[453]. Beides zusammen veranlasste den Bundesgesetzgeber, in der 15. Legislaturperiode ein normatives Programm zu entwickeln, mit dem „grundlegende Reformen am Arbeitsmarkt“ durchgeführt[454] und zugleich „die Schwarzarbeit wirkungsvoll“ zurückgedrängt[455] werden sollten.

Die „weitreichende und grundlegende Arbeitsmarktreform“[456] vollzog sich nach Vorschlägen einer Expertenkommission[457], deren wesentliche Bestandteile in vier „Gesetzen für moderne Dienstleistungen am Arbeitsmarkt“ kodifiziert wurden[458].

---

451 Rüthers/Fischer, a.a.O. S. 325; zu Voraussetzungen und Grenzen vgl. BVerfG NJW 2011, 836, 838 m.w.N.

452 BT-Drs. 15/2948, S. 5; 15/2573, S. 1; vgl. auch bereits BT-Drs. 14/6724

453 dazu etwa Bundesanstalt für Arbeit – iab*Materialien* 1/2003 http://doku.iab.de/matab/2003/mat0103.pdf

454 BT-Drs. 15/25, S. 23

455 BT-Drs. 15/26, S. 19; vgl. auch Buchner, Neuerlicher Anlauf zur Bewältigung der „Schwarzarbeit“, GewArch 2004, 393

456 BT-Drs. 15/25, S. 23

457 Moderne Dienstleistungen am Arbeitsmarkt – Bericht der Kommission (Stand: Oktober 2002) http://www.bmas.de/DE/Service/Publikationen/moderne-dienstleistungen-am-arbeitsmarkt.html vgl. dazu auch: Schmid, Moderne Dienstleistungen am Arbeitsmarkt Strategie und Vorschläge der Hartz-Kommission, APuZ B 6-7/2003, 3

458 Erstes Gesetz für moderne Dienstleistungen am Arbeitsmarkt vom 23.12.2002 (BGBl. I S. 4607) Zweites Gesetz für moderne Dienstleistungen am Arbeitsmarkt vom 23.12.2002 (BGBl. I S. 4621) Drittes Gesetz für moderne Dienstleistungen am

Der allgemeine[459] und der parlamentarische[460] Sprachgebrauch benennt sowohl die Expertenkommission, als auch die Gesetze selbst nach dem Kommissionsvorsitzenden Peter Hartz[461]. Daher können auch für die vorliegende Untersuchung die Begrifflichkeiten „Hartz-Kommission"[462] und „Hartz-Gesetz I" bis „Hartz-Gesetz IV" verwendet werden. Mit den Hartz-Gesetzen I und II bündelte der Gesetzgeber „Handlungsansätze"[463] zur „Erschließung neuer Beschäftigungsmöglichkeiten"[464] für selbständige und unselbständige Arbeitskraftanbieter; die Hartz-Gesetze III und IV hatten die Umgestaltung der Bundesanstalt für Arbeit zu einem „leistungsfähigen und kundenorientierten Dienstleister"[465] am Arbeitsmarkt bzw. die Neustrukturierung des Systems öffentlicher Transferleistungen bei Arbeitslosigkeit[466] zum Gegenstand. Das Gesamtpaket sollte als „Modernisierungsstrategie zur Verbesserung der Rahmenbedingungen für legale Beschäftigung"[467] verstanden werden.

Zum 1. August 2004 ergänzte der Gesetzgeber seine Modernisierungsstrategie durch ein „Gesetz zur Intensivierung der Bekämpfung der Schwarzarbeit und damit zusammenhängender Steuerhinterziehung"[468], ein Artikelgesetz, das als „Maßnahmen- und Gesetzespaket"[469] bzw. „Maßnahmen- und Gesetzgebungspaket"[470] verstanden sein will. Dieses Paket verbindet die Neufassung des „Gesetzes zur Bekämpfung der Schwarzarbeit und illegalen Beschäftigung"[471] mit der Änderung mehrerer anderer Gesetze als „weitere Schritte zur Bekämpfung der Schwarzarbeit"[472] und kann insofern als Bekämpfungsstrategie bezeichnet werden.

Arbeitsmarkt vom 23.12.2003 (BGBl. I S. 2848) Viertes Gesetz für moderne Dienstleistungen am Arbeitsmarkt vom 24.12.2003 (BGBl. I S. 2954)

459 http://www.wirtschaftsdeutsch.de/lehrmaterialien/aktuell-hartz.pdf

460 vgl. z.B. Stenographischer Bericht der 94. Sitzung vom 25.02.2011, S. 10714 passim

461 vgl. BT-Drs. 15/25, S. 23 passim

462 BT-Drs. 15/25, S. 42

463 BT-Drs. 15/26, S. 19

464 BT-Drs. 15/25, S. 23; 15/26, S. 18

465 BT-Drs. 15/1515, S. 1

466 BT-Drs. 15/1516, S. 2ff.

467 BT-Drs. 15/2948, S. 5; 15/2573, S. 1

468 vom 23.07.2004, BGBl. I S. 1842

469 BT-Drs. 15/2948, S. 5; 15/2573, S. 2

470 BT-Drs. 15/2948, S. 5; 15/2573, S. 17

471 Art. 1

472 BT-Drs. 15/2948, S. 5; 15/2573, S. 1

Die nachfolgende Betrachtung richtet sich zunächst auf die Modernisierungs- und dann auf die Bekämpfungsstrategie als die beiden Bestandteile des normativen Programms. Für dessen Verständnis hilfreich ist eine Skizze des strukturellen und des fiskalischen Umfeldes, in dem sich der Bundesgesetzgeber befand; deshalb soll die Betrachtung hiermit beginnen.

I. Strukturelles Umfeld des normativen Programmes

Das normative Programm fußt auf der Einsicht, dass der Leistungsaustausch zwischen Arbeitskraftanbietern und -nachfragern „einem beständigen Wandel (unterliegt)“[473]. Ausdruck dieses Wandels sind empirische Formen selbständiger und unselbständiger Arbeitskraftverwertung, die den gesetzlichen Modellen zwar nicht grundsätzlich widersprechen, sie aber diversifizieren. Die Diversifizierung formell-legaler Arbeitskraftverwertung entwickelt sich neben und zeitgleich mit den informell-illegalen Austauschformen, die im 2. Teil als Schwarzarbeit beschrieben wurden. Gemeinsam war (und ist) beiden Erscheinungen ihr Zusammenhang mit einer grundsätzlich kritischen Haltung der Marktteilnehmer zum staatlichen Rechtssystem. Während sich diese Haltung im informellen Sektor bis zur Zurückweisung staatlicher Normen und deren Ersatz durch gesellschaftlich-autonome Regeln verdichtet, lässt sich die Diversifizierung des formellen Sektors an der Entstehung einer sog. Kleinen Selbständigkeit sowie an einem Prozess beobachten, der als „Erosion des Normalarbeitsverhältnisses“[474] zu sog. atypischer Beschäftigung[475] führt.

1. *„Kleine Selbständigkeit“*

Der Begriff der „Kleinen Selbständigkeit“[476] bezeichnet den sozio-ökonomischen Status eines selbständigen Arbeitskraftanbieters, dessen Einkommen aus Dienst- oder Werkverträgen nicht ausreicht, um seinen Lebensunterhalt dauerhaft bzw. vollständig zu decken. Damit weicht die Kleine Selbständigkeit in einem prägenden Merkmal von dem Modell ab, das der staatlichen Rechtsordnung zu

473 BT-Drs. 15/26, S. 19

474 Dombois, Der schwierige Abschied vom Normalarbeitsverhältnis, APuZ B 37/99, S. 13 passim

475 Atypische Beschäftigungsverhältnisse: Formen, Verbreitung, soziale Folgen, APuZ Nr. 27/2009 - Beilage http://www.das-parlament.de/2009/27/Beilage/007.html; Wingerter, Der Wandel der Erwerbsformen und seine Bedeutung für die Einkommenssituation Erwerbstätiger, 2009, S. 1080

476 Waltermann, Abschied vom Normalarbeitsverhältnis?, NJW-Beilage 2010, S. 81

Grunde liegt. Als selbständig im Sinne dieses Modells gilt ein Marktteilnehmer, der rechtliche mit wirtschaftlicher (Einkommens-)Unabhängigkeit verbinden kann[477] und auch nicht auf staatliche Transferleistungen angewiesen ist[478]. Nach Erkenntnissen des Sachverständigenrates zur Begutachtung der gesamtwirtschaftlichen Entwicklung ist inzwischen fast jeder dritte selbständige Arbeitskraftanbieter nicht mehr in der Lage, die Verbindung zwischen rechtlicher und wirtschaftlicher Autarkie zu erhalten. Vielmehr stieg der Anteil Selbständiger mit monatlichen Nettoeinkünften von weniger als 1.100 € im Zeitraum von 1995 bis 2005 von 24% auf 32%[479]. Vor diesem Hintergrund überrascht es nicht, dass sich Kleine Selbständigkeit häufig mit dem Status eines sog. Aufstockers verbindet: Der Begriff „Aufstocker" entstammt der öffentlichen Diskussion[480] und bezeichnet einen Arbeitskraftanbieter, der neben einem unzureichenden Erwerbseinkommen Leistungen der Grundsicherung für Arbeitssuchende nach dem SGB II bezieht[481]. Im Oktober 2012 gab es mehr als 125.000 Aufstocker aus Kleiner Selbständigkeit[482].

Eine spezifische Erscheinungsform der Kleinen Selbständigkeit ist die sog. Solo- Selbständigkeit[483]. Dieser Begriff erfasst selbständige Arbeitskraftanbieter, die in dem Sinne „solo" arbeiten, dass sie keine eigenen Mitarbeiter und keine eigene Betriebsorganisation haben, nicht mehr als einen (ständigen) Auftraggeber bedienen und ggf. zu demselben Auftraggeber vorher in einem Arbeitsverhältnis standen oder erwerbslos waren.[484] Das DIW Berlin hat den Anteil der

---

477 arg. ex § 5 Abs. 1 Satz 2 ArbGG

478 vgl. etwa BVerfG, Beschluss vom 22.05.2001 - 1 BvL 4/96 – Rn. 40 a.E. http://www.bverfg.de/entscheidungen/ls20010522_1bvl000496.html

479 Jahresgutachten 2006/2007, S. 266; vgl. auch Ruland, Ausbau der Rentenversicherung zu einer allgemeinen Erwerbstätigenversicherung?, ZRP 2009, 165ff.

480 vgl. etwa Dörre, Prekäre Arbeit und soziale Desintegration, APuZ 40-41/2006, 7 http://www.bpb.de/apuz/29490/prekaere-arbeit-und-soziale-desintegration?p=all

481 vgl. Bundesagentur für Arbeit Presse Info 025a/2012 vom 29.02.2012 http://www.arbeitsagentur.de/nn_167822/Dienststellen/RD-BB/Frankfurt-Oder/AA/Presse/Presseinformationen/2012/PI-025a-2012-Hintergrundinfo-Aufstocker.html

482 BT-Drs. 17/12834, S. 5; vgl. auch SPIEGEL online vom 22.05.2012 http://www.spiegel.de/wirtschaft/soziales/jeder-vierte-geringverdiener-arbeitet-50-wochenstunden-oder-mehr-a- 834351.html

483 vgl. Waltermann, Abschied vom Normalarbeitsverhältnis?, NJW-Beilage 2010, S. 81 sowie bereits Wank, Die „neue Selbständigkeit", DB 1992, 90ff.

484 Brenke (DIW Berlin), Solo-Selbständige in Deutschland – Strukturen und Erwerbsverläufe, S. 2 http://www.bmas.de/SharedDocs/Downloads/DE/PDF-Publikationen/fb-423-solo-selbststaendige-deutschland- pdf.pdf?__blob=publicationFile;

Solo-Selbständigen an allen Selbständigen in Deutschland mit ca. 57% ermittelt[485]. Für die vorliegende Untersuchung ist die soziologische Gruppe deshalb von besonderem Interesse, weil sich ein guter Teil der Scheinselbständigen auf Anbieterseite hieraus rekrutieren dürfte.

2. *„Erosion des Normalarbeitsverhältnisses“*

Über lange Zeit galt die grundsätzlich unbefristete Vollzeitbeschäftigung[486] an eigener Betriebsstätte des Arbeitgebers und mit gesetzlicher Sozialversicherung bei paritätischer Beitragspflicht[487] als die normale Form unselbständiger Arbeitskraftverwertung[488]. Deshalb hat sich hierfür die Bezeichnung „Normalarbeitsverhältnis“ eingebürgert[489]. Spätestens seit Mitte der 1980er Jahre[490] jedoch lässt sich nicht mehr übersehen, dass die gesellschaftlichen Akteure unselbständigen Leistungsaustausch zunehmend (auch) in Formen vollziehen, die nicht mehr alle Typusmerkmale des Normalarbeitsverhältnisses aufweisen[491]. Als „Erosion von Normalität“[492] zunächst empirisch wahrgenommen, wird sog. atypische Beschäftigung in ihrer normativen Wirksamkeit inzwischen unter spezifischen[493] sowie generellen Fragestellungen[494] intensiv diskutiert. Für das hier verfolgte Erkenntnisinteresse sind die Auflösung der Zusammenhänge zwischen Leistungsort und

485 DIW Wochenbericht 7/2013, S. 4 http://www.diw.de/documents/publikationen/73/diw_01.c.415654.de/13-7.pdf

486 vgl. § 2 Abs. 1 S. 1 TzBfG; vgl. auch BT-Drs. 14/4374 S. 12

487 § 20 Abs. 1 SGB IV

488 vgl. BAG DB 2010, 1830; BT-Drs. 16/10985, S. 421 (Tz. 715) m.w.N.

489 vgl. z.B. BT-Drs. 16/10985, S. 421 passim; Dombois, Der schwierige Abschied vom Normalarbeitsverhältnis, APuZ B 37/99, S. 13; Schubert, Das Normalarbeitsverhältnis in der arbeits- und sozialrechtlichen Wirklichkeit, NJW 2010, 2613

490 vgl. Mückenberger, Die Krise des Normalarbeitsverhältnisses, ZfS 1985, S. 415; 457

491 vgl. die Beschreibung und Ursachenanalyse im Jahresgutachten 2008/2009 des Sachverständigenrates zur Begutachtung der gesamtwirtschaftlichen Entwicklung – BT-Drs. 16/10985, S. 300ff.

492 vgl. schon Höland, Normalitätswandel statt Normenerosion: Atypische Erwerbsformen aus rechtssoziologischer Sicht, in: Frommel/Gessner (Hrsg.) Normenerosion 1996, S. 99, 100; 106; aktuell: Statistisches Bundesamt (Hrsg.), Niedrigeinkommen und Erwerbstätigkeit, Begleitmaterialien zum Pressegespräch am 19.08.2009 - www.destatis.de

493 vgl. etwa Glanz, Die Erosion des Arbeitsvertrags am Beispiel von Schlussbestimmungen, NJW-Spezial 2008, S. 466

494 vgl. Beschlüsse des 68. Deutschen Juristentags Berlin 2010 – Arbeits- und Sozialrecht, S. 5ff. http://www.djt.de/fileadmin/downloads/68/68_djt_beschluesse.pdf

Betriebsstätte sowie zwischen Vollzeitarbeitsleistung und entsprechender Vergütung/Sozialversicherung relevant. Denn die Regeln, die das staatliche Recht für diese atypischen Konstellationen aufstellt, bilden zugleich den Bezugspunkt für die beschriebenen Erscheinungsformen von Schwarzarbeit.

II. Fiskalisches Umfeld

Das normative Programm wurde vor dem Hintergrund einer „jahresdurchschnittlichen Zahl von etwa 4 Millionen arbeitslosen Frauen und Männern"[495] entwickelt. Die mit dieser Zahl verbundenen „hohen Zusatzbelastungen des Bundeshaushalts aufgrund von Steuermindereinnahmen und hohen Mehrausgaben für Arbeitsmarkt und Rentenversicherung"[496] prägten sein fiskalisches Umfeld. Schon die Hartz-Kommission ging davon aus, dass „eine Senkung der Arbeitslosen um 2 Mio.....einen Einspareffekt von 19,6 Mrd. Euro" hervorrufen würde[497]. Noch im Jahr 2009 lautete finanzwissenschaftliche Expertise, dass bei besseren Rahmenbedingungen und damit weniger Schwarzarbeit bis zu fünf Milliarden Euro zusätzliche Einkommensteuereinnahmen erzielt werden und die Sozialkassen bis zu zwölf Milliarden Euro mehr einnehmen könnten[498]. Zwar verkannten die Gestalter des normativen Programms die „große beschäftigungspolitische Herausforderung"[499], vor der sie standen, nicht; auch erklärten sie die „Erhaltung der internationalen Wettbewerbsfähigkeit des Wirtschaftsstandorts Deutschland"[500] zu ihrem Anliegen. Für die „Modernisierungsstrategie"[501] entscheidend war aber die Hoffnung auf Mehreinnahmen bzw. Minderausgaben im Steuer- und Sozialversiche-rungssystem[502].

B. Die Modernisierungsstrategie

Bei der Entwicklung seiner Modernisierungsstrategie bezog sich der Gesetzgeber auf die Ergebnisse der Hartz-Kommission, die erhebliche Strukturdefizite

---

495 BT-Drs. 15/25, S. 22; 15/26, S. 17

496 BT-Drs. 15/25, S. 26

497 Moderne Dienstleistungen am Arbeitsmarkt Vorschläge der Kommission zum Abbau der Arbeitslosigkeit und zur Umstrukturierung der Bundesanstalt für Arbeit vom 16.08.2002, S. 33

498 Institut der deutschen Wirtschaft Köln http://www.iwkoeln.de/de/presse/interviews/beitrag/65101

499 BT-Drs. 15/25, S. 22; 15/26, S. 17

500 BT-Drs. 15/25, S. 1

501 BT-Drs. 15/2948, S. 5; 15/2573, S. 1

502 BT-Drs. 15/25, S. 4ff.; 15/26, S. 4ff.

bei den „Rahmenbedingungen für legale Beschäftigung“[503] festgestellt hatte[504]. Darüber hinaus jedoch wollte er auch hiermit schon „die Schwarzarbeit...wirkungsvoll zurückdrängen“[505]. Die Modernisierungsstrategie ist also eine „normative Antwort“ des staatlichen Rechts auf den „beständigen Wandel“[506] im legalen Leistungsaustausch von Arbeit gegen Geld, reflektiert zugleich aber auch dessen illegale Erscheinungsformen. In dieser Reflektion zeigt sich bereits ein Übergang zu der Bekämpfungsstrategie, weshalb es erforderlich ist, bei der nachfolgenden Darstellung sogleich beide Aspekte zu berücksichtigen. Die Darstellung konzentriert sich auf den Versuch des Hartz-Gesetzgebers, bestimmte Segmente im Dienstleistungssektor für die Erschließung regulärer Beschäftigungsmöglichkeiten bzw. Betätigungsfelder zu nutzen[507]. Hierzu wollte er einerseits die Gründung selbständiger Existenzen anregen[508] und andererseits „insbesondere im Bereich der hauswirtschaftlichen Dienstleistungen eine Vielzahl von Beschäftigungsmöglichkeiten bzw. Arbeitsplätze gewinnen“[509].

I. Der Ich-Arbeitgeber

Das Hartz-Gesetz II sollte „mit der sog. Ich-AG bzw. Familien-AG eine neue Form der Selbständigkeit“ einführen[510]; dabei steht „AG“ nicht für Aktiengesellschaft, sondern für Arbeitgeber. Als Gründung einer Ich-AG bezeichneten die Legislativakteure die durch staatlichen Zuschuss geförderte Aufnahme selbständiger Arbeitskraftverwertung[511], wobei sie „mit diesem unkonventionellen neuen Ansatz“[512] ein doppeltes Ziel verfolgten: Einerseits ging es um die „Überwindung der Arbeitslosigkeit“[513] bei Verwaltungsvereinfachung[514] und

503 BT-Drs. 15/2948, S. 5; 15/2573, S. 1

504 Moderne Dienstleistungen am Arbeitsmarkt – Bericht der Kommission (Stand: Oktober 2002), S. 38 sowie BT-Drs. 15/25, S. 22

505 BT-Drs. 15/25, S. 24 passim; BT-Drs. 15/26, S. 19 passim

506 BT-Drs. 15/26, S. 19

507 BT-Drs. 15/25, S. 24

508 BT-Drs. 15/26, S. 19

509 BT-Drs. 15/25, S. 24

510 BT-Drs. 15/26, S. 22

511 vgl. BT-Drs. 15/25, S. 44 sowie BMAS - Bericht zur Wirkung der Umsetzung der Vorschläge der Kommission Moderne Dienstleistungen am Arbeitsmarkt vom 20.12.2006, S. I (Kurzfassung) http://www.bmas.de/SharedDocs/Downloads/DE/PDF-Publikationen/f356-hartz-bericht- kurzfassung.pdf?__blob=publicationFile

512 BT-Drs. 15/25, S. 24

513 BMAS a.a.O.

514 BT-Drs. 15/26, S. 23

zusätzlicher Flexibilität für die Unternehmen[515]; insofern handelt es sich bei der Ich-AG um einen Bestandteil der Modernisierungsstrategie. Zugleich aber galt das Instrument als geeignet, die Schwarzarbeit „wirkungsvoll zurück(zu) drängen“[516]. Hauptsächlich in dieser Funktionalität, die bereits der Bekämpfungsstrategie zuzurechnen ist, interessiert der Ich-Arbeitgeber für Zwecke der vorliegenden Untersuchung; denn insoweit tritt er gewissermaßen als normative Gegenfigur zu dem Scheinselbständigen auf, der im 2. Teil beschrieben wurde[517].

Um die Bewältigung der Scheinselbständigkeit hat sich der Gesetzgeber unter wechselnden parlamentarischen Mehrheiten[518] mit jeweils unterschiedlichen Ansätzen bemüht[519]. Nachdem in der 13. Wahlperiode der Entwurf eines „Gesetzes zur Bekämpfung der Scheinselbständigkeit“ über den Bundesrat eingebracht, jedoch nicht wirksam geworden war[520], schuf das „Gesetz zu Korrekturen in der Sozialversicherung und zur Sicherung der Arbeitnehmerrechte“[521] (Korrekturgesetz 1999) gleich zu Beginn der 14. Wahlperiode einen Vermutungstatbestand, der als erfüllt galt, wenn mindestens zwei von vier abstrakten Merkmalen vorlagen. Normativer Standort dieser Vermutungsregelung zur Beweislastumkehr[522] war § 7 Abs. 4 SGB IV, also das Sozialversicherungsrecht, nicht das Arbeitsrecht. Denn mit dem Korrekturgesetz 1999 wollte der Gesetzgeber nicht in erster Linie ordnungspolitische Ansätze verfolgen, sondern die Sozialversicherungssysteme von missbräuchlichen Einnahmeausfällen durch Scheinselbständigkeit entlasten[523].

Ein gegenüber dem Arbeitsrecht vorrangiges (para-)fiskalisches Interesse hatte bereits die Bundesratsinitiative der 13. Wahlperiode und die Stellungnahme der seinerzeitigen Bundesregierung hierzu geprägt[524], war also politisch weitgehend unstreitig. Ursprünglich umstritten war dagegen die Frage, ob die

515 BT-Drs. 15/26, S. 7/36

516 BT-Drs. 15/25, S. 24

517 2. Teil E.

518 vgl. BT-Drs. 16/10810 vom 08.11.2008 – elektronische Fassung – Abschnitt D

519 für den damaligen Stand der Rechtsprechung vgl. etwa Brand, Die Behandlung des Problems „Scheinselbständigkeit“ durch die Sozialgerichte, NZS 1997, 552

520 vom 06.11.1997 (BT-Drs. 13/8942)

521 vom 19.12.1998 (BGBl. I S. 3843)

522 vgl. dazu Bauer/Diller/Schuster, Das Korrekturgesetz zur „Scheinselbständigkeit” - Alles anders, nichts besser!, NZA 1999, 1297, 1298; Heinze, Einwirkungen des Sozialrechts ins Arbeitsrecht?, NZA 2000, 5, 6

523 BT-Drs. 14/45, S. 19; krit. Adomeit, Der Schein-Schein-Selbständige, NJW 1999, 2086

524 BT-Drs. 13/8942, S. 1/10

Sozialversicherungssysteme zusätzlich durch gezielte Förderung der Selbständigkeit entlastet werden könnten. Insoweit zeichnete sich eine Annäherungder politischen Standpunkte durch das „Gesetz zur Förderung der Selbständigkeit“[525] (Fördergesetz 2000) ab. Das Fördergesetz 2000 erweiterte den Vermutungstatbestand des § 7 Abs. 4 SGB IV von vier auf fünf Merkmale, fasste ihn insgesamt enger und relativierte damit in gewisser Weise bereits die Wirksamkeit der Beweiserleichterung.[526]

In der 15. Wahlperiode schließlich wurde die Förderung der Selbständigkeit zu einem politisch weitgehend akzeptierten Instrument für die Entlastung der Sozialversicherungssysteme. Der im Vermittlungsverfahren zustimmungsfähig gewordene Entwurf des Hartz-Gesetzes II[527] führte den Ich-Arbeitgeber ein. Die Aufnahme einer selbständigen Beschäftigung durch einen bis dahin arbeitslosen Arbeitnehmer[528] wurde für maximal drei Jahre durch einen degressiven sog. Existenzgründungszuschuss von anfangs 600 €/monatlich finanziell gefördert[529]. Die Förderung wurde auf den 31.12.2005[530] (später: 30.06.2006) befristet, um nach diesem Zeitpunkt in Bezug auf die Zielerreichung bewertet zu werden.

Dabei waren die Regeln so gestaltet, dass der Arbeitskraftanbieter als Ich-Arbeitgeber nicht mehr als 15 Wochenstunden selbständig arbeiten musste[531] und in der übrigen Zeit (unselbständige) Nebentätigkeiten ausüben durfte[532]. Im Ergebnis konnte er den Existenzgründungszuschuss also entweder „als legales Zubrot neben abhängiger Beschäftigung“[533] oder im Rahmen informeller Anrechnungsabsprachen mit einem Nachfrager verwenden, dessen Lohnkosten dadurch entsprechend sanken. Die gesellschaftlichen Akteure erkannten diese Möglichkeiten und nutzen sie. Schon im Jahre 2004 nahmen rd. 171.000 Arbeitskraftanbieter den Existenzgründungszuschuss in Anspruch[534]. Dabei hatten Stimmen in der rechtswissenschaftlichen Literatur bereits früh auf die

525 vom 20.12.1999 (BGBl. I 2000 S. 2)

526 Greiner, Die Ich-AG als Arbeitnehmer, DB 2003, S. 1056, 1058 m.w.N.

527 BT-Drs. 15/26 sowie 15/202; vgl. ferner den Überblick bei Rolfs, Scheinselbständigkeit, geringfügige Beschäftigung und „Gleitzone“ nach dem zweiten Hartz-Gesetz, NZA 2003, S. 65

528 BT-Drs. 15/26, S. 23

529 § 421 l SGB III

530 § 421l Abs. 5 SGB III

531 § 118 Abs. 1 SGB III a.F.

532 BT-Drs. 15/26, S. 23

533 Greiner, Die Ich-AG als Arbeitnehmer, DB 2003, S. 1056, 1060

534 BT-Drs. 16/505, S. 114

Attraktivität der Regelung (auch) für scheinselbständige Arbeitskraftanbieter und ihre Nachfrager hingewiesen[535]. Tatsächlich kam es in so erheblichem Ausmaß zu „Scheingründungen“[536] und Mitnahmeeffekten[537], dass der Gesetzgeber das Förderinstrument auslaufen lies und stattdessen zum 01.08.2006 einen sog. Gründungszuschuss einführte[538].

Einen Gründungszuschuss kann beziehen, wer seine Arbeitslosigkeit durch Aufnahme einer selbständigen, hauptberuflichen Tätigkeit beendet[539]. Der Gründungszuschuss wird für die Dauer von 6 Monaten in Höhe des zuletzt bezogenen Arbeitslosengeldes zuzüglich 300 €/monatlich geleistet[540]. Der Existenzgründer muss dieses Einkommen nicht versteuern[541]; in die Sozialversicherung ist er nur unter eingeschränkten Voraussetzungen[542] bzw. mit beschränkten Beitragspflichten einbezogen[543].

Unter diesen Umständen dürfte der Gründungszuschuss aus der Sicht scheinselbständiger Arbeitskraftanbieter und ihrer Nachfrager zumindest für die Dauer von 6 Monaten ähnlich attraktiv sein wie die Vorgängerregelung. Dies umso mehr, als der Antragsteller eine (eigene) Geschäftstätigkeit nur darlegen und überprüfen lassen muss, wenn er für einen Anschlusszeitraum von weiteren 9 Monaten gefördert werden will[544]. Damit unterscheidet sich die neue von der alten Regelung hauptsächlich durch die Begrenzung des Förderzeitraums auf höchstens 15 Monate gegenüber höchstens 3 Jahren. Das ebenfalls neue Erfordernis, eine fachliche Eignung des Antragstellers und die Tragfähigkeit seines Unternehmenskonzepts darzulegen, tritt demgegenüber deutlich zurück. Denn diese Voraussetzungen zu erfüllen, dürfte beispielsweise einem Kleintransportunternehmer oder einem Fliesenleger, zumal in einer Großstadt, nicht schwer fallen; gerade solche Arbeitskraftanbieter jedoch sind als Scheinselbständige besonders gefragt. Dementsprechend bezeichnet etwa der Deutsche Gewerkschaftsbund (DGB) in

---

535 etwa Greiner, a.a.O.; Reiserer, Wird durch die „Hartz“-Gesetze die Scheinselbstständigkeit abgeschafft und die Selbstständigkeit gefördert?, DStR 2003, S. 292, 293; vgl. auch BT-Drs. 16/3982, S. 163

536 BT-Drs. 16/505, S. 115

537 BT-Drs. 16/505, S. 120

538 §§ 57f. SGB III i.d.F.d. des Gesetzes zur Fortentwicklung der Grundsicherung für Arbeitssuchende vom 20.07.2006 – BGBl. I 2006 S. 1706; jetzt: §§ 93f. SGB III

539 § 93 Abs. 1 SGB III

540 § 94 Abs. 1 SGB II

541 § 3 Nr. 2 EStG

542 vgl. etwa § 2 Nr. 9 SGB VI (Rentenversicherungspflicht)

543 vgl. etwa § 240 Abs. 2 SGB V (Beitragshöhe Krankenversicherung)

544 § 94 Abs. 2 SGB III – dann allerdings nur noch mit 300 Euro/monatlich

seiner Stellungnahme zum (anstehenden) Zwölfen Bericht „das bestehende Abgrenzungsverfahren bei der Rentenversicherung (als) unzureichend"; es decke die „missbräuchliche Scheinselbständigkeit häufig nicht auf"[545].

II. Geringfügige Beschäftigung (Mini-Job)

Bei dem Versuch, „bestimmte Segmente im wachsenden Dienstleistungssektor... für die Erschließung zusätzlicher regulärer Beschäftigungsmöglichkeiten" zu nutzen[546] konzentriert der Gesetzgeber seine Modernisierungsstrategie auf die geringfügige Beschäftigung, für die sich im Anschluss an das Hartz-Gutachten[547] der Begriff „Mini-Job"[548] eingebürgert hat[549]. „Vor allem in Haushalten und Dienstleistungsunternehmen" sollen hierdurch „Beschäftigungsperspektiven für geringer qualifizierte Arbeitnehmerinnen und Arbeitnehmer zielgerichtet erschlossen werden"[550].

Ein Mini-Job ist eine Erscheinungsform atypischer Beschäftigung, die vom Normalarbeitsverhältnis hinsichtlich der Arbeitszeit, der Vergütung und der Abgabenbelastung abweicht. Geringfügig im Rechtssinne liegt vor, wenn die Beschäftigung nicht berufsmäßig ausgeübt wird und auf längsten zwei Monate oder 50 Arbeitstage im Jahr begrenzt ist (Zeitgeringfügigkeit)[551] oder dann, wenn das regelmäßige monatliche Arbeitsentgelt eine gesetzlich bestimmte Höhe nicht übersteigt (Entgeltgeringfügigkeit)[552].

Die Grenze der Entgeltgeringfügigkeit wurde mit dem Hartz-Gesetz II auf 400 Euro festgelegt; sie ist inzwischen auf 450 Euro angestiegen[553]. Unterhalb

---

545 Stellungnahme vom 21.01.2013 zum 12. Bericht der Bundesregierung über die Auswirkungen des Gesetzes zur Bekämpfung der illegalen Beschäftigung, S. 11

546 BT-Drs. 15/26, S. 19

547 Moderne Dienstleistungen am Arbeitsmarkt Vorschläge der Kommission zum Abbau der Arbeitslosigkeit und zur Umstrukturierung der Bundesanstalt für Arbeit vom 16.08.2002, S. 30

548 BT-Drs. 15/26, S. 19 passim

549 vgl. etwa Oschmiansky, Minijobs / geringfügige Beschäftigung, bpb-Dossier „Arbeitsmarktpolitik", 2010 http://www.bpb.de/politik/innenpolitik/arbeitsmarktpolitik/55335/minijobs; iab-Kurzbericht 24/2012 http://doku.iab.de/kurzber/2012/kb2412.pdf

550 BT-Drs. 15/26, S. 19

551 § 8 Abs. 1 Nr. 2 SGB IV – hier im weiteren außer Betracht gelassen

552 § 8 Abs. 1 Nr. 1 SGB IV; vgl. dazu etwa Schaub/Linck, Arbeitsrechts-Handbuch, 2013, § 44 Rn.3; 5ff.

553 Gesetz zu Änderungen im Bereich der geringfügigen Beschäftigung vom 05.12.2012 (BGBl. I S. 2474)

dieser Grenze ist der Arbeitnehmer („Minijobber“[554]) nicht steuerpflichtig und von Sozialversicherungsbeiträgen befreit. Anders als im Normalarbeitsverhältnis zahlt allein der Arbeitgeber einen pauschalierten Betrag für Steuern und Sozialversicherung[555].

Regeln zu geringfügiger Beschäftigung kennt das staatliche Recht bereits seit Einführung der gesetzlichen Sozialversicherung am Ende des 19. Jahrhunderts[556]. An ihrem derzeitigen Standort im Sozialgesetzbuch mit § 8 SGB IV als Zentralnorm erfassten sie zunächst nur die Arbeitskraftverwertung außerhalb eines Privathaushalts. Gerade im Bereich der hauswirtschaftlichen Dienstleistungen sah der Hartz-Gesetzgeber jedoch ein großes Potential für Mini- Jobs[557]. Durch Einfügung eines § 8a in das SGB IV[558] und Anpassung des zugehörigen Steuer- und Sozialversicherungsrechts führte er deshalb geringfügige Beschäftigung auch für den Privathaushalt ein, wobei er den Mini-Job dort gegenüber den anderen Wirtschaftsbereichen durch weitere Verringerung der Abgabenlast formell privilegierte: im Privathaushalt beträgt der Pauschalbeitrag zur Kranken- und Rentenversicherung jeweils 5%, während sonst bei geringfügiger Beschäftigung (derzeit) 13% bzw. 15% anfallen[559]. Weitere Pauschalabgaben hinzugerechnet, werden Mini-Job-Arbeitgeber in der gewerblichen Wirtschaft mit 30,77%, in Privathaushalten dagegen nur mit 17,77% belastet[560].

Nach der Gesetzesbegründung Hartz II soll der Mini-Job im Privathaushalt allerdings nicht nur Arbeitsplätze schaffen; vielmehr gilt seine Zulassung als „ein weiterer Weg zu Bewältigung des Problems“, dass „gerade in privaten Haushalten in großer Zahl Tätigkeiten ausgeübt (werden), die ohne

---

554 Sprachgebrauch der Knappschaft-Bahn-See als Minijob-Zentrale http://www.minijob-zentrale.de/DE/0_Home/00_startseite/01_thementeaser/startseite_450.html

555 ab dem 01.01.2013 Teil-Beitrag zur Rentenversicherung von derzeit 3,9 % zur Zusammensetzung vgl. Übersicht der Minijob-Zentrale http://www.minijob-zentra-le.de/DE/0_Home/01_mj_im_gewerblichen_bereich/04_400_euro_minijob/04_pauschalabgaben/rechengroessen.html?nn=360418

556 Oschmiansky a.a.O.

557 vgl. zur konzeptionellen Grundlage: Moderne Dienstleistungen am Arbeitsmarkt – Bericht der Kommission (Stand: Oktober 2002), S. 30 passim

558 Art. 2 Nr. 4 Hartz-Gesetz II

559 vgl. Übersicht der Minijob-Zentrale http://www.minijob-zentra- le.de/DE/0_Home/01_mj_im_gewerblichen_bereich/04_400_euro_minijob/04_pauschalabgaben/rechengroessen.html?nn=360418

560 Bundesagentur für Arbeit: iab-Kurzbericht 24/2012, S. 2 http://doku.iab.de/kurzber/2012/kb2412.pdf

sozialrechtliche Absicherung in der Illegalität stattfinden“[561]. Dabei ist die Methodik, die der Gesetzgeber wählt, um „Schwarzarbeit in diesem Sektor wirkungsvoll zurückzudrängen“[562], für die vorliegende Untersuchung von zentraler Bedeutung. Denn diese Methodik verwirklicht bereits eine Idee, die sich in der Bekämpfungsstrategie und schließlich in einem Schattenrecht weiter entfalten wird: die Idee nämlich, das Schwarzarbeit im „Privatbereich“[563] durch „Legalisierung“[564] bekämpft werden kann und soll[565]. „Einkünfte aus bisher an der Sozialversicherung vorbei ausgeübter Schwarzarbeit sollen legalisiert werden, um Beschäftigte oder selbständig Tätige, die in privaten Haushalten Dienstleistungen erbringen, zu motivieren, dies legal und damit unter dem Schutz der Sozialversicherung zu tun“ – so beschreibt der Gesetzgeber das Vorhaben, die gesellschaftlichen Akteure über den Mini-Job „aus der Illegalität herauszuführen“[566]. Im Umgang der staatlichen Akteure mit Arbeitskraftverwertung im Privathaushalt manifestiert sich der oben angesprochene Übergang von der Modernisierungszur Bekämpfungsstrategie des normativen Programms.

C. Die Bekämpfungsstrategie

Normatives Substrat der Bekämpfungsstrategie ist das erwähnte „Maßnahmen- und Gesetzgebungspaket“[567], mit dem „die Verfolgung von Schwarzarbeit und der damit einhergehenden Steuerhinterziehung auf eine neue gesetzliche Grundlage gestellt werden (soll)“[568]. Um das neu gefasste Schwarzarbeitsbekämpfungsgesetz (SchwarzArbG 2004)[569] als „Kern der Neuregelungen“[570] gruppieren sich weitere Gesetzesänderungen und „administrative Maßnahmen“[571], von denen einige im Fortgang der Untersuchung näher betrachtet werden sollen. Zunächst allerdings ist das SchwarzArbG 2004 selbst vorzustellen.

561 BT-Drs. 15/26, S. 23f.
562 BT-Drs. 15/26, S. 19
563 BT-Drs. 15/2948, S. 5; 15/2573, S. 17
564 BT-Drs. 15/2948, S. 5; 15/2573, S. 17
565 kritisch dazu Blanke, Die Auflösung des Arbeitnehmerbegriffs - Von der Bekämpfung zur Förderung von Scheinselbständigkeit und geringfügiger Beschäftigung, KJ 2003, 7
566 BT-Drs. 15/26, S. 23
567 BT-Drs. 15/2948, S. 5; 15/2573, S. 17
568 BT-Drs. 15/2948, S. 5; 15/2573, S. 1
569 vgl. oben Einleitung
570 BT-Drs. 15/2948, S. 5; 15/2573, S. 17
571 vgl. BT-Drs. 15/2948, S. 5; 15/2573, S. 2

I. Das SchwarzArbG 2004

Die Entstehungsgeschichte des SchwarzArbG 2004 spiegelt den Wandel sozioökonomischer Rahmenbedingungen und daraus entstehender Motivlagen des Gesetzgebers wieder:

Zum ersten Mal wurde der Bundestag im Jahre 1950 mit dem Thema Schwarzarbeit befasst, wobei zu bemerken ist, dass die Initiative zur Wahrnehmung und parlamentarischen Behandlung des Problems nicht auf der staatlichen Ebene, sondern bei seinerzeit interessierten gesellschaftlichen Akteuren, namentlich den Handwerksverbänden, entstanden war[572]. Die Bundesregierung reagierte zunächst zögerlich: sie hielt Schwarzarbeit für eine vorübergehende Erscheinung und stellte deshalb den 1954 schließlich eingebrachten Entwurf des ersten Bekämpfungsgesetzes [573] ausdrücklich unter einen Wiederaufhebungsvorbehalt[574]. Der Bundestag selbst kam erst 1957 zu einem Gesetzesbeschluss[575], wobei ordnungs- und arbeitsmarktpolitische Erwägungen maßgeblich waren[576]: man wollte einerseits Wettbewerbsverzerrungen unter den gesellschaftlichen Akteuren verhindern[577] sowie einen gewissen Verbraucherschutz gewährleisten[578] und nahm andererseits an, dass bei Bekämpfung der Schwarzarbeit allein im Handwerk bis zu 150.000 Arbeitskräfte mehr beschäftigt werden könnten bzw. würden[579].

Der Gesetzgeber 1957 ging davon aus, dass der angestrebte Erfolg mit den klassischen Mitteln repressiver Generalprävention zu erreichen sei[580]: Bei nicht mehr als zwei Paragraphen von materiellem Gehalt erschöpfte sich seine Bekämpfungsstrategie darin, je einen Straftatbestand für den Anbieter („Schwarzarbeiter") bzw. den Nachfrager („Auftraggeber") zu schaffen. In diesem normativen Ansatz scheint das – zeitgebundene – Selbstverständnis eines Gesetzgebers auf, der die Steuerungswirkung des (strafbewehrten) Legalverbots als gesichert betrachtete. Allerdings bestand kaum Notwendigkeit und wenig Gelegenheit, diesen Ansatz auf seine Tragfähigkeit zu prüfen; denn in der

---

572 BT-Drs. 1/1230; 1/1522; 1/3135

573 BT-Drs. 2/1111, S. 3ff. http://dip21.bundestag.de/dip21/btd/02/011/0201111.pdf

574 Sonnenschein, Schwarzarbeit, JZ 1976, 497 a.E.

575 Gesetz zu Bekämpfung der Schwarzarbeit vom 30.03.1957 (BGBl. I S. 315)

576 vgl. auch BGH GewArch. 1991, 277 (278)

577 vgl. BT-Drs. 12/7563, S. 7; Erdmann; Gesetz zur Bekämpfung der Schwarzarbeit, 1996, S. 21

578 BGH GewArch. 1991, 277, 278; Erdmann a.a.O. S. 22

579 BT-Drs. 2/1111, S. 4

580 vgl. BGH NJW 1990, 2542, 2543 Tz. 6

Hochkonjunktur der späten 1950er Jahre absorbierte der formelle Wirtschaftssektor so viel gut bezahlte Arbeitskraft, dass jedenfalls auf Anbieterseite wenig Anreiz zu schattenwirtschaftlicher Tätigkeit bestand.

Fünfzig Jahre später, beim Entwurf des SchwarzArbG 2004, hatten sich die Dinge wesentlich verändert: Schwarzarbeit war zu einer sozio-ökonomischen Realität mit hoher Schadenswirkung für die Sozialkassen, den Fiskus und das Gemeinwesen insgesamt herangewachsen[581]. Anders als in den 1950er Jahren waren es diesmal auch nicht gesellschaftliche, sondern staatliche Akteure, nämlich die Mehrheitsfraktionen im Bundestag und mit ihnen die Bundesregierung, die „weitere Schritte zur Bekämpfung der Schwarzarbeit" unternehmen wollten[582].

In der zwischen 1957 und 2004 liegenden Zeitspanne hatte der Bundestag allerdings schon mehrfach in das Schwarzarbeitsbekämpfungsrecht eingegriffen. Die teils organisatorischen, teils sektoralen Maßnahmen[583] sind jedoch für das hier verfolgte Erkenntnisinteresse nicht unmittelbar relevant. Hervorzuheben ist demgegenüber, dass das Gesetzgebungsverfahren 2004 von Zuleitung der Regierungsvorlage an den Bundesrat gemäß Art. 76 Abs. 2 GG (20.02.2004)[584] bis zur Verkündung des SchwarzArbG 2004 im Bundesgesetzblatt (28.07.2004)[585] nur gerade fünf Monate in Anspruch nahm[586]. In diesen Zeitraum eingeschlossen sind ein Vermittlungsverfahren nach Art. 77 Abs. 2 GG sowie Vorbereitung und Durchführung einer öffentlichen Anhörung in den Ausschüssen des Bundestages. Von wissenschaftlicher Seite wurde hierzu angemerkt, das „Schwarzarbeitspaket vom Juli 2004" habe „von Abgeordneten und Bundesratsmitgliedern letztlich nicht vernünftig bearbeitet und durchdrungen werden können"[587]. Seit Inkrafttreten am 01.08.2004 bis zum 21.07.2012 gab es bereits sieben Gesetzesänderungen[588]; Schwarzarbeit bleibt damit ein „gesetzgeberischer Dauerbrenner"[589].

581 BT-Drs. 15/2948, S. 5; 15/2573, S. 17

582 BT-Drs. 15/2948, S. 5; 15/2573, S. 1

583 vgl. die Zusammenstellung in BT-Drs. 16/7727, S. 5f.

584 BR-Drs. 155/04

585 oben Fn. 5 und 10

586 Nachweise abrufbar unter http://www.gesmat.bundesgerichtshof.de/gesetzesmaterialien/15_wp/Schwarzarbeit/schwarzarbeit-index.htm sowie unter http://pdok.bundestag.de/extrakt/ba/WP15/378/37833.html

587 Karpen, Gesetzgebungslehre – neu evaluiert, 2. Auflage 2008, S. 58

588 Nachweise abrufbar unter: http://www.buzer.de/gesetz/5868/l.htm (Aufruf: 12.06.2013)

589 Buchner, GewArch 2004, 393

1. *Legaldefinition und Gesetzeszweck*

Als neue gesetzliche Bekämpfungsgrundlage[590] soll das SchwarzArbG 2004 „erstmalig" eine „klare Beschreibung des Schwarzarbeitsbegriffs"[591] bieten. Nach seiner Legaldefinition leistet Schwarzarbeit, wer Dienst- oder Werkleistungen erbringt oder ausführen lässt und dabei Melde- Aufzeichnungs- und Zahlungspflichten nach Steuerrecht und Sozialgesetzbuch verletzt[592]. Drei Merkmale sind dieser Legaldefinition zugewiesen: Sie soll erstens „dem allgemeinen Sprachgebrauch angepasst" sein und so „dazu beitragen, das Unrechtsbewusstsein in der Bevölkerung zu stärken und damit präventiv der Schwarzarbeit entgegenzuwirken"[593]. Zweitens geht es darum, über das Tatbestandselement der Dienst- oder Werkleistung „sowohl die Tätigkeit des Arbeitnehmers, als auch die Tätigkeit des selbständigen Unternehmers" und ebenso den Auftraggeber zu erfassen, „der die Schwarzarbeit erst ermöglicht oder unterstützt"[594]. Bei alledem bilden drittens „die fiskalischen Gesichtspunkte"[595] oder „steuerlichen Aspekte"[596] den „Kernbestandteil des Schwarzarbeitsbegriffs, die zwingend bei jeder Prüfung einzubeziehen sind"[597].

Das in den Gesetzesmaterialien dokumentierte Begriffsverständnis prägt zugleich den mit „Intensivierung der Bekämpfung der Schwarzarbeit"[598] beschriebenen Gesetzeszweck. Indem der Gesetzgeber die fiskalischen Gesichtspunkte zum Kernbestandteil des Schwarzarbeitsbegriffs erklärt, legt er zugleich fest, in welcher Hinsicht die Schwarzarbeitsbekämpfung intensiviert werden soll: während vorher neben unberechtigtem Sozialleistungsbezug Handwerks- und Gewerberechtsverstöße durchaus im Vordergrund standen[599], „sollen ab 2004 Mehreinnahmen von 1 Mrd. Euro jährlich für den Bund erzielt werden"[600]. Statt von Intensivierung lässt sich daher eher von (weiterer) Fiskalisierung der Schwarzarbeitsbekämpfung sprechen – eine Zweckbestimmung, für die sich der Gesetzgeber sogar auf wissenschaftliche Expertise beziehen kann: Nach

590 BT-Drs. 15/2948, S. 5; 15/2573, S. 1
591 BT-Drs. 15/2948, S. 5; 15/2573, S. 18
592 § 1 SchwArbG 2004; BT-Drs. 15/2573, S. 17; vgl. auch BT-Drs. 17/6219, S. 1
593 BT-Drs. 15/2948, S. 5; 15/2573, S. 18
594 BT-Drs. 15/2948, S. 5; 15/2573, S. 18
595 BT-Drs. 15/2948, S. 5; 15/2573, S. 17
596 BT-Drs. 15/2948, S. 5; 15/2573, S. 19/36
597 BT-Drs. 15/2948, S. 5; 15/2573, S. 19
598 § 1 Abs. 1 SchwarzArbG 2004
599 vgl. BT-Drs. 8/1937, S. 5
600 BT-Drs. 15/2948, S. 5; 15/2573, S. 2

Auffassung des ifo Instituts für Wirtschaftsforschung, das zum SchwarzArbG 2004-E angehört wurde, schienen „Maßnahmen zur Eindämmung der Schattenwirtschaft aufgrund des enormen Mehreinnahmepotentials absolut geboten“[601].

2. Bekämpfungsinstrumente

„Die Bundesregierung beabsichtigt, die Bekämpfung der Schwarzarbeit und illegalen Beschäftigung erheblich zu intensivieren“[602]. Dem fiskalisierten Gesetzeszweck entsprechend sind es Finanzbehörden des Bundes und der Länder sowie die Sozialversicherungsträger, denen bei der Durchführung dieses Programmsatzes die Hauptrolle zugewiesen ist. Das Instrumentarium, das der Gesetzgeber hierfür an die Hand gibt, setzt sich aus Prüfungsbefugnissen sowie ggf. der Ausbringung von Sanktionen nach – teilweise neu gefassten – Bußgeld- und Straftatbeständen zusammen.[603]

2.1 Prüfungen

Der Prüfungsauftrag umfasst in erster Linie die Feststellung, ob die gesellschaftlichen Akteure beim Austausch von Arbeitsleistung gegen Entgelt „Melde-, Aufzeichnungs- und Zahlungspflichten nach Steuerrecht und Sozialgesetzbuch“[604] sowie die staatlichen Regeln der Arbeitnehmerentsendung und der Arbeitnehmerüberlassung[605] einhalten[606]. Er ist grundsätzlich durch die „Behörden der Zollverwaltung“[607], bei denen es sich um Bundesfinanzbehörden handelt[608], zu erfüllen. Die Zollbehörden bleiben zur Mitwirkung auch dann berechtigt, wenn die Landesfinanzbehörden die ihnen obliegende Prüfung der steuerlichen Seite[609] durchführen[610]. Zugleich werden sie bei ihren Prüfungen durch eine Reihe weiterer Stellen „unterstützt“[611], wobei der sozialversicherungsrechtlichen

601 BT-Finanzausschuss, Protokoll Nr. 15/52 (Wortprotokoll), vorbereitende Stellungnahme ifo, S. 8

602 BT-Drs. 15/2948, S. 5; 15/2573, S. 26

603 vgl. Fehn, Die Novellierung des Schwarzarbeitsbekämpfungsgesetzes, ZfZ 2004, 218, 219f.

604 604 BT-Drs. 15/2948, S. 5; 15/2573, S. 17

605 vgl. oben 1. Teil

606 § 2 Abs. 1; 2 SchwarzArbG 2004

607 § 2 Abs. 1 S. 1 SchwarzArbG 2004

608 §§ 1; 12 Abs. 2 FVG

609 vgl. etwa §§ 42f. EStG; 27b UStG; 210 AO

610 § 2 Abs. 1 S. 2; 3 SchwarzArbG 2004

611 § 2 Abs. 2 SchwarzArbG 2004

Betriebsprüfung durch die Träger der Renten- und Unfallversicherung[612] eine besondere Bedeutung zukommt.

Die Prüfung handwerks- und gewerberechtlicher Pflichtverletzungen im Zusammenhang mit Schwarzarbeit war dagegen im ursprünglichen Entwurf des SchwarzArbG 2004 gar nicht (mehr) vorgesehen, wogegen sich im Bundesrat deutlicher Widerstand erhob[613]. Erst als Ergebnis des Vermittlungsverfahrens wurden der jetzige § 2 Abs. 1a in das SchwarzArbG 2004 eingefügt und die nach Landesrecht zuständigen Verwaltungsbehörden insoweit mit Prüfungsbefugnissen ausgestattet[614].

2.2 Bußgeld- und Straftatbestände

Prüfungen durch die Zollbehörden können zu einem Bußgeld- oder zu einem Strafverfahren führen[615]. Die materiell-rechtlichen Grundlagen hierfür hat der Gesetzgeber sowohl im SchwarzArbG 2004 selbst, als auch an anderen Stellen der staatlichen Rechtsordnung geschaffen[616]. Dem Regelungsgegenstand nach lassen sich neben der Schwarzarbeit (Legaldefinition) die illegale Ausländerbeschäftigung[617] bzw. Arbeitnehmerüberlassung sowie die Verletzung von Mindestarbeitsbedingungen im Anwendungsbereich des AEntG unterscheiden[618]. Hinzu kommen Pflichtverletzungen im Zusammenhang mit den Prüfungen selbst, wobei für die vorliegende Untersuchung die Pflicht zur Aufbewahrung von Rechnungen für grundstücksbezogene Leistungen[619] eine besondere Rolle spielt[620].

Die Verwirklichung eines Bußgeldtatbestandes nach dem SchwarzArbG 2004 kann in einer Spannbreite bis zu 300.000 Euro geahndet werden[621]. Auf der strafrechtlichen Seite können die fiskalisch relevanten Tatbestände des Betruges (Leistungsmissbrauch)[622], des Vorenthaltens von Sozialversicherungsbeiträgen[623]

---

612 § 28p SGB IV; § 2 Abs. 2 Nrn. 4 und 4 SchwarzArbG 2004
613 vgl. BT-Drs. 15/2948, S. 6
614 BR-Drs. 530/04, S. 3
615 vgl. §§ 12; 14 SchwarzArbG 2004
616 Zusammenstellung bei Aulmann, Schwarzarbeit und illegale Beschäftigung vermeiden, 2011, S. 67ff.
617 vgl. dazu: BT-Drs. 16/2278, S. 4
618 vgl. auch § 2 Abs. 1 Nr. 5 SchwarzArbG 2004
619 § 26a Abs. 1 Nr. 3 UStG
620 dazu näher sogleich unter C. II sowie F.
621 § 8 Abs. 3 SchwarzArbG 2004
622 § 263 Abs. 1 StGB; vgl. § 9 SchwarzArbG 2004
623 § 266a StGB

und der Steuerhinterziehung[624] sanktionswirksam werden; in Betracht kommt allerdings auch ein so gravierendes Delikt wie der Menschenhandel zum Zwecke der Ausbeutung der Arbeitskraft[625].

2.3 Nacherhebung und Haftung

Die Nacherhebung hinterzogener Steuern und/oder Sozialversicherungsbeiträge ist normative Folge[626] und zugleich ausdrücklich erklärter Zweck der Prüfungen durch den Zoll. Dabei dient nicht allein die Inanspruchnahme des originär Zahlungspflichtigen der Verwirklichung dieses Zwecks. Vielmehr ist auch ein System von Haftungsregelungen Dritter darauf ausgerichtet, ab 2004 Mehreinnahmen von 1 Mrd. Euro jährlich für den Bund zu erzielen[627]. So haften etwa die Nachfrager unselbständiger Arbeitsleistung ggf. für die Lohnsteuer[628] sowie für Sozialversicherungsbeiträge[629].

Ein für die vorliegende Untersuchung interessanter Haftungstatbestand findet sich im Unfallversicherungsrecht: Nach § 110 Abs. 1a SGB VII haftet ein Unternehmer, der Schwarzarbeit nachfragt, für in diesem Zusammenhang entstandene Aufwendungen des Unfallversicherungsträgers. Wie sich zeigen wird, bleibt im Schattenrecht der Schwarzarbeit der Privathaushalt als Unternehmer von dieser Haftungsfolge faktisch frei[630].

II. Die „obligatorische Verpflichtung zur Rechnungsstellung“

Auch der Gesetzgeber erkannte, dass sich die sog. Ohne-Rechnung-Geschäfte zu einem „Massenphänomen“[631] entwickelt haben[632]. Vor allem „das privat genutzte Eigenheim, die selbst genutzte Wohnung, ein Mietwohngrundstück oder ein Gartengrundstück“[633] sind Einsatzgebiete selbständiger Arbeitskraftanbieter, die mit den Nachfragern vereinbaren, dass für dort erbrachte Dienst- und Werkleistungen „eine Rechnung nicht gestellt und die anfallende Umsatzsteuer

---

624 § 370 AO
625 § 233 StGB
626 vgl. etwa § 28h SGB IV
627 vgl. oben Einleitung
628 § 42d EStG
629 § 28e SGB IV
630 dazu unten 4. Teil A. III. 1.
631 Peters, Die Leistung ohne Rechnung, NJW 2008, 2478, 2479
632 vgl. oben 2. Teil C.
633 BT-Drs. 15/2948, S. 5; 15/2573, S. 33

nicht abgeführt werden“[634] soll: Aufgrund einer repräsentativen Umfrage geht das Institut der deutschen Wirtschaft davon aus, dass 18,7 Prozent der Schwarzarbeit auf Arbeiten im und am Haus entfallen (2007)[635]. Die Minijob-Zentrale vermutet, dass jeder zehnte Haushalt Erfahrung mit Schwarzarbeit hat (2012)[636]. Um die dabei entstehenden Steuerausfälle „enormen Ausmaßes“ zu verhindern und „eine umfassende Kontrolle“[637] zu ermöglichen, wurde als Teil der Bekämpfungsstrategie eine „obligatorische Verpflichtung zur Rechnungsstellung“[638] eingeführt. Der Arbeitskraftanbieter ist nunmehr verpflichtet, innerhalb von sechs Monaten nach Ausführung der Leistung eine Rechnung auszustellen[639]; dem Nachfrager wird auferlegt, die Rechnung für die Dauer von zwei Jahren aufzubewahren[640] und ggf. die Überprüfung des Steuervorgangs zu dulden bzw. hieran mitzuwirken[641]. Die Verletzung dieser Pflichten kann mit Bußgeldern von bis zu 5.000 Euro/30.000 Euro (Anbieter) bzw. von bis zu 500 Euro/1.000 Euro (Nachfrager) geahndet werden[642].

D. Gesetzliche Tatbestands- und Verfolgungsprivilegien

Bei der Betrachtung der Modernisierungsstrategie wurde bereits gezeigt, dass der Gesetzgeber beabsichtigt, den erklärten Zweck des SchwarzArbG 2004 („Intensivierung der Bekämpfung der Schwarzarbeit“[643]) im sog. Privatbereich durch „Legalisierung“ zu verwirklichen. Er selbst beschreibt seinen Ansatz wie folgt: „Im privaten Bereich setzt die Bekämpfung von Schwarzarbeit vorrangig bei der Schaffung von attraktiven und einfachen Möglichkeiten an, sich legal zu verhalten.“[644] Diese Beschreibung muss allerdings als Euphemismus bezeichnet werden. Denn tatsächlich räumt die Bekämpfungsstrategie dem privaten Bereich

634 BGH NJW-RR 2008, S. 1050 Rn. 7

635 Enste, in: Enste/Schneider, Jahrbuch Schattenwirtschaft 2010/2011, 2011, S. 13

636 Knappschaft-Bahn-See als Minijob-Zentrale: „Heimliche Helfer – Schwarzarbeit in Haus und Garten“ abrufbar unter: http://www.minijob- zentra-le.de/DE/Service/03_service_rechte_navigation/DownloadCenter/8_trendreport/2012.pdf?__blob=publicationFile&v=3

637 BT-Drs. 15/2948, S. 5; 15/2573, S. 33f.

638 a.a.O.

639 § 14 Abs. 2 Satz 1 Nr. 1 UStG

640 § 14b Abs. 1 Satz 5 UStG

641 §§ 4 Abs. 3; 5 Abs. 2 SchwarzArbG

642 §§ 26a Abs. 2 UStG; 8 Abs. 3 SchwarzArbG 2004

643 § 1 Abs. 1 SchwarzArbG 2004

644 BT-Drs. 15/2948, S. 5; 15/2573, S. 17

sowohl Tatbestands-, als auch Verfolgungsprivilegien ein. Dabei sind die Tatbestandsprivilegien immer, die Verfolgungsprivilegien nur im Einzelfall gesetzlich gefasst. Wo sie Gesetzesform nicht erreicht, materialisiert sich die Privilegierung des Privatbereichs in (parlaments-)öffentlich artikulierten Vorgaben der Legislativakteure für die Vollzugsbehörden.

Im Folgenden werden zunächst die gesetzlichen Tatbestands- und Verfolgungsprivilegien beschrieben. Willenserklärungen der Legislativakteure, die nicht im BGBl. stehen, gehören zum Schattenrecht der Schwarzarbeit und daher in den 4. Teil der Untersuchung.

I. Steuerermäßigung für den Privathaushalt

Schwarzarbeit im Privathaushalt wird hauptsächlich als Dienst- und Pflegeleistung einschließlich Kinderbetreuung sowie als Handwerkerleistung erbracht[645]. Um diesen Zustand zu bekämpfen und die „Attraktivität des Privathaushalts als legales Betätigungsfeld" zu erhöhen[646], gewährt der Gesetzgeber Steuerermäßigungen: Der bereits zum Veranlagungsjahr 2003 neu geschaffene § 35a EStG[647] privilegiert den Privathaushalt als Auftraggeber selbständiger Dienst- oder Handwerkerleistungen sowie als Arbeitgeber. So kann für die Gebäudereinigungsfirma oder die selbständige Pflegekraft eine Steuerermäßigung von bis zu 4.000 Euro, für handwerkliche Renovierungs-, Erhaltungs- und Modernisierungsmaßnahmen ein Nachlass von bis 1.200 Euro[648] in Anspruch genommen werden.

Das Arbeitsverhältnis im Privathaushalt wird von der „Lenkungs- und Subventionsnorm"[649] des § 35a EStG durch Ermäßigung der tariflichen Einkommenssteuer um 20 Prozent begünstigt[650]. Der Ermäßigungssatz gilt unabhängig davon, ob es sich um ein Normalarbeitsverhältnis oder um einen Mini-Job im Privathaushalt handelt, der erst mit dem Hartz-Gesetz II ermöglicht wurde[651]. Im einen wie anderen Fall erforderlich ist allerdings, dass die Tätigkeit als „haushaltsnah", d.h. als durch die Wirtschaftsführung mehrerer in einer Familie zusammenlebender oder einzelner Personen begründet[652] gelten kann. Diese

645 vgl. auch 2. Teil, Abbildung 2
646 BT-Drs. 16/2278, S. 5f.
647 Zweites Dienstleistungs-Arbeitsmarktgesetz vom 23.12.2002 (BGBl. I S. 4621)
648 § 35a Abs. 2, 2. Alt.; Abs. 3 EStG
649 Drenseck, Einkommensteuergesetz, 2010, § 35a Rdnr. 2
650 § 35a Abs. 1; Abs. 2, 1. Alt. EStG
651 vgl. oben Tz. 3.2
652 BFH BStBl. II 2010, 166

Voraussetzung erfüllen Dienstleistungen nicht, die zwar in Räumlichkeiten eines Privathaushalts, jedoch personenbezogen erbracht werden: der Nachhilfeunterricht, das Haareschneiden oder die Fußpflege[653]. Gerade dies sind jedoch „traditionelle" Gegenstände der Schwarzarbeit: So gehen nach Angaben des Zentralverbandes des Friseurhandwerks fast 40 Prozent der Deutschen nicht mehr zum Friseur, sondern lassen sich die Haare in Schwarzarbeit schneiden[654].

Indes handelt es sich hier um eine Abgrenzungsproblematik von möglicherweise nur theoretischer Bedeutung. Denn in (Verbands-)Politik und Wissenschaft gewinnt die Einschätzung Raum, dass sich die Schwarzarbeit im Privathaushalt durch die Steuerermäßigungen nicht eingrenzen lässt und dass „auch die Subventionierung von Minijobs keine nennenswerten Erfolge zeigen (konnte)"[655]. Für diese Einschätzung des DGB und der Deutschen Steuer- Gewerkschaft[656] spricht eine Bilanz der Knappschaft-Bahn-See als Minijob-Zentrale[657]. Hiernach sind aktuell 250.000 geringfügige Beschäftigungen im Privathaushalt angemeldet, während „bis zu vier Millionen Haushalte einen Minijobber (scil. schwarz) beschäftigen"[658]. Nach wissenschaftlicher Auffassung zu § 35a EStG „sind Mitnahmeeffekte wahrscheinlich, d.h. bis zu den entsprechenden Beträgen wird legal abgerechnet und darüberhinaus dann wieder ohne Rechnung gearbeitet"[659].

II. Gefälligkeit und Nachbarschaftshilfe

Arbeiten „rund ums Eigenheim"[660], die aus persönlicher Verbundenheit und räumlicher Nähe erbracht werden, nimmt der Gesetzgeber bereits vom Begriff der Schwarzarbeit[661] und damit von ihrer Bekämpfung aus[662]. Gemeinsame Voraussetzung der als Angehörigenleistung, Gefälligkeit, Nachbarschafts- und

653 BMF-Schreiben vom 15.02.2010, BStBl. I 2010, S. 140, Rz. 4; 11

654 „Die Welt" vom 11.07.2008

655 Stellungnahme vom 21.01.2013 zum 12. Bericht der Bundesregierung über die Auswirkungen des Gesetzes zur Bekämpfung der illegalen Beschäftigung, S. 3

656 http://www.dstg.de/steuerinfos/2012/Ges.entwurf%20JStG%202013-100812(1).pdf

657 §28i SGB IV

658 Knappschaft-Bahn-See als Minijob-Zentrale: „forsa-Studie entlarvt Doppelmoral der Deutschen" – http://www.minijob- zentra- le.de/DE/0_Home/00_startseite/01_thementeaser/startseite_forsa_umfrage.html;jsessionid=3CD3DF458CDD14A34C0331F1B146A198 (Aufruf: 12.06.2013)

659 Enste, in: Enste/Schneider, Jahrbuch Schattenwirtschaft 2010/2011, 2011, S. 17

660 Plenarprotokoll 15/108, S. 9744 (C) (abrufbar: vgl. oben Fn. 19)

661 § 1 Abs. 3 SchwArbG 2004

662 BT-Drs. 15/2948, S. 5; 15/2573, S. 19

Selbsthilfe alternativ privilegierten Freistellungstatbestände ist das Fehlen einer nachhaltigen Gewinnabsicht[663], also ein negatives Tatbestandsmerkmal. Dieses Merkmal gilt auch bei entgeltlicher Arbeitsleistung noch als erfüllt, sofern nur eine - nicht definierte - Geringfügigkeitsgrenze eingehalten wird[664] und Hilfsbereitschaft als Motiv „deutlich im Vordergrund" steht[665].

Mit dem Abheben auf die Gewinnerzielungsabsicht gewinnt die Abgrenzung des Dienst- bzw. Werkvertrages von der Gefälligkeit allerdings einen Grad an Subjektivierung, der angesichts der Gesetzgebungsgeschichte überrascht: Unter Geltung des SchwArbG 1957 hing die Schwarzarbeitsbekämpfung von dem Nachweis ab, dass die gesellschaftlichen Akteure bei ihrem Leistungsaustausch „aus Gewinnsucht" handelten[666]. Durch Einführung u.a. dieses subjektiven Tatbestandsmerkmals wollte der Gesetzgeber den Anwendungsbereich des SchwArbG auf „die schweren Fälle" beschränken[667]. Bedenken gegen diese Vorgehensweise, die in den parlamentarischen Beratungen erhoben worden waren, fanden 1957 keine Mehrheit, bestätigten sich aber in der Vollzugswirklichkeit[668]. Wie der Gesetzgeber 1982 feststellen musste, hatte die Auslegung des subjektiven Tatbestandsmerkmals durch die Rechtsprechung dazu geführt, dass der Gewinnsuchtnachweis „nur selten" zu erbringen war. Dies war der Grund dafür, dass im Jahre 1982 das subjektive Abgrenzungskriterium aufgegeben und stattdessen auf das Merkmal der Gewerbsmäßigkeit übergegangen wurde[669].

Vor diesem Hintergrund bedeutet die Re-Subjektivierung im SchwArbG 2004 durchaus eine „Wiedereinsetzung in den vorigen Stand". Denn nachhaltige Gewinnerzielungsabsicht unterscheidet sich von „Gewinnsucht" allenfalls semantisch und graduell; jedenfalls dürfte der Tatbestand ähnlich schwer nachzuweisen sein, wie unter Geltung des SchwArbG 1957, das „besondere Schwierigkeiten bei der Rechtsverfolgung"[670] hervorgerufen hatte.

---

663 BT-Drs. 15/2948, S. 5; 15/2573, S. 19; vgl. auch die Rechtsprechungsnachweise bei Palandt/Grüneberg, BGB, 2013, Einleitung vor § 241 Rn. 9

664 §§ 1 Abs. 3 S. 2; 8 Abs. 4 S. 2 SchwArbG 2004

665 BT-Drs. 15/2948, S. 5; 15/2573, S. 19 zur Abgrenzung auf der Sachverhaltsebene vgl. OLG Schleswig, BeckRS 2013, 02701

666 § 1 SchwarzArbG 1957

667 BT-Drs. 2/1111/Anlage 3

668 BT-Drs. 9/192, S. 5

669 BT-Drs. 9/192, S. 5f.

670 BT-Drs. 9/192, S. 5

Die Legislativakteure des Jahres 2004 wussten aus den regelmäßig vorgelegten Berichten der Bundesregierung[671], dass man mit der Einschätzung, die Schwarzarbeitsbekämpfung werde auch nach Herausnahme des subjektiven Tatbestandsmerkmals „problematisch bleiben“[672], nicht geirrt hatte. Ihnen lag eine Stellungnahme des Bundes deutscher Kriminalbeamter (BDK) zum SchwarzArbG 2004-E vor, in der es heißt: „Die jetzt vorgelegte Formulierung wird in der Praxis zu weiteren erheblichen Problemen in der Beweisführung führen. Insbesondere bei Schwarzarbeitern auf kleineren Bauvorhaben wie Wohnungsrenovierungen pp. wird per Gesetzestext praktisch eine „Gebrauchsanleitung für erfolgversprechendes Aussageverhalten“[673] geliefert“[674]. Diese Kritik des BDK unterschied sich von der Auffassung anderer Verbände sowie der Bundesagentur für Arbeit zu dem Gesetzentwurf nur in der Nachdrücklichkeit ihres Vortrags, nicht jedoch in der Sache[675]. Vielmehr bestand Einigkeit darin, dass „es einer klaren Abgrenzung zwischen legalen (z.B. Gefälligkeitsleistungen und Nachbarschaftshilfe) und illegalen Tätigkeiten (bedarf), die praxistauglich ist und sich im Gesetzesvollzug auch tatsächlich kontrollieren lässt“[676]. Der DGB substantiierte die Position mit einem eigenen Formulierungsvorschlag, der auf die Geringfügigkeit eines nicht gewerblichen Entgelts abstellte[677]. Das Deutsche Institut für Wirtschaftsforschung (DIW Berlin) empfahl dem Gesetzgeber „eine Festlegung auf einen zeitlich klar abgegrenzten Höchstbetrag (analog zu den monetären Höchstgrenzen der Mini-Job-Regelung) (zu) erwägen, um spätere Rechtsunsicherheit zu vermeiden“[678].

Tatsächlich haben die Legislativakteure weder Kritik, noch Vorschläge berücksichtigt, sondern – entgegen auch einer ausdrücklichen Empfehlung der

---

671 vgl. oben 2. Teil

672 BT-Drs. 9/192, S. 6

673 Hervorhebung im Original

674 BT-Finanzausschuss, Protokoll Nr. 15/52 (Wortprotokoll), vorbereitende Stellungnahme BDK, S. 3

675 vgl. etwa BT-Finanzausschuss, Protokoll Nr. 15/52 (Wortprotokoll), vorbereitende Stellungnahmen ZDH, S. 10 und IG Bau, S. 4

676 BT-Finanzausschuss, Protokoll Nr. 15/52 (Wortprotokoll), vorbereitende Stellungnahme BDZ, S. 4

677 BT-Finanzausschuss, Protokoll Nr. 15/52 (Wortprotokoll), vorbereitende Stellungnahme DGB, S. 5

678 BT-Finanzausschuss, Protokoll Nr. 15/52 (Wortprotokoll), vorbereitende Stellungnahme DIW Berlin, S. 2

Bundesagentur für Arbeit – die „Gebrauchsanleitung für erfolgversprechendes Aussageverhalten“[679] Gesetz werden lassen.

III. „Nichtverfolgung“ von Steuer- und Beitragshinterziehung im Privathaushalt

Mit seinem Art. 24 und seinem Art. 7 Nr. 2 bietet das Maßnahmen- und Gesetzespaket der (geringfügigen) Schwarzarbeit im Privathaushalt ein Verfolgungsprivileg in Gesetzesform, das sich wie folgt beschreiben lässt: Grundsätzlich verwirklichen Arbeitskraftanbieter und – nachfrager, die einen Mini-Job im Privathaushalt nicht anmelden, den Straftatbestand der Steuerhinterziehung[680]. Den Legislativakteuren war es jedoch ein Anliegen, diese Rechtsfolge nicht eintreten zu lassen: „Wir wollen die Leistungen rund um die privaten Haushalte nicht kriminalisieren“[681] – diese Einlassung im Bundestag beschreibt die politische Grundlage für den normativen Ansatz, häusliche Schwarzarbeit „aus der steuerstrafrechtlichen Verfolgung auszunehmen“[682]. Der deshalb unter der Überschrift „Nichtverfolgung von Steuerstraftaten bei geringfügiger Beschäftigung in Privathaushalten“ neu gefasste § 50e EStG[683] beschränkt die Verfolgungsbehörden auf die Anwendung abgabenordnungsrechtlicher Bußgeldvorschriften (§§ 377ff. AO)[684].

Im Privathaushalt wie andernorts ist Schwarzarbeit allerdings nicht nur mit Steuer-, sondern auch mit Beitragshinterziehung verbunden und Beitragshinterziehung ihrerseits eine Straftat (§ 266a StGB). Von ihrem rechtspolitischen Anliegen her, die Leistungen rund um die privaten Haushalte nicht zu kriminalisieren, waren die Legislativakteure jedoch darauf bedacht, dass ein „Gleichklang“[685] zwischen den Folgen der steuer- und der sozialversicherungsrechtlichen Beitragshinterziehung „sichergestellt“ wird[686]. Um dieses Ziel zu erreichen, wurde mit dem Maßnahmen- und Gesetzespaket[687] der § 266a Abs. 2

679 BT-Finanzausschuss, Protokoll Nr. 15/52 (Wortprotokoll), vorbereitende Stellungnahme BA, S. 1
680 § 370 AO; vgl. BT-Drs. 15/2948, S. 5; 15/2573, S. 38
681 Plenarprotokoll 15/108, S. 9744 (D)
682 BT-Drs. 15/2948, S. 5; 15/2573, S. 38
683 Artikel 24
684 vgl. auch BT-Drs. 15/2948, S. 5; 15/2573, S. 38
685 BT-Drs. 15/2948, S. 5; 15/2573, S. 36
686 BT-Drs. 15/2948, S. 5; 15/2573, 31
687 Art. 7 Nr. 2

StGB im Privathaushalt für unanwendbar erklärt. Standort der Gesetzesänderung ist allerdings nicht der Straftatbestand selbst, sondern das SGB VII[688].

Die gesetzesförmliche Verfolgungsprivilegierung im EStG bzw. SGB VII/StGB soll ihrem Wortlaut nach nur „in den Fällen des § 8a des Vierten Buches Sozialgesetzbuch“[689] gelten. Indes kann den Legislativakteuren die Untauglichkeit dieses begrenzenden Tatbestandsmerkmals schlechterdings nicht entgangen sein. Da ein Prüfungsrecht der Zollbehörden in Privatwohnungen weder besteht noch gewollt ist[690], wird niemand jemals feststellen können, ob die Haushaltshilfe einmal in der Woche oder täglich kommt, ob sie zwei, vier oder sechs Stunden arbeitet und ob ihre Vergütung die 450-Euro-Grenze nach § 8a SGB IV überschreitet. Vielmehr dürfte die bestehende Gesetzeslage wesentlich dazu beigetragen haben, dass jedenfalls „in Privathaushalten mit Pflegebedürftigen“[691] sogar schon „die organisierte Schwarzarbeit zu einem gravierenden Problem geworden (ist)“[692].

E. Zwischenergebnis

Vor dem Hintergrund struktureller Veränderungen im Umfeld und in der gesellschaftlichen Akzeptanz staatlichen Rechts hat der parlamentarische Gesetzgeber ein normatives Programm aufgelegt, in dem sich eine Modernisierungsstrategie für die legalen Rahmenbedingungen der Arbeitskraftverwertung mit einer Bekämpfungsstrategie gegenüber der Schwarzarbeit verbindet. Dabei beruht die Bekämpfungsstrategie ihrerseits auf der Entscheidung, dem gesetzlichen Repressionsinstrumentarium (Prüfungen; Bußgeld- und Straftatbestände) formelle Privilegien an die Seite zu stellen, die insbesondere den Privathaushalt als Wohn- und Wirtschaftseinheit der Normadressaten steuerlich begünstigen sowie u.U. vom Tatbestand und der Verfolgung der Schwarzarbeit ausnehmen.

F. Höchstrichterliche Zivilrechtsprechung

Die staatliche Rechtsordnung wird allerdings nicht allein durch den Gesetzgeber, sondern maßgeblich auch durch höchstrichterliche Urteile ausgestaltet. Nach der Rechtsprechung des BVerfG „(sind) höchstrichterliche Urteile kein Gesetzesrecht“[693]. Jedoch entwickeln sie „über den Einzelfall hinaus“ einen

688 § 209 Abs. 1 S. 2 SGB VII
689 § 50e Abs. 2 S. 1 EStG
690 BT-Drs. 16/2278, S. 3
691 BT-Drs. 16/2278, S. 1
692 a.a.O.
693 BVerfGE 84, 212, 227 (Rn. 42)

„Geltungsanspruch", der normativ „auf der Überzeugungskraft ihrer Gründe sowie der Autorität und den Kompetenzen des Gerichts (beruht)"[694] und sich empirisch in der (Rechts-)Praxis der gesellschaftlichen Akteure ausdrückt.

I. BGH: Werkvertrag mit Ohne-Rechnung-Abrede

Die stetige Zunahme der Ohne-Rechnung-Geschäfte[695] hat den BGH mehrfach vor die Notwendigkeit gestellt, dieses „Massenphänomen"[696] in einen Bezug zur staatlichen Rechtsordnung setzen: Nach inzwischen ständiger Rechtsprechung ist die der Steuerhinterziehung dienende Abrede als solche gemäß §§ 134, 138 BGB nichtig[697]. Allerdings handelt es sich bei der Vergütungsvereinbarung nur um einen Teil eines Geschäfts, das darüber hinaus Dienst- oder Werkleistungen umfasst[698]. Die Gesamtwirksamkeit des Geschäfts und damit die wechselseitigen Haupt- und Nebenpflichten der gesellschaftlichen Akteure hängen von Voraussetzungen ab, die der BGH unter Inanspruchnahme der Befugnis zu richterlicher Rechtsfortbildung[699] entwickelt hat.

1. Vergütung

In zwei Urteilen von 1983 und 1990 ging es um die Rechtsposition des Arbeitskraftanbieters nach einvernehmlichem Gesetzesverstoß. Beide Sachverhalte betrafen Bauverträge, die der Nachfrager mit dem Anbieter abgeschlossen hatte, ohne dass dieser in die Handwerksrolle eingetragen war[700] bzw. einen Gewerbebetrieb angemeldet hatte[701]. In dem einen Fall stand die Bindungswirkung einer Festpreisabrede (Festpreis-Fall), in dem anderen der Anspruch auf restlichen Werklohn (Werklohn-Fall) zur Entscheidung. Die „Schwarzarbeiterleistungen"[702] selbst waren in beiden Fällen weitgehend erbracht.

Der BGH sah beide Verträge als nichtig an, weil die Erbringung selbständiger Werkleistungen ohne handwerks- bzw. gewerberechtliche Anmeldung

694 BVerfG a.a.O.
695 vgl. oben
696 Peters, Die Leistung ohne Rechnung, NJW 2008, 2478, 2479
697 BGH NJW-RR 2008, 1050 (Tz. 8) m.w.N
698 BGH a.a.O.
699 699 BVerfG NJW 2011, 836, 838 (Rn. 53) m.w.N.
700 BGH NJW 1983, 109
701 BGH NZA 1990, 809
702 BGH NJW 1983, 109, 111

den Tatbestand des SchwarzArbG verwirklichte[703]. Das SchwarzArbG sei als Verbotsgesetz im Sinne des § 134 BGB anzusehen[704]; es wolle „die Schwarzarbeit schlechthin verbieten und den Leistungsaustausch zwischen den „Vertragspartnern" verhindern"[705]; dieser Zweck lasse sich „nur dann erreichen, wenn gegen das Gesetz verstoßende Verträge als nicht rechtswirksam angesehen werden"[706]. Von diesem Ausgangspunkt her kam der BGH zum Ausschluss aller vertraglichen Rechte und Pflichten der Beteiligten. Allerdings handelte es sich hierbei nicht um sein Endergebnis. Vielmehr entwickelte die Rechtsprechung am Festpreis-Fall und am Werklohn-Fall eine Kategorie von „besonders gelagerten Ausnahmefällen"[707] bzw. Einzelfällen[708], für die „der Vertrag im Ergebnis als wirksam zu behandeln ist"[709].

Der Weg zur faktischen Beseitigung der Nichtigkeitsfolge durch richterliche Rechtsfortbildung führte über die Schutzzwecke des SchwarzArbG sowie über den Grundsatz von Treu- und Glauben: Indem sie die Schutzzwecke zunächst selektierten und dann argumentativ überwanden, schufen sich die Bundesrichter die Möglichkeit, die ihrer Meinung nach „unerträgliche(n)"[710] bzw. „durch nichts gerechtfertigten"[711] Konsequenzen der Vertragsnichtigkeit zu beseitigen. Im Festpreis-Fall hielten sie den Anbieter an seine Kalkulation gebunden; im Werklohn-Fall sprachen sie ihm anstelle des „in nichtiger Weise"[712] vereinbarten Entgelts einen bereicherungsrechtlichen Wertersatzanspruch[713] zu.

1.1 Schutzzweckargumentation

Der Gesetzgeber hatte zum Zeitpunkt der BGH-Entscheidungen von 1983 und 1990 vier Schutzzwecke des SchwarzArbG festgelegt[714], nämlich

- die Entspannung des Arbeitsmarktes,
- die Sicherung des Steuer- und Sozialversicherungsbeitragsaufkommens,

703 BGH NJW 1983, 109 bzw. BGH NZA 1990, 809, 810
704 BGH NJW 1983, 109
705 BGH NZA 1990, 809, 810
706 BGH NJW 1983, 109, 110
707 BGH NJW 1983, 109, 111
708 BGH NZA 1990, 809, 810
709 BGH NZA 1990, 809, 810
710 BGH NJW 1983, 109, 110, 111
711 BGH NZA 1990, 809, 810, 811
712 BGH NZA 1990, 809, 811
713 §§ 812 Abs. 1 S. 1 Alt. 1; 818 Abs. 2 BGB
714 BT-Drs. 9/192, S. 5

- den Schutz insbesondere handwerklicher Betriebe vor Lohn- und Preisunterbietung,
- die Verwirklichung des Gewährleistungsrechts.

Der erste und zweite dieser Schutzzwecke spiegeln „öffentliche Belange“[715], der dritte und vierte privatnützige Interessen wieder. Der BGH argumentierte jeweils mit der einen oder der anderen Kategorie:

Im Festpreis-Fall hob der BGH maßgeblich auf die privatnützigen Gesetzeszwecke, nämlich auf den „Schutz der handwerklichen Betriebe und des Verbrauchers“, ab[716]. Diese Schutzzwecke des Verbotsgesetzes könnten nicht mehr erreicht werden, weil die Schwarzarbeiterleistungen bereits erbracht worden seien[717]. Mit dieser, auf der Sachverhaltsebene angesiedelten, Argumentation überwand der BGH das gesetzliche Verbot. Den „im Ergebnis“ gebilligten Leistungsaustausch betrachtete er als „Abwicklung eines nichtigen Rechtsverhältnisses, die sich von der Abwicklung eines wirksamen Vertrages nicht wesentlich unterscheidet“[718]. Da die Abwicklung eines wirksamen Vertrages stets nach Maßgabe des § 242 BGB erfolgen muss, hatte sich der BGH mit dieser Argumentation den Weg zur Anwendung der Grundsätze von Treu und Glauben eröffnet.

Dieselbe Möglichkeit verschaffte er sich im Werklohn-Fall, hier allerdings von einer anderen Gewichtung der normativen Schutzzwecke her. Das SchwarzArbG verfolge „in erster Linie nicht den Schutz eines oder beider Vertragspartner, vielmehr vor allem die Wahrung öffentlicher Belange“, womit die „arbeitsmarktpolitische(n) Gesichtspunkte“ sowie die Steuer- und Sozialversicherungsausfälle angesprochen sind[719]. Anders als im Festpreis-Fall argumentierten die Bundesrichter mit diesen Schutzzwecken nicht auf der Sachverhaltssondern auf der Rechtsebene; die Tatsache, dass die Schwarzarbeiterleistungen auch im Werklohn-Fall bereits erbracht waren, spielte dabei keine Rolle. Entscheidungserheblich war die Rechtswirkung der Verbotsnorm selber, d.h. der nichtigkeitsbedingte „Ausschluss vertraglicher Ansprüche“[720]. Mit dieser Rechtsfolge sei der „vor allem ordnungspolitischen Zielsetzung des Gesetzes weitgehend Genüge getan“[721].

---

715 BGH NZA 1990, 809, 811 sub 6.
716 BGH NJW 1983, 109, 111 sub 2. b)
717 BGH NJW 1983, 109, 111
718 BGH a.a.O.
719 BGH NZA 1990, 809, 811 sub 6.
720 BGH NZA 1990, 809, 811 sub 6.
721 BGH NZA 1990, 809, 811 sub 6.

Anders als im Festpreis-Fall musste der BGH im Werklohn-Fall allerdings noch eine weitere Hürde nehmen, um dort den Grundsatz von Treu und Glauben wirksam werden zu lassen und dem Arbeitskraftanbieter einen bereicherungsrechtlichen Wertersatzanspruch zusprechen zu können. Denn nach § 817 S. 2 BGB ist ein solcher Anspruch ausgeschlossen, wenn, wie hier, beide Seiten mit ihrem Leistungsaustausch gegen ein gesetzliches Verbot verstoßen haben. Allerdings hält der BGH diese Vorschrift für „rechtspolitisch problematisch" und ihren Anwendungsbereich– ohne weiteren Nachweis – für umstritten[722]. Er zeichnet sich von der Anwendung „des den Gläubiger hart treffenden Rückforderungsverbots"[723] mit der Erwägung frei, dass die Vertragsnichtigkeit in Verbindung mit dem (Straf-)Verfolgungsrisiko bereits die „vom Gesetzgeber gewünschte generalpräventive Wirkung" entfalte und deshalb der „Gewährung eines bereicherungsrechtlichen Ausgleichs" nicht entgegenstehe[724]. Vielmehr gewinne unter diesen Umständen „der an Treu und Glauben orientierte Gesichtspunkt entscheidend an Gewicht"[725].

1.2 Billigkeitsargumentation

Nachdem auf diese Weise die an den beiderseitigen Gesetzesverstoß geknüpfte Nichtigkeitsfolge überwunden ist, entwickelt der BGH für das Innenverhältnis der Beteiligten aus dem Gesichtspunkt der „Billigkeit"[726] folgende Grundsätze:

Wenn die Schwarzarbeitsleistung erbracht ist,

- darf keine Seite die Nichtigkeit des Vertrages dazu ausnutzen, sich nachträglich von einer sie treffenden Verpflichtung zu befreien[727],
- stellt deshalb der Nichtigkeitseinwand eine unzulässige Rechtsausübung dar[728],
- muss der Besteller für das Empfangene Wertersatz leisten, weil ihm andernfalls ein „durch nichts gerechtfertigter Vorteil" entstünde[729].

722 BGH NZA 1990, 809, 811
723 BGH NZA 1990, 809, 811
724 BGH NZA 1990, 809, 811
725 BGH NZA 1990, 809, 811
726 BGH NZA 1990, 809, 811
727 BGH NJW 1983, 109, 111
728 BGH NJW 1983, 109, 111
729 BGH NZA 1990, 809, 811; zur Auswirkung auf die Instanzrechtsprechung vgl. etwa OLG Hamburg IBR 2011, 67

2. *Gewährleistung*

Im Frühjahr 2008 sowie im Sommer 2013 hatte der BGH drei Ohne-Rechnung-Geschäfte unter dem Gesichtspunkt der Gewährleistung zu beurteilen. Dabei waren jeweils die Nachfrager der selbständigen Schwarzarbeit Rechtsmittelführer.

2.1 Terrassen- und Vermessungsfall (BGH 2008)

Die im Frühjahr 2008 entschiedenen Fälle (BGH 2008) betrafen Sachverhalte aus der Zeit vor Inkrafttreten des SchwarzArbG 2004 zum 1.8.2004[730]. In dem einen Fall hatte ein Terrassenbauer[731], in dem anderen Fall ein Vermessungsingenieur[732], die jeweils übernommenen Arbeiten mangelhaft ausgeführt. Auf Gewährleistung in Anspruch genommen, machten die Unternehmer geltend, die Nichtigkeit der Ohne-Rechnung-Abrede erfasse das gesamte Rechtsgeschäft und führe zum Ausschluss auch von werkvertraglichen Gewährleistungsansprüchen. Der auf § 139 BGB gestützte Einwand fand bei den Berufungsgerichten Gehör. Die Oberlandesgerichte Brandenburg[733] bzw. Köln[734] waren der Auffassung, dass die Gesamtnichtigkeit den Regelfall bilde und dass der Besteller für Abweichungen von diesem Regelfall darlegungs- und beweispflichtig sei. Sie hielten den Besteller insofern für beweisfällig, als dieser „nicht dargetan (hat), dass der Werkvertrag zwischen den Parteien auch bei ordnungsgemäßer Rechnungslegung und Steuerabführung zu den gleichen Konditionen abgeschlossen worden wäre“[735]. Mit dieser Begründung wiesen sie die jeweils schon im ersten Rechtszug erfolglose Klage ab.

Der BGH hob die beiden Berufungsurteile auf, ohne abschließend zu entscheiden, „ob im Streitfall die Nichtigkeit der Ohne-Rechnung-Abrede zur Gesamtnichtigkeit des Vertrages führt“[736]. Seine Lösung bestand darin, die u.a. im Festpreis-Fall und im Werklohn-Fall entwickelte Billigkeitsrechtsprechung auf die im Terrassen-Fall und im Vermessungs-Fall vorgefundene Konstellation zu übertragen. Auch hier davon ausgehend, dass „der das gesamte Rechtsleben beherrschende Grundsatz von Treu und Glauben auch im Rahmen nichtiger Rechtsgeschäfte (gilt)“[737], kam er zu dem Ergebnis, dass der

730 vgl. oben Fn. 5 und 10

731 BGH NJW-RR 2008, 1050

732 BGH NJW-RR 2008, 1051

733 OLG Brandenburg, NJOZ 2007, 5270

734 OLG Köln, BeckRS 2008, 12149

735 OLG Brandenburg, NJOZ 2007, 5270, 5273; vgl. auch OLG Köln, BeckRS 2008, 1249 sub II. 2. a)

736 BGH NJW-RR 2008, 1050 Rn. 11; 1051, Rn. 9-15

737 BGH NJW-RR 2008, 1050 Rn. 12; 1051 Tz. 9 - 15

Unternehmer gegen § 242 BGB verstößt, wenn er nach erbrachter Leistung Mangelgewährleistungsansprüche unter Berufung auf eine Gesamtnichtigkeit abwehren will[738].

Vor Anwendung des § 242 BGB hatte sich der BGH allerdings zunächst mit einer Literaturmeinung auseinanderzusetzen, nach der die Berufung auf Treu und Glauben gegenüber einer aus § 134 BGB folgenden Nichtigkeit grundsätzlich unzulässig ist, weil auf diese Weise ein dem öffentlichen Interesse dienendes gesetzliches Verbot verdrängt werden könnte[739]. Der Senat hob darauf ab, dass zunächst nur die Ohne-Rechnung-Abrede nichtig sei, dass sich deren Nichtigkeit dem Bauvertrag erst unter den weiteren Voraussetzungen des § 139 BGB mitteile und dass die Beteiligten selbst diese Rechtsfolge vermeiden könnten; denn § 139 BGB stehe zur deren Disposition[740]. Die hierauf folgenden Erwägungen sind im Konjunktiv II abgefasst: „Die Parteien hätten daher vereinbaren können, dass eine Nichtigkeit der Ohne- Rechnung-Abrede sich nicht auf die anderen Vertragsbestandteile erstrecken soll. In diesem Fall wäre der Bekl. (scil. der Unternehmer) den Mängelansprüchen des Klägers ausgesetzt."[741] Mit dem Konjunktiv II drückt der Sprecher aus, dass es sich bei dem Gesagten nicht um Wirkliches, sondern um eine gedankliche Konstruktion handelt (Irrealis). Dementsprechend ist sich der BGH des Umstandes bewusst, dass die Parteien die in ihrer „Disposition…liegende Rechtsfolge"[742] tatsächlich nicht herbeigeführt haben. Im Sinne der Rechtsfortbildung neu ist, dass er selbst sich an die Stelle der Parteien setzt und „durch die Anwendung von Treu und Glauben auf anderem Wege"[743] dazu gelangt, dass auch im Terrassen-Fall und im Vermessung-Fall der „Vertrag im Ergebnis als wirksam zu behandeln ist"[744].

War damit der Weg für Gewährleistungsansprüche bei einem „Bauvertrag mit Ohne- Rechnung-Abrede"[745] geebnet, so ist für das hier verfolgte Erkenntnisinteresse insbesondere Folgendes zu berücksichtigen: Wie auch der Festpreis-Fall und der Werklohnfall waren der Terrassen-Fall und der Vermessung-Fall

738 BGH NJW-RR 2008, 1051 Rn. 16; 19 (OLG Kön)

739 BGH NJW-RR 2008, 1050, 1051 Rn. 13 m.N.; vgl. auch Bosch, Verstöße gegen § 1 II Nr. 2 SchwarzArbG n.F. und der Grundsatz von Treu und Glauben, NJOZ 2008, 3044, 3050

740 BGH NJW-RR 2008, 1050, 1051 Rn. 14 m.w.N.

741 BGH NJW-RR 2008, 1050, 1051 Rn. 14 m.w.N.

742 BGH NJW-RR 2008, 1050, 1051 Rn. 14 m.w.N.

743 BGH NJW-RR 2008, 1050, 1051 Rn. 14 m.w.N.

744 BGH NZA 1990, 809, 810

745 BGH NJW-RR 2008, 1050, 1051 Rn. 15

unter Geltung des SchwarzArbG 1982[746] zu beurteilen. In der Begründung des SchwarzArbG 1982 hatte der Gesetzgeber „Gewährleistungsansprüche des Auftraggebers gegen den Auftragnehmer wegen fehlerhafter Werkleistung“ generell ausgeschlossen[747]. Der BGH selber hatte im Werklohn-Fall ausdrücklich nur „vertragliche Gewährleistungsansprüche“[748] angesprochen, dennoch aber wohl seinerseits einen umfassenden Gewährleistungsausschluss gemeint; andernfalls wäre es nicht konsequent gewesen, diesen Umstand im Rahmen des § 818 Abs. 2 BGB „stark wertmindernd“[749] zu berücksichtigen. Mit den Urteilen im Terrassen-Fall und im Vermessung-Fall hat die höchstrichterliche Rechtsprechung das staatliche Recht nicht nur über den eigenen, sondern – wichtiger noch – über den Standpunkt des Gesetzgebers hinaus fortentwickelt.

Die Fortentwicklung durch Richterspruch hat hier auch insofern eine besondere Dimension, als sie den „Bauvertrag mit Ohne-Rechnung-Abrede“ zu einem Vertragstyp aufwertet. Der BGH spricht von „Grundsätzen“[750] und einer „spezifischen Interessenlage, die sich bei einem Bauvertrag mit Ohne-Rechnung-Abrede für die Vertragsparteien typischerweise ergibt“[751]. Diese „spezifische Interessenlage“ ist es, die den Nichtigkeitseinwand des Werkunternehmers treuwidrig macht. Sie zeichnet sich dadurch aus, dass

- die Rückabwicklung des Vertrages (Rückbau) mit Eingriffen in das (Grund-)Eigentum des Bestellers verbunden und daher „regelmäßig nicht wirtschaftlich sinnvoll“[752] wäre,
- diese „Belastungssituation“ zu einem „besonderen Interesse des Bestellers an vertraglichen…Gewährleistungsrechten“ führt[753],
- dieses besondere Interesse „für den Unternehmer offen zu Tage (liegt)“ und er sich mit dem Nichtigkeitseinwand „in Widerspruch zu seinem bisher auf Erfüllung des Vertrages gerichteten Verhalten“ setzt[754].

746 BGBl I 2002, 2787 (in Kraft seit: 1.8.2002)
747 BT-Drs. 9/192, S. 5
748 BGH NZA 1990, 809, 811 a.E.
749 BGH NZA 1990, 809, 811 a.E.
750 BGH NJW-RR 2008, 1050, 1051 Rn. 18
751 BGH NJW-RR 2008, 1050, 1051 Rn. 15
752 BGH NJW-RR 2008, 1050, 1051 Rn. 16
753 BGH NJW-RR 2008, 1050, 1051 Rn. 16
754 BGH NJW-RR 2008, 1050, 1051 Rn. 17

Obwohl vielfach kritisch gewürdigt[755], hat die BGH-Rechtsprechung zum Terrassen- und Vermessungsfall im Ergebnis Zustimmung gefunden[756]. An medienprominenter Stelle verbreitet („Auch Schwarzarbeiter müssen Gewährleistung bieten“[757]), ging sie – buchstäblich „kommentarlos“[758] – in die anwaltliche Beratungspraxis[759] und sodann in die Instanzrechtsprechung[760] ein. Auf der wissenschaftlichen Ebene war vorausgesagt worden, „dass in der Folge dieser Rechtsprechung „Ohne-Rechnung-Abreden“ vor Gericht noch schamloser vorgetragen werden, als dies bislang schon der Fall ist, und so eine bestimmte Form der Schwarzarbeit gefördert wird“[761].

2.2 Auffahrt-Fall (BGH 2013)

Diese Voraussage bewahrheitete sich auch in einem Berufungsverfahren, das im Herbst 2012 vor dem Schleswig-Holsteinischen Oberlandesgericht (OLG Schleswig) geführt wurde.[762] Dort ging es um die Pflasterung einer Grundstücksauffahrt. Bei im übrigen gleichem Sach- und Streitstand unterscheidet sich der Auffahrt-Fall vom Terrassen- bzw. Vermessungsfall allerdings dadurch, dass die gegenständliche Vereinbarung nach Inkrafttreten des SchwarzArbG 2004, nämlich im Mai 2008[763], abgeschlossen worden war. Durch das Berufungsgericht persönlich angehört, gab die auf Gewährleistung klagende Berufungsführerin

755 vgl. z.B. Bosch, Verstöße gegen § 1 II Nr. 2 SchwarzArbG n.F. und der Grundsatz von Treu und Glauben, NJOZ 2008, 3044, 3056; Popescu/Majer, Gewährleistungsansprüche bei einem wegen Ohne-Rechnung-Abrede nichtigen Vertrag, NZBau 2008, 424, 425; Stamm, Zur Rechtsvereinheitlichung der Schwarzarbeitsproblematik Ein Lösungsmodell unter besonderer Berücksichtigung der neuesten Rechtsprechung zur sogenannten Ohne- Rechnung-Abrede, NZBau 2009, 78, 91

756 vgl. Peters, Die Leistung ohne Rechnung, NJW 2008, 2478, 2480; Palandt/Sprau, BGB, 2013, § 631 Rdnr. 4

757 http://www.tagesschau.de/inland/bgh12.html (aufrufbar bis: 12.06.2012) http://www.ariva.de/forum/BGH-Auch-Schwarzarbeit-muss-einwandfrei-sein-327967 („Tagesschau“)

758 vgl. Palandt/Ellenberger, BGB, 2013, § 138 Rdnr. 44; § 134 Rdnr. 13

759 z.B. internet Auftritt der RAe Scholz et al. vom 30.06.2011 http://www.scholz-luehring.de/news/news- slp/?tx_ttnews%5Btt_news%5D=3&cHash=f4d8c9c398fb97ff7c99f200d0ddd369 (Aufruf: 21.10.2013)

760 z.B. OLG Hamburg, IBR 2011, 67

761 Peters, Die Leistung ohne Rechnung, NJW 2008, 2478, 2479

762 OLG Schleswig, BeckRS 2013, 02701

763 vgl. BGH NZBau 2013, 627

an, „die Parteien hätten vereinbart, dass die Bezahlung des Beklagten ohne Rechnung und ohne Abführung von Umsatzsteuer erfolgen solle“[764].

Anders als in I. Instanz das LG Kiel, wies das OLG Schleswig die Gewährleistungsklage ab. Dabei ließ das Berufungsgericht die Revision zu, weil nach seiner Auffassung grundsätzlich bedeutsam und zu klären war, „ob trotz der Nichtigkeit des Werkvertrages Gewährleistungsansprüche des Bestellers bestehen können“[765]. In dieser Formulierung der Revisionsfrage spiegelt sich das zuvor gewonnene Ergebnis, dass die Ohne-Rechnung-Abrede ihre Nichtigkeit dem gesamten Austauschverhältnis mitteilt. Gerade insoweit war BGH 2008 anderer Ansicht. Das OLG Schleswig hob nun darauf ab, dass im Terrassen- und im Vermessungsfall die streitgegenständlichen Verträge vor 2004 abgeschlossen worden waren; BGH 2008 seien insofern „zu einer überholten Rechtslage ergangen“[766]. „Gegenüber dieser Rechtslage“, so heißt es weiter, „hat der Gesetzgeber in der Zwischenzeit durch die Änderung des Schwarzarbeitsgesetzes und des Umsatzsteuergesetzes seine Missbilligung von Steuerhinterziehung im Zusammenhang mit der Erbringung von Bauleistungen verdeutlicht. Seit der Einführung des § 1 Abs. 1 Nr. 2 SchwarzArbG mit Wirkung ab dem 1. August 2004 handelt es sich bei dieser Vertragsgestaltung um einen Tatbestand der Schwarzarbeit“[767].

Der BGH verhandelte über die Revision gegen das am 21.12.2012 verkündete Berufungsurteil bereits wenige Monate später, nämlich am 01.08.2013. Mit seiner Entscheidung vom selben Tage (BGH 2013)[768] korrigierte er die eigene Rechtsprechung auf ihren Stand vor den Urteilen im Terrassen- und im Vermessungsfall, war allerdings bemüht, die Korrektur nicht als solche erscheinen zu lassen. Diesem Zweck dient eine Unterscheidung zwischen Ohne- Rechnung-Geschäften, „in denen ein Verstoß gegen das Gesetz zur Bekämpfung der Schwarzarbeit in Rede steht“[769] und solchen, die diese Merkmal nicht aufweisen; BGH 2008 soll nur die zweite Fallgruppe betreffen.

BGH 2013 bestätigt zunächst die Qualität des SchwarzArbG als gesetzliches Verbot im Sinne des § 134 BGB. Das Urteil legt ausführlich dar, dass und weshalb die Verbotsqualität nicht erst durch die Neufassung zum 1.8.2004 (SchwarzArbG 2004) begründet worden ist[770]. Von jeher „will (scil. das SchwarzArbG)

764 OLG Schleswig a.a.O. Tz. I. a.E.
765 OLG Schleswig a.a.O. Tz. II. 5. a.E.
766 OLG Schleswig a.a.O. Tz. II 4
767 OLG Schleswig a.a.O.
768 BGH NZBau 2013, 627
769 BGH NZBau 2013, 627, 629 Rdnr. 28
770 BGH NZBau 2013, 627, 628 Rdnr. 15

nicht nur den tatsächlichen Vorgang der Schwarzarbeit eindämmen, sondern im Interesse der wirtschaftlichen Ordnung den zugrunde liegenden Rechtsgeschäften die rechtliche Wirkung nehmen“[771]. Diese Erkenntnis bildet die Grundlage für erneute Bestätigung der seit 1984 ständigen Rechtsprechung[772], wonach ein Werkvertrag jedenfalls dann gemäß § 134 BGB nichtig ist, wenn der Unternehmer damit gegen das im SchwarzArbG manifestierte gesetzliche Verbot verstößt und der Besteller den Verstoß kennt bzw. nutzt[773]. Zur Fortführung dieser Rechtsprechung auch nach Wirksamwerden des SchwarzArbG 2004 sieht sich der BGH in der Lage, weil „die Novellierung des Vorgängergesetzes“ keine Änderung, sondern „ausschließlich eine Verschärfung der gesetzlichen Maßnahmen zur Bekämpfung der Schwarzarbeit bewirken sollte“[774]. Bei seiner erstmaligen Legaldefinition habe der Gesetzgeber auch „den Tatbestand der Verletzung steuerlicher Pflichten ausdrücklich zur Beschreibung einer Form der Schwarzarbeit eingeführt, weil diese in Zusammenhang mit Schwarzarbeit regelmäßig in der Absicht verletzt werden, Steuern zu hinterziehen“[775].

Von diesem Ansatz her kommt der BGH für das ihm vorgelegte Ohne-Rechnung-Geschäft zur Nichtigkeit des Werkvertrages sowie dazu, „dass der Klägerin keine Mängelansprüche zustehen“[776]. Das Urteil verwirklicht den Willen des Gesetzgebers und damit den verfassungsrechtlichen Auftrag der Rechtsprechung in ihrem Verhältnis zur Legislative[777]. Dieses Merkmal – nicht dagegen rechtlich relevante Unterschiede in der Fallgestaltung – unterscheidet BGH 2013 von BGH 2008. Nicht überzeugend ist dagegen der Versuch des BGH, die beiden Urteile von der Sachverhaltsebene her zu trennen, um damit BGH 2008 nicht ausdrücklich aufgeben zu müssen. Denn wie oben belegt, betrachtet der BGH selbst das SchwarzArbG von jeher als Manifestation eines gesetzlichen Verbotes, dessen Sinn und Zweck darin besteht, „dem zugrunde liegenden Rechtsgeschäft die rechtliche Wirkung zu versagen“[778]; dasselbe gilt – ebenfalls schon seit Jahrzehnten – für Umgehungsgeschäfteo[779]. Ob man angesichts eines so umfassenden Schutzzwecks der Norm noch darauf abheben muss, dass der Gesetzgeber

771 BGH NZBau 2013, 627, 628 Rdnr. 17 m.w.N.
772 BGH NJW 1984, 1175
773 BGH NZBau 2013, 627. Rdnrn. 13; 14; 16
774 BGH NZBau 2013, 627, 628 Rdnr. 17
775 BGH NZBau 2013, 627, 628 Rdnr. 20
776 BGH NZBau 2013, 627, 628 Rdnr. 27
777 vgl. etwa BVerfGE 4, 219, 234
778 BGH NZBau 2013, 627, 628 Rdnr. 15 m.w.N.
779 BGH NJW 1983, 109, 110

das Ohne-Rechnung-Geschäft erst in § 1 Abs. 2 Nr. 2 SchwarzArbG 2004 ausdrücklich als Schwarzarbeit erfasst hat[780], kann offenbleiben. Denn jedenfalls liegt hierin immer schon ein Verstoß des Unternehmers gegen das gesetzliche Verbot der Steuerhinterziehung[781], wobei dieser Verstoß Kalkulationsgrundlage und daher dem Besteller bekannt ist bzw. von ihm genutzt wird[782]. Ein Ohne-Rechnung-Geschäft erfüllt eo ipso die Voraussetzungen, unter denen der BGH die Nichtigkeitsfolge auch schon vor Neufassung des SchwarzArbG eintreten ließ[783]. BGH 2013 „kassiert" BGH 2008 zwar nicht ausdrücklich, jedoch in der Wirkung und das mit gutem Grund, stellt doch der BGH selbst ausdrücklich klar: „Eine isolierte Prüfung nur der Ohne-Rechnung-Abrede erfolgt nicht"[784].

II. BAG: Arbeitsvertrag mit Schwarzlohnabrede

Der Ohne-Rechnung-Abrede des selbständigen Anbieters entspricht im Falle unselbständiger Arbeitsleistung die sog. „Schwarzlohnabrede" („Schwarzgeldabrede"), d.h. die Vereinbarung einer Arbeitsvergütung, für die weder Steuern noch Sozialversicherungsbeiträge abgeführt werden sollen.[785]

Nach einer 2004 aufgenommenen Rechtsprechung (BAG 2004)[786], die das BAG 2010 bestätigt hat (BAG 2010)[787], ist in einem solchen Fall nur die Schwarzgeldabrede als solche nichtig, während das Austauschverhältnis (Arbeitsverhältnis) insgesamt unberührt bleibt. Auch das BAG sieht in der Vereinbarung der Steuer- und der Beitragshinterziehung einen Verstoß gegen gesetzliche Verbote im Sinne des § 134 BGB[788]. Ebenso wie BGH 2008 hebt es jedoch darauf ab, dass nicht die Abgabenhinterziehung, sondern der Leistungsaustausch „Hauptzweck" der Parteivereinbarung sei, weshalb insofern der Schutzzweck des § 134 BGB nicht verletzt werden und die Nichtigkeitsfolge nicht eintreten soll[789].

780 vgl. dazu auch Fricke, Zivilrechtliche Folgen von Verstößen gegen das SchwarzArbG, 2005, S. 227

781 § 370 AO; vgl. auch BGH NZBau 2013, 627, 628 Rdnr. 21

782 vgl. BT-Drs. 15/2948, S. 5; 15/2573, S. 33 li. Sp. a.E. („vereinbart") sowie Fricke a.a.O., S. 228, Fn. 1043

783 BGH NZBau 2013, 627, 628 Rdnr. 15f.

784 BGH NZBau 2013, 627, 629 Rdnr. 29 a.E.

785 BAG NJW 2010, 260; BAG NZA 2010, 881; vgl. auch BGH (St) NJW 2011, 2526, 2528 Rdnr. 17

786 vgl. die Nachweise in BAG NJW 2010, 2604 Rdnr. 12

787 BAG a.a.O.

788 §§ 370 AO; 266a StGB - BAG NZA 2004, 314, 315, Rdnr. 4 c aa)

789 BAG NZA 2004, 314, 315 Rdnr. 4

Bleibt somit das Austauschverhältnis auch im Falle der Schwarzlohnabrede dem Grunde nach unberührt, dann stellt sich die weitere Frage nach der Vergütungshöhe. Das BAG hatte sich hierbei mit der sozialgesetzlichen Fiktion auseinanderzusetzen, dass bei unselbständiger Schwarzarbeit ein sog. Nettoarbeitsentgelt als vereinbart gilt[790], der Nachfrager also die abgesprochene Arbeitsvergütung zuzüglich Steuern und anteiliger Sozialversicherungsbeiträge leisten muss. Nach BAG 2010 „dient die Fiktion einer Nettoarbeitsentgeltvereinbarung ausschließlich der Berechnung der nachzufordernden Gesamtsozialversicherungsbeiträge und hat keine arbeitsrechtliche Wirkung“[791].

G. Zwischenergebnis

Die staatliche Rechtsordnung reagiert auf das seit Jahrzehnten unbewältigte Phänomen illegaler Arbeitskraftverwertung mit einer Doppelstrategie aus Modernisierung der Legalität und Intensivierung der Schwarzarbeitsbekämpfung.

Auf der Gesetzgebungsebene verwirklicht sich die Doppelstrategie in einem normativen Programm, das die Rahmenbedingungen legaler Arbeitskraftverwertung verbessern und dadurch zugleich auch die Schwarzarbeit zurückdrängen soll. Der Gesetzgeber fördert Selbständigkeit durch Zuschüsse und unselbständige Arbeitskraftverwertung u.a. durch Modernisierung des staatlichen Rechts der Leih- oder Zeitarbeit sowie durch Verringerung der Steuer- und Sozialabgabenlast für sog. geringfügige Beschäftigung (Mini-Job).

Im Privathaushalt markiert der Mini-Job den Übergang von der Modernisierungs- zur Bekämpfungsstrategie. Seine gegenüber anderen geringfügigen Beschäftigungen noch einmal erweiterte Abgabenprivilegierung gilt nicht allein als Weg zur Verringerung von Arbeitslosigkeit, sondern ausdrücklich auch als ein Instrument der Schwarzarbeitsbekämpfung. Der Gesetzgeber spricht insoweit von „Legalisierung“ und verbindet u.a. die abgabenrechtliche Begünstigung haushaltsnaher Dienstleistungen mit der Herausnahme sog. Nachbarschaftshilfe aus dem Anwendungsbereich des Schwarzarbeitsbekämpfungsgesetzes zu einem Bündel von Tatbestandsprivilegien.

Auf der Rechtsprechungsebene hat der BGH im Jahre 2008 den „Bauvertrag mit Ohne- Rechnung-Abrede“ eingeführt und hieraus für den selbständigen Arbeitskraftanbieter Vergütungs-, sowie für den Nachfrager Gewährleistungsansprüche abgeleitet. Ohne diese Rechtsprechung ausdrücklich aufzugeben, hat er

790 § 14 Abs. 2 S. 2 SGB IV
791 BAG NJW 2010, 2604

sie im Jahre 2013 dennoch korrigiert: Nach gegenwärtigem Stand höchstrichterlicher Zivilrechtsprechung bestehen Mängelansprüche bei Ohne-Rechnung-Geschäften nicht.

Gegenstück der Ohne-Rechnung-Abrede für selbständige Schwarzarbeit ist die „Schwarzlohnabrede“ in/bei einem Arbeitsvertrag. Nach der Rechtsprechung des BAG lässt die einvernehmlich kalkulierte Steuerhinterziehung das Arbeitsverhältnis unberührt, ist hierfür also gewissermaßen unschädlich.

Versteht man unter Modernisierung der staatlichen Rechtsordnung deren Anpassung an gesellschaftliche Akteurspraktiken, dann haben nach dem Gesetzgeber auch der BGH und das BAG einen Modernisierungsbeitrag geleistet.

Vierter Teil: Schattenrecht der Schwarzarbeit

Die im 3. Teil der Untersuchung als normative Reaktion auf das empirische Schwarzarbeitsphänomen beschriebene Rechtserzeugung entspricht in Zustandekommen und äußerer Form den Anforderungen, die das Grundgesetz an Gesetzgebung und richterliche Rechtsfortbildung stellt: Das Maßnahmen- und Gesetzespaket ist im dem Verfahren nach Art. 70ff. GG zustande gekommen und gemäß Art. 82 Abs. 1 GG ausgefertigt sowie im Bundesgesetzblatt verkündet worden[792]. Die referierten Urteile zum Ohne-Rechnung-Geschäft bzw. zur Schwarzlohnabrede beruhen auf der Kompetenz zur Rechtsfortbildung, die u.a. dem BGH und dem BAG[793] von Verfassung wegen eröffnet sind[794].

Die Zusammenschau von normativem Programm und höchstrichterlicher Rechtsprechung beschränkte sich auf den Gesetzeswortlaut sowie auf den veröffentlichten Text der Urteile. Für den Fortgang der Untersuchung soll sich das Blickfeld jetzt wie folgt erweitern:

Auf der Gesetzgebungsebene werden die Gesetzesmaterialien[795] und der Gesetzesvollzug in die Betrachtung einbezogen. Hierdurch wird sichtbar, dass die Legislativakteure im Schatten des Gesetzeswortlauts ein „staatliches Aktionsprogramm“[796] der Schwarzarbeitsbekämpfung implementiert haben, mit dem sie von Anlage und Zweck des SchwarzArbG 2004 erheblich abweichen. Auf der Rechtsprechungsebene soll gezeigt werden, dass der BGH bei der Einführung von Gewährleistungsansprüchen für Ohne-Rechnung-Geschäfte die verfassungsrechtlichen Grenzen richterlicher Rechtsfortbildung überschritten hat. Das Vorgehen der staatlichen Akteure auf der Gesetzgebungs- bzw. der Rechtsprechungsebene verdichtet sich zu einem Phänomen, das hier als „Schattenrecht der Schwarzarbeit“ bezeichnet werden soll. Bei seiner nachfolgenden Beschreibung wird zwischen legislatorischem und judikativem Schattenrecht unterschieden.

792 vgl. oben F. 5 und 10

793 vgl. Art. 19 Abs. 4; 95 Abs. 1 GG

794 vgl. BVerfGE 96, 375, 394

795 Nachweise abrufbar unter http://www.gesmat.bundesgerichtshof.de/gesetzesmaterialien/15_wp/Schwarzarbeit/schwarzarbeit-index.htm

796 Grimm, Die Zukunft der Verfassung, 1991, S. 169

A. Legislatorisches Schattenrecht

Die Erweiterung des Blickfeldes über das BGBl. hinaus erfasst zunächst

- die Begründung der Gesetzesvorlage
- die Stellungnahme des Bundesrates hierzu[797],
- die Gegenäußerung der Bundesregierung zu der Stellungnahme des Bundesrates[798],

wobei diese Dokumente für den Fortgang der Untersuchung unter dem Begriff „Materialien I" zusammengefasst werden sollen. Dabei wird der hier bereits mehrfach verwendete Begriff „Legislativakteure" präzisiert. Er dient der zusammenfassenden Bezeichnung aller Personen, die von der Einbringung der Gesetzesvorlage an[799] bis zur Verkündung des SchwarzArbG 2004 im Bundesgesetzblatt[800] in den Gesetzgebungsorganen handelten.

Zur Beschreibung des legislatorischen Schattenrechts stellt die nachfolgende Abbildung 4.1 zunächst den Wortlaut der Legaldefinition von Schwarzarbeit im SchwarzArbG 2004 sowie des verkündeten Gesetzeszwecks den zugehörigen Textpassagen aus den Materialien I gegenüber.

Die Gegenüberstellung zeigt grundlegende Abweichungen zwischen den beiden Quellen und den darin jeweils manifestierten Willensäußerungen der Legislativakteure: Im Schatten des Gesetzeswortlauts entfaltet sich ein qualitativ anderes Verständnis von Schwarzarbeit als im SchwarzArbG 2004 selbst; dasselbe lässt sich für den Gesetzeszweck beobachten. Bei der näheren Betrachtung dieses Phänomens soll deshalb von einer „Schattendefinition" und einem „Schattenzweck" gesprochen werden:

797 BT-Drs. 15/2948, S. 6ff.
798 BT-Drs. 15/2948, S. 18ff.
799 Art. 76 GG
800 Art. 82 Abs. 1 GG

Abbildung 4.1

<table>
<tr><th></th><th>SchwarzArbG 2004</th><th colspan="2">Materialien I</th></tr>
<tr><td rowspan="2">Legaldefinition „Schattendefinition“</td><td rowspan="2">„Schwarzarbeit leistet, wer Dienst- oder Werkleistungen erbringt oder ausführen lässt und dabei…“[801] Melde-, Aufzeichnungs- und Zahlungspflichten nach Steuerrecht und Sozialgesetzbuch verletzt[802]</td><td>„gewerblicher Bereich“/ „Unternehmen“[803]</td><td>„privater Bereich“[804]/ „Bürgerinnen und Bürger“[805]</td></tr>
<tr><td colspan="2">„Der Bundesrat…unterstützt ausdrücklich die vorgenommene Differenzierung zwischen Schwarzarbeit im privaten und gewerblichen Bereich.“[806]</td></tr>
<tr><td>Gesetzeszweck „Schattenzweck“</td><td>„Zweck des Gesetzes ist die Intensivierung der Bekämpfung der Schwarzarbeit.“[807]</td><td colspan="2">„Der Gesetzentwurf zielt primär auf die Bekämpfung der Schwarzarbeit im gewerblichen Bereich. Die Behörden der Zollverwaltung sollen sich auf den gewerblichen Bereich konzentrieren.“[808]</td></tr>
</table>

I. Schattendefinition

Schwarzarbeit gilt dem Gesetzgeber als „handfeste Wirtschaftskriminalität, die dem Gemeinwesen schweren Schaden zufügt“[809]. Seinem Vorhaben, diese Form der Kriminalität intensiver zu bekämpfen[810], legt er eine Legaldefinition zu Grunde, die mit Verwendung des Personalpronomens „wer“ dem üblichen Aufbau eines Sanktionstatbestandes entspricht und hierdurch zugleich

801 § 1 Abs. 2 SchwarzArbG
802 Zusammenfassung des weiteren Wortlauts, vgl. BT-Drs. 15/2948, S. 5; 15/2573, S. 17
803 BT-Drs. 15/2948, S. 5; 15/2573, S. 17
804 BT-Drs. 15/2948, S. 5; 15/2573, S. 17
805 BT-Drs. 15/2948, S. 5; 15/2573, S. 1
806 BT-Drs. 15/2948, S. 6
807 § 1 Abs. 1 SchwarzArbG
808 BT-Drs. 15/2948, S. 20
809 BT-Drs. 15/2948, S. 5; 15/2573, S. 1
810 vgl. § 1 Abs. 1 SchwarzArbG 2004

die verfassungsrechtlich gebotene Allgemeingültigkeit[811] in Anspruch nimmt: Schwarzarbeit leistet, „wer" Dienst- oder Werkleistungen erbringt oder ausführen lässt und dabei die weiteren Merkmale des § 1 Abs. 1 SchwarzArbG 2004 verwirklicht[812]. Der Gesetzestext bietet keinerlei Anhaltspunkt dafür, dass der Gesetzgeber noch auf andere Umstände und insbesondere auf das sozioökonomische Umfeld informeller Arbeitskraftverwertung abstellen will. In diesem Sinne ist die Legaldefinition zugleich abschließend und umfassend.

Anders die Materialien I: Hiernach soll zwischen Schwarzarbeit im „gewerblichen Bereich" und im „privaten Bereich" unterschieden werden[813], wobei im Bundestag neben den seinerzeitigen Regierungsfraktionen auch Oppositionsabgeordnete[814] und im Bundesrat die Mehrheit[815] diese Unterscheidung billigten.

Während der Beobachter also eine Aufspaltung des Schwarzarbeitsbegriffs im Schatten des Gesetzeswortlauts vorfindet, sucht er eine klare Beschreibung der beiden „Bereiche" vergebens. Die Materialien I geben insoweit nur vage Anhaltspunkte, wie etwa die Gleichsetzung des „gewerbliche(n) Bereichs" mit „Unternehmen"[816] bzw. des „Privatbereichs" mit „Bürgerinnen und Bürger(n)"[817]. Fruchtbar ist allerdings die Beobachtung, dass die Legislativakteure einen Zusammenhang zwischen „Einnahmeausfälle(n) bei den Sozialkassen und dem Fiskus"[818] und den beiden „Bereichen" informeller Arbeitskraftverwertung herstellen. Hierin liegt eine Möglichkeit, die „Schattendefinition" von Schwarzarbeit zu erschließen:

Was zunächst den „privaten Bereich" betrifft, so teilen die Legislativakteure ihre Vorstellung hiervon durch Verweis auf das „privat genutzte Eigenheim/ Gartengrundstück"[819] sowie auf die darin bestehende Wohn- und Wirtschaftseinheit, den „Privathaushalt"[820], mit. Ausdrücklich für den Privathaushalt heben sie auf die „sehr geringe Höhe des staatlichen Steueranspruchs"[821] ab; durch

811 vgl. BVerfGE 25, 371, 399
812 vgl. auch BT-Drs. 15/2948, S. 5; 15/2573, S. 17
813 BT-Drs. 15/2948, S. 5; 15/2573, S. 17
814 vgl. etwa Plenarprotokoll 15/108, S. 9744 (C)
815 BT-Drs. 15/2948, S. 6. Ziffer 2/Plenarprotokoll 798, S. 153 (C)
816 BT-Drs. 15/2948, S. 5; 15/2573, S. 17
817 BT-Drs. 15/2948, S. 5; 15/2573, S. 17; 1
818 BT-Drs. 15/2948, S. 5; 15/2573, S. 1
819 BT-Drs. 15/2948, S. 5; 15/2573, S. 33
820 BT-Drs. 15/2948, S. 5; 15/2573, S. 17
821 BT-Drs. 15/2948, S. 5; 15/2573, S. 36

Heranziehung der fiskalischen Geringfügigkeit zur Begründung eines „regelmäßig geringen Unrechts- und Schuldgehalts“[822] wird der Privathaushalt/Privatbereich aus der handfesten Wirtschaftskriminalität gewissermaßen herausdefiniert.

Dass das Verdikt der Gemeinschädlichkeit tatsächlich nur den „gewerblichen Bereich“ treffen soll, bringen die Legislativakteure zum Ausdruck, indem sie die „Schaffung leistungsfähiger (Bekämpfungs-)Strukturen im Zoll“ ausdrücklich und ausschließlich hierauf ausrichten[823]. Dabei überlassen die Materialien I die nähere Bestimmung des „gewerblichen Bereichs“ dem Gesetzesvollzug, geben das hierfür maßgebliche Kriterium jedoch vor: als „gewerblich“ gilt Schwarzarbeit, die nach der prognostizierten „Höhe des Schadens für Sozialversicherungsträger und Fiskus“ den Einsatz der neugeschaffenen Bekämpfungsstrukturen im Zoll rechtfertigt[824].

Unter diesen Umständen erweist sich die „Schattendefinition“ als einer juristischen Qualität weitgehend entkleidet. Anstelle einer System- entsteht eine fiskalische Interessenkategorie mit grundsätzlichen variablen Inhalten und Grenzen. Dasselbe gilt, wie sich sogleich zeigen wird, für den „Schattenzweck“.

II. Schattenzweck

Nach „klare(r) Beschreibung des Schwarzarbeitsbegriffs“[825] in § 1 Abs. 2 SchwarzArbG 2004 verwendet der Gesetzgeber die umfassende Legaldefinition zur Bestimmung eines ebenso umfassenden Gesetzeszwecks („Intensivierung der Bekämpfung der Schwarzarbeit“[826]).

Anders wiederum die Materialien I: Dort lösen die Legislativakteure den umfassenden Gesetzeszweck in eine gestufte Zielsetzung auf. Unter Verwendung der „Schattendefinition“ ordnen sie die (scil. repressive) Schwarzarbeitsbekämpfung ausschließlich dem „gewerblichen Bereich“ zu und formulieren ihren Willen, dass „sich die Behörden der Zollverwaltung auf den gewerblichen Bereich konzentrieren (sollen)“[827].

822 BT-Drs. 15/2948, S. 5; 15/2573, S. 36
823 BT-Drs. 15/2948, S. 5; 15/2573, S. 1
824 BT-Drs. 15/2948, S. 5; 15/2573, S. 17
825 BT-Drs. 15/2948, S. 5; 15/2573, S. 18
826 § 1 Abs. 1 SchwarzArbG 2004
827 BT-Drs. 15/2948, S. 20

III. „Mehrschichtiger Bekämpfungsansatz“

Auf der Grundlage von „Schattendefinition“ und „Schattenzweck“ entfaltet sich in den Materialien I ein als „mehrschichtig“[828] bezeichneter Ansatz der Schwarzarbeitsbekämpfung.

Abbildung 4.2

SchwarzArbG 2004	Materialien I	
	„Der Ansatz…ist mehrschichtig“[830]	
„Bekämpfung der Schwarzarbeit“[829]	„Im gewerblichen Bereich der Schwarzarbeit wird der Verfolgungsdruck massiv verstärkt“.[831]	„Im privaten Bereich… muss…die Legalisierung dieser Tätigkeiten erreicht werden.“[832]

Wie die Abbildung 4.2 zeigt, handelt es sich bei der Verwendung des Attributs „mehrschichtig“ um die euphemistische Beschreibung der Tatsache, dass die Legislativakteure im Schatten des Gesetzestextes je unterschiedliche Bekämpfungsregeln für den „gewerblichen“ bzw. den „privaten Bereich“ der Schwarzarbeit erzeugen: Massive Verstärkung des Verfolgungsdrucks einerseits, „Informationsangebote und Hilfestellungen“[833] andererseits. Anders als für die „Unternehmen“[834] wollen die Legislativakteure für „die Bürgerinnen und Bürger“[835] eine „Brücke in die Legalität“[836] bauen. Diese Brücke hat – um im Bild zu bleiben – zwei Stufen: Auf der ersten Stufe stehen die oben beschriebenen gesetzlich formalisierten Tatbestands- und Verfolgungsprivilegien[837]: Durch Steuernachlass, Einschränkung der Legaldefinition von Schwarzarbeit (Gefälligkeit) sowie „Nichtverfolgung“ von Steuer- und Beitragshinterziehung soll dort die „Legalisierung im Privatbereich“[838] erreicht werden. Auf der zweiten Stufe findet sich eine weitere Kategorie von Privilegien, die illegale Arbeitskraftverwertung

828 BT-Drs. 15/2948, S. 5; 15/2573, S. 1;17
829 § 1 Abs. 1 SchwarzArbG
830 BT-Drs. 15/2948, S. 5; 15/2573, S. 1
831 Bundesministerium der Finanzen - Monatsbericht 09.2004, S. 83
832 BT-Drs. 15/2948, S. 5; 15/2573, S. 17
833 BT-Drs. 15/2948, S. 5; 15/2573, S. 17
834 BT-Drs. 15/2948, S. 5; 15/2573, S. 17
835 BT-Drs. 15/2948, S. 5; 15/2573, S. 1
836 Bundesministerium der Finanzen - Monatsbericht 09.2004, S. 83
837 3. Teil D.
838 BT-Drs. 15/2948, S. 5; 15/2573, S. 17

im „privaten Bereich“ zwar als Schwarzarbeit erfasst, durch parlamentsöffentliche Verlautbarungen der Legislativakteure jedoch ebenfalls von der Bekämpfung freistellt. Diese Verfolgungsprivilegierung im Schatten des Gesetzeswortlauts und ihre Erscheinungsformen sollen im Folgenden dargestellt werden. Als Materialien II werden dazu

- das Protokoll der öffentlichen Anhörung zum Entwurf des Maßnahmen- und Gesetzespakets im Finanzausschuss und den mitberatenden Ausschüssen des Bundestages[839],
- die schriftlichen Stellungnahmen zur öffentlichen Anhörung[840],
- das Protokoll zur 2. und 3. Beratung des Gesetzentwurfs im Bundestag[841] ausgewertet.

1. *Schwarzarbeit im privaten Haushalt*

Schwarzarbeit im Privathaushalt wird millionenfach geleistet[842]. Diese Feststellung der Mini- Job-Zentrale ist hier ein weiteres Mal erwähnenswert, weil der Bundesrat zum Entwurf des SchwarzArbG 2004 vorgeschlagen hatte, die „Leistungen im haushaltsnahen Bereich von der Verfolgung als Schwarzarbeit herauszunehmen“[843] und der damit unterbreitete Vorschlag einer Tatbestandsprivilegierung auch im Bundestag Anhänger fand[844]. Zwar ist es zur formellen Legalisierung im SchwarzArbG 2004 wie bei der Gefälligkeit und der Nachbarschaftshilfe nicht gekommen; mehrheitsfähig war jedoch die Zuweisung eines „regelmäßig geringeren Unrechts- und Schuldgehalts“[845] an (geringfügige) Schwarzarbeit im Privathaushalt. Mit der Herabstufung des normativen Unwerts („Bagatellisierung“[846]) schufen die Legislativakteure die Grundlage für zwei Verfolgungsprivilegien, die nachfolgend beschrieben werden sollen:

---

839 Protokoll Nr. 15/52 vom 24.03.2004

840 abrufbar unter http://webarchiv.bundestag.de/cgi/show.php?fileToLoad=1008&id=1003

841 Plenarprotokoll 15/108 vom 06.05.2004

842 „Schwarzarbeit pur“ - Minijob-Zentrale vom 04.10.2010 http://www.minijob-zentrale.de/nn_112212/DE/5__Presse/Pressearchiv/2010/10__10__04.html

843 BT-Drs. 15/2948, S. 12

844 vgl. Plenarprotokoll 15/108, S. 9744 (D)

845 BT-Drs. 15/2948, S. 5; 15/2573, S. 28

846 BT-Finanzausschuss, Protokoll Nr. 15/52 (Wortprotokoll), vorbereitende Stellungnahme BDZ, S. 11

1.1 „Nichtverfolgung" von Steuer- und Beitragshinterziehung

Die „Nichtverfolgung" von Steuer- und Beitragshinterziehung ist ein dem Privathaushalt in Gesetzesform eingeräumtes Privileg. Obwohl deshalb im 3. Teil der Untersuchung bereits beschrieben[847], muss es hier ebenfalls noch einmal erwähnt werden. Denn die Legislativakteure haben sich nicht darauf beschränkt, den mit der Schwarzarbeit der Haushaltshilfe und ihres Auftraggebers verbundenen Gesetzesverstoß wegen des „regelmäßig geringen Unrechts- und Schuldgehalt(s)" von der Straftat zur Ordnungswidrigkeit herabzustufen[848]. Vielmehr artikulierten sie die Erwartung, dass bei Bemessung des dann nur noch vorgesehenen Bußgelds „im Einzelfall...der geringe Umfang der Steuerverkürzung zu berücksichtigen sein wird"[849]. Damit entsteht auf der Vollzugsebene ein weiteres, diesmal informelles, Verfolgungsprivileg.

Systematisch ist die informelle Privilegierung im Schatten des Gesetzeswortlauts denselben Bedenken ausgesetzt, wie schon die gesetzesförmliche Variante. Hier wie dort wird niemand feststellen (können), ob der Lebenssachverhalt, also der Umfang der Dienstleistungen und ihre Vergütung, „im Einzelfall" die normativen Anforderungen geringfügiger Beschäftigung erfüllt. Da den Verfolgungsbehörden deshalb unbekannt bleibt, ob die Abgabenhinterziehung jeweils tatsächlich nur geringen Umfang hat, werden sie auch das Vorliegen bzw. den Ausschluss der Tatbestandsvoraussetzungen für das Verfolgungsprivileg niemals feststellen können. Die Auswertung der parlamentarischen Beratungen zum SchwarzArbG 2004-E im Fortgang der vorliegenden Untersuchung wird zeigen, dass genau dieses Ergebnis dem erklärten Willen der Legislativakteure entspricht.

1.2 Freistellung in der gesetzlichen Unfallversicherung

Wie ebenfalls oben bereits dargestellt wurde, hat der Gesetzgeber aus der Erkenntnis heraus, dass „Schwarzarbeit auch in der gesetzlichen Unfallversicherung massive Beitragsausfälle (verursacht)"[850], einen Rückgriffsanspruch des Unfallversicherungsträgers gegen den (Schwarz-)Arbeitgeber eingeführt[851]. Dabei entging ihm nicht, dass die neue Regelung auch den Privathaushalt treffen kann[852].

---

847 3. Teil D. III.
848 §§ 50e Abs. 2 S. 3 EStG i.V.m. §§ 377ff. AO bzw. § 209 Abs. 3 SGB VII
849 a.a.O.
850 BT-Drs. 15/2948, S. 5; 15/2573, S. 31; vgl. BT-Drs. 16/13768, S. 12
851 § 110 Abs. 1a SGB VII (Art. 7 des „Maßnahmen- und Gesetzespakets")
852 BT-Drs. 15/2948, S. 5; 15/2573, S. 32

Diese Konsequenz war jedoch unerwünscht, weshalb die Legislativakteure im Schatten des Gesetzes steuernd eingegriffen. Den Anknüpfungspunkt hierfür bot § 110 Abs. 2 SGB VII. Hiernach „können (die Sozialversicherungsträger) nach billigem Ermessen, insbesondere unter Berücksichtigung der wirtschaftlichen Verhältnisse des Schuldners, auf den Ersatzanspruch ganz oder teilweise verzichten." In der Begründung der Regierungsvorlage heißt es dagegen: „Nach § 110 Abs. 2 haben die Unfallversicherungsträger aber die Pflicht, vor einem Regressanspruch die Verhältnisse des Einzelfalls angemessen zu berücksichtigen und insbesondere unter Abwägung des Regelungszwecks der Vorschrift und der wirtschaftlichen und sozialen Verhältnisse des Regresspflichtigen auf den Ersatzanspruch ganz oder teilweise zu verzichten"[853]. Mit dieser Darstellung der Rechtslage verbanden die Legislativakteure die Mitteilung ihrer Erwartung, dass die Ausübung des Ermessens durch die Unfallversicherungsträger „(einen Regressanspruch) regelmäßig gegenüber der überwiegenden Zahl der Privathaushalte ausschließen" werde[854].

Mag auch die Betonung der Pflichtigkeit gesetzlichen Ermessens verwaltungsrechtlicher Dogmatik entsprechen; bereits bei der Einführung der „sozialen Verhältnisse" in die Ermessenspflichtigkeit gehen die Materialien über den Wortlaut des § 110 Abs. 2 SGB VII hinaus. Was sodann die „Abwägung des Regelungszwecks" betrifft, so entstehen die „massiven Beitragsausfälle", auf deren Beseitigung der neue Rückgriffstatbestand zielt, nach eigenem Bekunden der Legislativakteure im Privathaushalt ebenso wie in anderen „Unternehmen"[855], können also als solche schwerlich zum Ausschluss des Regressanspruchs führen. Daher gibt es für die mitgeteilte Erwartung keine kognitive, sondern nur eine voluntative Grundlage: die Legislativakteure wollen den Privathaushalt rückgriffsfrei stellen.

Auf diese Weise mit einem Verfolgungsprivileg ausgestattet, kommt häusliche Schwarzarbeit zusätzlich noch in den Genuss eines beitragsfreien Unfallversicherungsschutzes. Denn § 110 Abs. 1a SGB VII geht ausdrücklich davon aus und regelt den Fall, dass „den Unfallversicherungsträgern...Aufwendungen...infolge von Versicherungsfällen bei Ausführung der Schwarzarbeit entstanden sind"[856].

---

853 BT-Drs. 15/2948, S. 5; 15/2573, S. 32

854 BT-Drs. 15/2948, S. 5; 15/2573, S. 32

855 BT-Drs. 15/2948, S. 5; 15/2573, S. 32

856 vgl. dazu auch Bundesministerium der Finanzen - Monatsbericht 09.2004, S. 88 Tz. 3.5 a.E.

Wenn aber der Rückgriff ausgeschlossen ist: was sollte den Privathaushalt noch veranlassen, Versicherungsbeiträge zu leisten?[857]

2. *Schwarzarbeit „rund ums Eigenheim“*

Mit dem Maßnahmen- und Gesetzgebungspaket[858] wurde eine „obligatorische Verpflichtung zur Rechnungsstellung“[859] für Leistungen im Zusammenhang mit einem Grundstück eingeführt[860]. Durch gleichzeitige Ergänzung des UStG um eine Aufbewahrungs- und ggf. Vorlagepflicht des Leistungsempfängers[861] sollen damit grundstücksbezogene Ohne-Rechnung- Geschäfte von „Privatpersonen“[862] unterbunden werden. Da die jeweiligen Pflichten bußgeldbewehrt sind[863], entsteht zunächst der Eindruck, als hätten die Legislativakteure getan, was erforderlich ist, „um diesem Missstand zu begegnen“[864]. Der Eindruck ändert sich, sobald neben dem Gesetzestext auch die Materialien in die Betrachtung einbezogen werden:

Voraussetzung für die Rechnungsstellungspflicht ist, dass es sich bei dem Erbringer der Leistungen um einen Unternehmer im Sinne des UStG handelt, d.h. um eine Person, die eine nachhaltige Tätigkeit zur Erzielung von Einnahmen selbständig ausübt[865]. Umsatzsteuerrechtlich ist über die Merkmale der Selbständigkeit und der Nachhaltigkeit „nach dem Gesamtbild der Verhältnisse zu entscheiden“[866]. Kriterien wie insbesondere die Planmäßigkeit und/oder Längerfristigkeit der Tätigkeit bzw. die Ausführung mehr als nur eines Umsatzes formen dieses Gesamtbild[867].

In der nachfolgenden Abbildung 4.3 ist der Wortlaut des neuen UStG-Tatbestandes der zugehörigen Textstelle aus der Begründung der Regierungsvorlage gegenübergestellt.

857 vgl. auch BDA Stellungnahme vom 31.01.2013 zum 12. Bericht der Bundesregierung über die Auswirkungen des Gesetzes zur Bekämpfung der illegalen Beschäftigung, S. 4
858 Art. 12 Nr. 1
859 BT-Drs. 15/2948, S. 5; 15/2573, S. 33
860 § 14 Abs. 2 Nr. 1 UStG – vgl. oben
861 §§ 14b Abs. 1 UStG; 4 Abs. 3, 5 Abs. 2 SchwarzArbG 2004
862 BT-Drs. 15/2948, S. 5; 15/2573, S. 33
863 §§ 26a Abs. 1 Nr. 1; 3 UStG; 8 Abs. 2 SchwarzArbG 2004
864 BT-Drs. 15/2948, S. 5; 15/2573, S. 33
865 §§ 14 Abs. 2 Nr. 1; 3 Abs. 4 S. 1; 2 Abs. 1 UStG
866 BFH BStBl II 1991, S. 776 m.w.N.
867 BFH a.a.O.

Abbildung 4.3

Gesetzesrecht	**Schattenrecht**
„...führt der Unternehmer eine steuerpflichtige Werklieferung (§ 3 Abs. 4 Satz 1) oder sonstige Leistung im Zusammenhang mit einem Grundstück aus, ist er verpflichtet, innerhalb von sechs Monaten nach Ausführung der Leistung eine Rechnung auszustellen...“	„Die Verpflichtung zur Ausstellung einer Rechnung bei Leistungen in Zusammenhang mit einem Grundstück wird auf Werklieferungen und sonstige Leistungen begrenzt. Damit unterliegen alltägliche Geschäfte durch einen schlichten Kaufvertrag, wie z. B. der Erwerb von Gegenständen durch einen Nichtunternehmer in einem Baumarkt, nicht der Rechnungserteilungspflicht. Auch Lieferungen z. B. von Baumaterial auf eine Baustelle eines Nichtunternehmers oder eines Unternehmers für seinen nichtunternehmerischen Bereich werden nicht von der Verpflichtung zur Erteilung einer Rechnung erfasst.“[868]

Wie die Gegenüberstellung zeigt, führt die Begründung zwei Unterscheidungen ein, die sich im Gesetzeswortlaut nicht wiederfinden, nämlich die Unterscheidungen

- zwischen Unternehmer und „Nichtunternehmer“ sowie
- zwischen Werklieferungen/sonstigen Leistungen und „alltägliche(n) Geschäfte(n) durch einen schlichten Kaufvertrag“.

Mit dieser Vorgehensweise eröffnet sich die Möglichkeit, den „Nichtunternehmer“ bzw. den „schlichten Kaufvertrag“ aus dem UStG-Tatbestand heraus zu definieren und hierdurch zugleich den „privaten Bauherrn“[869] zu privilegieren. Wie sich in der Plenardebatte zeigte, waren die Legislativakteure vom Bild der „kleineren Handwerksleistungen rund ums Eigenheim“[870] geprägt, die „von den Kontrollmaßnahmen des Zolls verschont bleiben“ sollten[871]. Indes ist schon die im Terrassen- und im Vermessungsfall zur Entscheidung durch den BGH gestellte Fallkonstellation[872] paradigmatisch für die Unrichtigkeit des idyllischen Bildes:

868 BT-Drs. 15/2948, S. 5; 15/2573, S. 33
869 BT-Drs. 15/2948, S. 5; 15/2573, S. 19
870 Plenarprotokoll 15/108, S. 9744 (C)
871 Plenarprotokoll 15/108, S. 9749 (B)
872 BGH NJW 2008, 1050 und 1051 – vgl. oben

weder der Vermessungsingenieur noch der Terrassenbauer dürften mit ihren spezifischen Fähigkeiten lediglich einen einzigen Umsatz erwirtschaftet haben. Auszugehen ist vielmehr davon, dass es sich bei diesen Arbeitskraftanbietern um 2 der bis zu 10 Millionen nebenberuflichen (Teilzeit-)Schwarzarbeiter handelte, die durchschnittlich je 400 Stunden pro Jahr tätig sind[873].

Wie schon bei der Unterscheidung des „gewerblichen" vom „privaten" Bereich der Schwarzarbeit als Grundlage des Schattenrechts, verzichteten die Legislativakteure auch in Bezug auf den „Nichtunternehmer" auf eine Begriffsbestimmung bzw. –abgrenzung. Ebenso offen bleibt, was sie unter einem „schlichten" Kaufvertrag verstehen und weshalb Werklieferungen von der Eigenschaft als „alltägliche Geschäfte" ausgeschlossen sein sollen. Dadurch eröffnet sich eine Fülle von Abgrenzungsproblemen: Liegt etwa ein „schlichter Kaufvertrag" auch dann vor, wenn z.B. der Terrassenbauer Bargeld in die Hand bekommt und als Bote/rechtsgeschäftlicher Vertreter des privaten Bauherrn in den Baumarkt geht? Dieser Fall dürfte sehr häufig, wenn nicht regelmäßig, vorkommen. Wie ist es, wenn der Schwarzarbeiter Material durch einen Dritten anliefern lässt, jedoch selbst verbaut? Welchen Grad persönlicher Mitwirkung des privaten Bauherrn müssen die Beteiligten darstellen, damit das ganze Vorhaben zu dessen Eigenleistung wird?

Ein weiterer Gesichtspunkt: In Bezug auf das Ziel des Gesetzgebers, „die „Ohne-Rechnung- Geschäfte" zu verhindern"[874] unterscheidet sich der Lebenssachverhalt auf einem Privatgrundstück nicht von demjenigen auf einem Gewerbegrundstück. Hier wie dort können die Zollbehörden die ihnen aufgegebene Prüfung in aller Regel nur vor Ort durchführen; dies gilt für die Feststellung des tatsächlichen Geschehens (Bauvorhabens) ebenso, wie für die Einsichtnahme in die zugehörigen Unterlagen. Trotz dieser Identität der Lebenssachverhalte haben die Legislativakteure den Zoll nur für Gewerbegrundstücke mit einem durchsetzbaren Betretungsrecht ausgestattet[875], ihn im Falle eines privaten Bauherrn dagegen auf dessen Einverständnis verwiesen: gegen den Willen des Wohnungsinhabers darf das Baugrundstück nicht betreten werden[876]. Damit lässt sich bereits der bloße Augenschein an Ort und Stelle verhindern, ohne dass diese Rechtslage verfassungsrechtlich zwingend wäre. Denn als geschützte

873 vgl. oben 2. Teil F. II. 3.
874 BT-Drs. 15/2948, S. 5; 15/2573, S. 34
875 § 4 Abs. 1 SchwarzArbG 2004
876 BT-Drs. 15/2948, S. 5; 15/2573, S. 22

Wohnung im Sinne des Art. 13 GG gilt „allein die räumliche Privatsphäre“[877]; die ohne Eindringen in diese Privatsphäre mögliche Einholung von Auskünften ist vom Schutzbereich des Grundrechts nicht erfasst[878]. Von einer räumlichen Privatsphäre kann jedoch erst dann die Rede sein, wenn „das privat genutzte Eigenheim“[879] seiner Nutzung zugeführt, d.h. keine Baustelle mehr ist.

IV. „Weitere administrative Maßnahmen“

Die Schwarzarbeitsbekämpfung auf Grundlage des SchwarzArbG 2004 ist in erster Linie den Behörden der Zollverwaltung übertragen[880]. Im Zuge der hierzu vorgesehenen „Schaffung leistungsfähiger Strukturen“[881] hat die Zollverwaltung die sog. Finanzkontrolle Schwarzarbeit (FKS)[882] eingerichtet, einen auf 113 Standorte im Bundesgebiet verteilten Personalkörper von rd. 6.300 Bediensteten (2011)[883]. Als Teil der Bundesfinanzverwaltung[884] ist der Zoll (FKS) an Weisungen der Bundesregierung gebunden[885]. Mit der Vorgabe: „Die Behörden der Zollverwaltung sollen sich auf den gewerblichen Bereich konzentrieren“[886] (Abb. 4.1) liegt eine solche Weisung vor; die FKS richtet ihre „weiteren administrativen Maßnahmen“ hiernach aus[887]. Ihr Auftrag ist es, außerhalb von Privatwohnungen[888] „verdachtslos“ zu prüfen[889], ob „Unternehmen“[890] Melde- Aufzeichnungs- und Zahlungspflichten nach Steuerrecht und Sozialgesetzbuch einhalten und sich dabei „an der Höhe des Schadens für Sozialversicherungsträger und Fiskus (zu) orientieren“[891]. Dementsprechend erklärte die operativ verantwortliche Bundesfinanzdirektion West presseöffentlich: „Wir müssen die Ressourcen

877 BVerfGE 65, 1, 40
878 BVerfG a.a.O.
879 BT-Drs. 15/2948, S. 5; 15/2573, S. 33
880 vgl. oben Teil 3, Tz. 4.1.2
881 BT-Drs. 15/2948, S. 5; 15/2573, S. 1
882 Huchatz/Materna, Die neue Aufgabe der Zollverwaltung, 2009, S. 669ff.
883 BT-Drs. 17/6219, S. 3
884 §§ 1; 12 Abs. 2 FVG
885 Art. 87; 65 GG
886 BT-Drs. 15/2948, S. 20
887 BMF-Monatsbericht 09.2004 vgl. auch BT-Drs. 17/6219, S. 5f.
888 BT-Drs. 16/2278, S. 3
889 vgl. BT-Drs. 17/6219, S. 2
890 BT-Drs. 15/2948, S. 5; 15/2573, S. 17
891 BT-Drs. 15/2948, S. 5; 15/2573, S. 17

gewinnbringend einsetzen“[892] (2011). Hierzu wird jedem FKS-Ermittler eine sog. „Schadenssumme“ aufgegeben[893], die jährlich zu erreichen ist und für die Jahre 2005ff. auf 165.000 € p.a. festgesetzt wurde[894].

Die Ausrichtung des Gesetzesvollzuges auf den gewerblichen Bereich und auf das Fiskalziel ist im SchwarzArbG 2004 selbst nicht vorgesehen. Wie schon aus dem unmittelbaren textlichen Zusammenhang ersichtlich, handelt es sich hierbei vielmehr um die Auswirkung bzw. Umsetzung des Schattenzwecks, den nicht der organschaftliche Gesetzgeber, sondern die hiervon zu unterscheidende Gruppe der Legislativakteure formuliert bzw. akzeptiert hat. Das Korrelat ist die Freistellung des „privaten Bereichs“ von Prüfungen und Ermittlungen, wobei die FKS aus diesem Zusammenhang auch durchaus kein Geheimnis macht. So begegnet sie etwa der Forderung, Kontrollen „unterschiedslos und unabhängig von der Größe auf gewerblichen, öffentlichen und privaten Baustellen durchzuführen“[895] mit der klaren Ansage, dass man sich „auch künftig bei den Kontrollen auf die Großbaustellen konzentrieren“ werde[896].

V. Zwischenergebnis

Durch Vergleich des Gesetzeswortlauts mit den Materialien I zum SchwarzArbG 2004 konnte aufgezeigt werden, dass die Legislativakteure neben der Legaldefinition von Schwarzarbeit und dem verkündeten Gesetzeszweck jeweils noch eine „Schattendefinition“ und einen „Schattenzweck“ implementiert haben.

Schattendefinition und Schattenzweck bilden die Grundlage eines sog. mehrschichtigen Bekämpfungsansatzes, der die Bekämpfung der Schwarzarbeit mit den gesetzlichen Mitteln der Prüfungen/Ermittlungen und bußgeld- bzw. strafrechtlichen Sanktionen auf den gewerblichen Bereich beschränkt. Die korrelierende Freistellung des privaten Bereichs ist ein ausdrücklich erklärtes Anliegen der Legislativakteure, das durch gesetzlich-formelle und politischinformelle

892 Immoblien Zeitung Nr. 14/2011 vom 07.04.2011, S. 3

893 BT-Drs. 17/6219, S. 4

894 BT-Drs. 16/7727, S. 11

895 Hauptverband der Deutschen Bauindustrie, Zentralverband des Deutschen Baugewerbes und IG BAU Gemeinsame Presseinfo vom 18.02.2011 http://www.bauindustrie.de/index.php?page=188&article=1871 Zentralverband des deutschen Baugewerbes – Geschäftsbericht 2012, S. 21f. http://www.zdb.de/zdb.nsf/A9B3B1E2BE2AD1E0C1257B4B0026A663/$File/ZDB- Gesch%C3%A4ftsbericht%202012.pdf (Aufruf: 18.06.2013)

896 Immobilien Zeitung Nr. 14/2011 vom 07.04.2011, S. 3; vgl. auch BT-Drs. 17/2311, S. 8

Verfolgungsprivilegien verwirklicht werden soll. Eine verbindliche Abgrenzung gewerblicher von privater Schwarzarbeit leistet der mehrschichtige Bekämpfungsansatz nicht. Die weitere Untersuchung geht von der Beobachtung aus, dass aus Beratung und Beschluss des SchwarzArbG 2004 zugleich auch der mehrschichtige Bekämpfungsansatz mit Schattendefinition und Schattenzweck hervorgegangen ist. Neben den formellen Gesetzgebungsakt tritt von Anfang an eine Entscheidung der Legislativakteure, die im Folgenden als legislatorisches Schattenrecht bezeichnet und zunächst auf ihre normative Qualität und ihre Wirkung in der staatlichen Rechtsordnung befragt werden soll.

B. Normative Qualität des legislatorischen Schattenrechts

Bei der Frage nach der normativen Qualität des Schattenrechts bietet sich der Vergleich mit dem SchwarzArbG 2004 selbst an. Das SchwarzArbG 2004 ist ein förmliches Gesetz[897], dessen Normqualität sich aus seiner Beratung im parlamentarischen (Vermittlungs-)Verfahren, dem anschließenden Beschluss des Bundestages[898] sowie der Ausfertigung und Verkündung im Bundesgesetzblatt[899] ergibt. Zu untersuchen ist, ob das Schattenrecht der Schwarzarbeit diese für den Gesetzesbegriff des Grundgesetzes konstitutiven Merkmale[900] ebenfalls aufweist bzw. ob und in welcher Hinsicht es sich insofern vom SchwarzArbG 2004 unterscheidet.

I. Öffentliche Beratung

Nach der Rechtsprechung des BVerfG erfordert ein Gesetzesbeschluss eine „öffentliche Beratung“[901] in einem „...Verfahren..., das...die Beteiligung der parlamentarischen Opposition gewährleistet und auch den Betroffenen und dem Publikum Gelegenheit bietet, ihre Auffassungen auszubilden und zu vertreten“[902]. Die Beteiligung der parlamentarischen Opposition gewährleistet das GG selbst[903] in Verbindung mit den auf seiner Grundlage[904] in der Geschäftsordnung des Deutschen Bundestages (GeschOBT) zu Vorlagen und ihrer Behandlung aufgestellten

897 BVerfGE 55, 7, 21
898 Art. 77 Abs. 1 S. 1; Abs. 2 S. 5 GG
899 Art. 82 Abs. 1 GG
900 Jarass/Pieroth, GG, 2012, Art. 76 Rn. 1
901 BVerfGE 84, 304, 329
902 BVerfGE 95, 267, 307f.
903 vgl. Art. 42 GG
904 Art. 40 Abs. 1 S. 2 GG

Regeln[905]. Für die Einbindung des Publikums hat sich der Bundestag in seiner Geschäftsordnung das Instrument der öffentlichen Anhörungen von „Sachverständigen, Interessenvertretern und anderen Auskunftspersonen“[906] geschaffen.

1. *Beteiligung der parlamentarischen Opposition*

Im Folgenden soll durch Auswertung der Materialien I und II zunächst aufgezeigt werden, dass nach dem Bundesrat auch die parlamentarische Opposition der 15. Legislaturperiode[907] an der legislatorischen Willensbildung nicht nur zum SchwarzArbG 2004 selbst, sondern auch zum Schattenrecht beteiligt war. Wie sich bei den drei Beratungen (Lesungen) des Gesetzentwurfs in „Rede und Gegenrede“[908] erwies, stimmten die Abgeordneten der Regierungs- und der Oppositionsfraktionen in dem mehrschichtigen Bekämpfungsansatz „nahtlos“[909] überein, wobei sich ihr gemeinsames Interesse von vornherein auf die Privilegierung des privaten Haushalts richtete[910]. Schlaglichtartig erhellt wird die Gemeinsamkeit durch die Einlassung des Abgeordneten Schultz (SPD): „Wir wollen die Leistungen rund um die privaten Haushalte nicht kriminalisieren“[911] und den Zwischenruf der Abgeordneten Wülfing (CDU/CSU) hierzu: „Dann lassen Sie die doch ganz raus!“[912]. Die Abgeordneten Schultz und Wülfing waren als Berichterstatter im federführenden Finanzausschuss[913] die für ihre Fraktionen jeweils maßgeblichen Akteure[914].

In diesen Kontext gehört zugleich folgende Beobachtung: Während die Regierungsvorlage in ihrer Begründung Schwarzarbeit einschränkungslos als „handfeste Wirtschaftskriminalität, die dem Gemeinwesen schweren Schaden zufügt“ bezeichnete[915], grenzte der Redebeitrag des Bundesfinanzministers die Kategorie auf ihre „organisierte(n)“ Formen ein[916]. Die Eingrenzung fand Zustimmung

905 vgl. insbesondere §§ 75ff. sowie §§ 54ff. GeschOBT
906 § 70 GeschOBT; vgl. auch BVerfGE 36, 321, 330
907 CDU/CSU und FDP
908 BVerfGE 95, 267, 307f.
909 Plenarprotokoll 15/108, S. 9753 (A)
910 vgl. etwa Plenarprotokoll 15/108, S. 9742 (D)
911 Plenarprotokoll 15/108, S. 9744 (D)
912 Plenarprotokoll 15/108, S. 9744 (D)
913 Plenarprotokoll 15/105, S. 9473 (D)
914 vgl. BT-Drs. 15/3079
915 BT-Drs. 15/2948, S. 5; 15/2573, S. 1
916 Plenarprotokoll 15/108, S. 9736 (C)

nicht allein im Regierungslager[917], sondern ausdrücklich auch bei der Opposition[918]. Mit der Äußerung „Schwarzarbeit in Deutschland - gewerbliche, organisierte, bandenmäßig verfasste Schwarzarbeit in Deutschland – ist kein Kavaliersdelikt“ rief der Abgeordnete Montag (BÜNDNIS 90/DIE GRÜNEN) sowohl den Beifall der eigenen Fraktion und Abgeordneter der SPD, als auch den Zwischenruf „Das kann man unterstreichen!“ des Abgeordneten Hinsken (CDU/CSU) hervor[919]. Der Umkehrschluss hieraus würde bedeuten, dass die Legislativakteure nichtgewerbliche (= private) Schwarzarbeit als Kavaliersdelikt einstuften, worin sie mit „jede(m) zweiten Mitbürger“[920] übereinstimmten. Zur Rechtfertigung dieser Sichtweise kehrte die Debatte im Bundestag mehrfach zu der Feststellung zurück, dass „lediglich 15 Prozent aller geleisteten Schwarzarbeit im Zusammenhang mit privaten Haushalten (entstehen) – 85 Prozent gewerblich und organisiert (sind)“[921].

Festzuhalten ist daher zunächst, dass in der parlamentarischen Beratung ein fraktionsübergreifendes Einverständnis über die Sonderstellung des privaten Bereichs/Haushalts von Schwarzarbeit bestand. Nicht der mehrschichtige Bekämpfungsansatz als solcher war unter den Abgeordneten umstritten. Vielmehr ging es um die richtigen Wege zu seiner Verwirklichung.

In der Debatte über diese Wege wurden zwischen Regierungs- und Oppositionsabgeordneten statt Grenzlinien eher Schattierungen sichtbar. Ordnet man die verschiedenen Vorschläge auf einer Skala von weiss bis schwarz, dann gehörte der Vorschlag der FDP-Fraktion durch steuerliche Abzugsfähigkeit „im Bereich der privaten Haushalte das Übel an der Wurzel zu packen“[922] wohl in den weißen Skalensektor; denn hierzu wäre der (Steuer-)Gesetzgeber befugt gewesen. Ebenfalls beim Steuerrecht setzte der Vorschlag an, „private Haushalte“/ „Privatleute“ durch Einführung einer „Bagatellgrenze“ von der Pflicht zur Aufbewahrung von Rechnungen zu entlasten (CDU/CSU)[923]. Bereits in den Graubereich fiele dagegen die Idee, Schwarzarbeit „im privaten Bereich“ im Gesetz

917 vgl. den Redebeitrag der Abg. Scheel (BÜNDNIS 90/DIE GRÜNEN) – Plenarprotokoll 15/108, S. 9740 (C)

918 vgl. den Redebeitrag der Abg. Wülfing (CDU/CSU) – Plenarprotokoll 15/108, S. 9738 (D)

919 Plenarprotokoll 15/108, S. 9748 (B)

920 Plenarprotokoll 15/108, S. 9750 (C) sowie 9746 (D)

921 Plenarprotokoll 15/108, S. 9744 (D) passim

922 Plenarprotokoll 15/108, S. 9742 (D)

923 Plenarprotokoll 15/108, S. 9747 (B)

selbst ausdrücklich verfolgungsfrei zu stellen (Abgeordneter Montag – BÜNDNIS 90/DIE GRÜNEN unter Beifall der Abgeordneten Wülfing – CDU/CSU)[924].

Darauf, dass diese Idee nicht Gesetz geworden ist, gründete sich schließlich ein Vorschlag, der als solcher schon dem Schattenrecht (schwarz) zugeordnet werden muss. Gemeint ist das Konzept des Abgeordneten Montag, die Verfolgungsfreiheit privater Schwarzarbeit wenigstens in der Vollzugspraxis sicher zu stellen, verbunden mit der Ankündigung „sehr sorgfältig (zu) prüfen, ob… diejenigen…, auf die das Gesetz nicht angewendet werden soll (sic !), tatsächlich von den Kontrollmaßnahmen des Zolls verschont bleiben“[925]. Das Protokoll vermerkt zu diesem Vorschlag „Beifall bei Abgeordneten des BÜNDNISSES 90/ DIE GRÜNEN und der SPD“[926] und keinen Widerspruch aus anderen Teilen des Plenums. Mit Widerspruch war auch nicht zu rechnen. Denn das Anliegen, Private „von den Kontrollmaßnahmen des Zolls verschont“ zu sehen, harmoniert mit Vorbehalten gegen den „Überwachungsstaat“, der „jedem Gartenarbeiter hinterhergehen“ will (FDP)[927] ebenso wie mit dem ablehnenden Hinweis auf Kontrollpraxis in der DDR (CDU/CSU)[928]. Bereits an anderer Stelle hatte sich die Fraktion der CDU/CSU ausdrücklich gegen „Schnüffelei im Privathaushalt“[929] ausgesprochen. Insgesamt bestätigte sich im Bundestag jenes Einvernehmen aller Legislativakteure über den mehrschichtigen Bekämpfungsansatz, das bereits im Bundesrat sichtbar geworden war[930].

2. *Beteiligung der „Betroffenen“ und des „Publikums“*

Nach der 1. Beratung hatte der Bundestag den Gesetzentwurf zum SchwarzArbG 2004 an den Finanzausschuss und mitberatende Ausschüsse überwiesen[931]. Die Ausschüsse führten eine öffentliche Anhörung von 23 „Verbänden und Sachverständigen“[932] durch, wobei die gesellschaftlichen Akteure ihre Wortbeiträge durch schriftliche Stellungnahmen vorbereitet hatten. Die Auswertung

924 Plenarprotokoll 15/108; S. 9749 (A)
925 Plenarprotokoll 15/108, S. 9749 (B)
926 Plenarprotokoll 15/108, S. 9749 (B)
927 Plenarprotokoll 15/108, S. 9743 (B)
928 Plenarprotokoll 15/108, S. 9752 (C)
929 Plenarprotokoll 15/105, S. 9574 (B)
930 vgl. oben
931 Plenarprotokoll Nr. 15/95, S. 8502 (B); vgl. dazu § 80 GeschOBT
932 BVerfGE 36, 321, 330

des zu der Anhörung geführten Wortprotokolls und der Stellungnahmen[933] zeigt, dass das oben festgestellte Einvernehmen der Legislativakteure zum Schattenrecht der Schwarzarbeit auf gesellschaftlicher Akteursebene mitgetragen wurde:

Ohne als solche noch in Frage gestellt zu werden, bildete die Aufspaltung der Schwarzarbeit in einen privaten und einen gewerblichen Bereich den Ausgangspunkt und die Grundlage der mündlichen ebenso wie der schriftlichen Anhörungsbeiträge. Von diesem Ausgangspunkt her wurde die Ausrichtung der Schwarzarbeitsbekämpfung auf „Fälle mit besonderem Unrechtsgehalt“[934] z.B. vom Deutschen Institut für Wirtschaftsforschung (DIW) ebenso begrüßt wie vom Deutschen Gewerkschaftsbund (DGB)[935]. In einer mehrfach zitierten[936] Metapher von einerseits „Raubtiere(n)“ und andererseits „Mäuse(n)“[937] spiegelte sich Einvernehmen über die Zuordnung des Unrechtsgehalts von Schwarzarbeit hauptsächlich zum gewerblichen Bereich; ferner zu einer Stufung von schwerer/organisierter Kriminalität[938] („Schlepper/Schleuser-Kriminalität…Urkundendelikte“ oder „Lohnbetrug“[939]) über Verstöße gegen die Handwerksordnung („anderes Kaliber“[940]) bis zum Verhalten desjenigen, „der um die Ecke sein Häuschen baut“[941]. Der „Häuslebauer“ und sein „Privathaushalt“ prägten das Bild der Beteiligten vom privaten Bereich der Schwarzarbeit. Hierbei konturierte sich die Vorstellung eines Bereichs, der sich „gesellschaftlich entwickelt“ hat[942]

933 Protokoll Nr. 15/52 des Finanzausschusses/Stellungnahmen http://webarchiv.bundestag.de/cgi/show.php?fileToLoad=1008&id=1003

934 BT-Finanzausschuss, Protokoll Nr. 15/52 (Wortprotokoll), vorbereitende Stellungnahme ZDH, S. 5

935 BT-Finanzausschuss, Protokoll Nr. 15/52 (Wortprotokoll), vorbereitende Stellungnahmen DIW, S. 2f. und DGB, S. 2

936 vgl. BT-Finanzausschuss, Protokoll Nr. 15/52 (Wortprotokoll), S. 16 (FDP); S. 25 (BÜNDNIS 90/DIE GRÜNEN); S. 32 (CDU); S. 39 (Bund Deutscher Kriminalbeamter) und passim

937 BT-Finanzausschuss, Protokoll Nr. 15/52 (Wortprotokoll) S. 13 (Herzog) sowie Plenarprotokoll Nr. 15/108, S. 9746 (D)

938 vgl. BT-Finanzausschuss, Protokoll Nr. 15/52 (Wortprotokoll) S. 4 (Bund Deutscher Kriminalbeamter) sowie S. 46 (CDU)

939 BT-Finanzausschuss, Protokoll Nr. 15/52 (Wortprotokoll) S. 4 (Bund Deutscher Kriminalbeamter)

940 BT-Finanzausschuss, Protokoll Nr. 15/52 (Wortprotokoll) S. 6 (IHK)

941 BT-Finanzausschuss, Protokoll Nr. 15/52 (Wortprotokoll) S. 12 (Buchner) sowie S. 12 (Vorsitzende)

942 BT-Finanzausschuss, Protokoll Nr. 15/52 (Wortprotokoll) S. 14 (Herzog)

und (deshalb) dem repressiven Zugriff des Staates entzogen ist[943]. Mit dieser Vorstellung mutierte der Privathaushalt von einem Ort, auf den sich der Geltungs- und Steuerungsanspruch staatlichen Rechts erstreckt, zu einem hiergegen schutzbedürftigen „Biotop". Die Wirksamkeit dieser Vorstellung schlug sich in einer Reihe von Stellungnahmen nieder und begründete schließlich weitgehendes Einverständnis staatlicher und gesellschaftlicher Akteure darüber, dass (repressive) Schwarzarbeitsbekämpfung im Privathaushalt normativ „unverhältnismäßig" und zugleich „empirisch kaum möglich" sei[944]. Danach blieben als diskursives Substrat der Anhörung nur noch zwei Fragen übrig, nämlich erstens, ob die Privilegierung des Privathaushalts auf den „nichtgewerblichen Bereich der geringfügigen Beschäftigung"[945] ausgedehnt werden solle sowie zweitens, ob das Gesetz selbst hierfür der notwendig richtige Ort sei.

Die Diskussion um die Ausdehnung des Privilegs drehte sich um Schwarzarbeiter, die in mittelbarer Beziehung zum Privathaushalt stehen, wie etwa der „Klavierlehrer, der Nachhilfelehrer"[946] oder der „ukrainische Imbissangestellte"[947]. In Bezug auf diese Arbeitskraftanbieter wurde den Legislativakteuren prognostiziert, dass „Sie (sie) mit den Mitteln des Strafrechts nicht aus dieser Gesellschaft vertreiben können werden"[948] und deshalb angeregt „kreative Lösungen (zu) finden"[949]. Bei der Suche nach Form und Standort für „kreative Lösungen" ging es um den Vorschlag, den gesamten Bereich „entweder aus der Definition des § 1 oder zumindest aus dem Aufgabenkatalog des Zolls in § 2" herauszunehmen[950], mithin um eine Tatbestandsprivilegierung im SchwarzArbG 2004 selbst. Die gesetzliche Lösung wurde von mehreren Sachverständigen als „kriminalpolitisch nicht bedenklich"[951] bzw. empfehlenswert[952] eingestuft. Bei ihrer weiteren Diskussion trat das bereits vorhandene bzw. vorgesehene Tatbestandsprivileg für Gefälligkeiten und Nachbarschaftshilfe[953] in den Vordergrund. Speziell hierzu

---

943 Herzog a.a.O.

944 Herzog a.a.O.

945 BT-Finanzausschuss, Protokoll Nr. 15/52 (Wortprotokoll) S. 25 (BÜNDNIS 90/DIE GRÜNEN)

946 BT-Finanzausschuss, Protokoll Nr. 15/52 (Wortprotokoll) S. 13 (Ignor)

947 BT-Finanzausschuss, Protokoll Nr. 15/52 (Wortprotokoll) S. 28 (Herzog)

948 Herzog a.a.O.

949 Herzog a.a.O.

950 BT-Finanzausschuss, Protokoll Nr. 15/52 (Wortprotokoll) S. 25 (BÜNDNIS 90/DIE GRÜNEN)

951 BT-Finanzausschuss, Protokoll Nr. 15/52 (Wortprotokoll) S. 25 (Ignor)

952 BT-Finanzausschuss, Protokoll Nr. 15/52 (Wortprotokoll) S. 26 (Herzog)

953 § 1 SchwarzArbG 2004; vgl. auch oben 3. Teil D. II.

wurde einerseits vorgetragen, dass Schwarzarbeit „nicht mehr verfolgt werden kann, nicht bewiesen werden kann“[954], sobald die hierbei angetroffene Arbeitskraft die Voraussetzungen des gesetzlichen Privilegs auch nur behauptet. Die Gegenposition zu dem nur deshalb empfohlenen Verzicht auf das Tatbestandsprivileg manifestierte sich in der Auffassung, dass bei Schwarzarbeit aus behaupteter Gefälligkeit eine „nachdrückliche Verfolgung nicht sinnvoll“ sei[955]. Jenseits divergierender Positionen gesellschaftlicher Akteure ist für das hier verfolgte Erkenntnisinteresse wesentlich, dass die Tatbestandsprivilegierung des „Privatbereichs“[956] von Schwarzarbeit bei der Anhörung ausführlich diskutiert wurde und als legislatorische Möglichkeit im allgemeinen Bewusstsein war.

2. *Informeller Beschluss*

Das Grundgesetz und die Geschäftsordnung des Bundestages gehen für Gesetzesvorlagen[957] bzw. Gesetzentwürfe[958] davon aus, dass sich der Gegenstand der parlamentarischen Beratung mit dem Gegenstand der anschließenden Beschlussfassung deckt[959]. Im Falle des Schwarz- ArbG 2004 waren die Regierungsvorlage und - nach Abschluss des Vermittlungsverfahrens deren sog. Ausschussfassung Gegenstand sowohl der Beratung, als auch der Beschlussfassung[960]; Kongruenz ist insoweit gegeben.

Wie aufgezeigt, war allerdings auch das Schattenrecht in die „Rede und Gegenrede“[961] der Legislativakteure einbezogen. Bei der Würdigung dieser Tatsache ist zu berücksichtigen, dass die Gesetzesbegründung mit dem mehrschichtiger Bekämpfungsansatz von vornherein über den vorgeschlagenen Normtext hinausging. Den Legislativakteuren wurde insoweit ein aliud präsentiert, mit dem sie sich bei ihrer Willensbildung auseinandersetzen mussten und auch tatsächlich auseinandergesetzt haben. Das aliud konnte nur zurückgewiesen oder gebilligt werden; im Fall der Billigung entstand die Notwendigkeit, den

954 BT-Finanzausschuss, Protokoll Nr. 15/52 (Wortprotokoll) S. 23 (BDZ); vgl. auch BDZ Stellungnahme S. 11

955 BT-Finanzausschuss, Protokoll Nr. 15/52 (Wortprotokoll), vorbereitende Stellungnahme ifo, S. 5 sowie S. 8

956 BT-Drs. 15/2948, S. 5; 15/2573, S. 17

957 Art. 76 Abs. 1 GG

958 § 86 GeschO BT

959 vgl. BVerfGE 89, 291, 303

960 Plenarprotokoll 15/108, S. 9734ff. sowie S. 9754 (C)

961 BVerfGE 95, 267, 307f.

Widerspruch zu dem gleichzeitig beschlossenen SchwarzArbG 2004 selbst zu bewältigen.

Stellt man die Frage nach der Kongruenz von Beratungs- und Beschlussgegenstand vor diesem Hintergrund, dann ist zunächst festzuhalten, dass die Legislativakteure den mehrschichtigen Bekämpfungsansatz und dessen Grundlagen (Schattendefinition/Schattenzweck) nicht zurückgewiesen haben; ein negativer Beschluss hierzu liegt nicht vor. Was sich stattdessen zeigt, ist die Aufrechterhaltung der Verbindung zwischen einer weitgehend unveränderten Regierungsvorlage (Ausschussfassung) und Materialien, die mit dem mehrschichtigen Bekämpfungsansatz ein grundlegend anderes Konzept der Schwarzarbeitsbekämpfung einführten. Mit der Aufrechterhaltung dieser Verbindung und ihrer Zustimmung hierzu brachten die Legislativakteure den seinerseits „mehrschichtigen" Willen zum Ausdruck, dass

- die Ausschussfassung Gesetz werden soll,
- die Zollbehörden jedoch den mehrschichtigen Bekämpfungsansatz verwirklichen,
- der mehrschichtige Bekämpfungsansatz nicht gesetzesförmlich wird.

In dieser Mehrschichtigkeit gewinnt die Beschlussfassung eine formelle und eine informelle Seite: Auf der formellen Seite handelten die Legislativakteure als Gesetzgeber im Sinne der Art. 20 Abs. 2; 70 GG. In dieser Eigenschaft beschlossen sie das SchwarzArbG 2004 selbst und zugleich den Verzicht auf eine gesetzliche Formalisierung des mehrschichtigen Bekämpfungsansatzes.

Auf der informellen Seite verwirklichte sich die Absicht, den Privatbereich von Schwarzarbeit, wenn nicht im Gesetz, so doch im Vollzug, verfolgungsfrei zu stellen. Die Aufnahme der Verfolgungsprivilegien in den Willen der Legislativakteure manifestiert sich in einem Vorgang der hier als informeller Parlamentsbeschluss bezeichnet werden soll.

3. *Informelle Verkündung*

Um die normative Qualität des durch informellen Parlamentsbeschluss implementierten Schattenrechts zu erfassen, soll sein Vergleich mit dem SchwarzArbG 2004 noch um einen Aspekt erweitert werden:

Eine parlamentarische Entscheidung zählt zu den „Normen des geschriebenen Rechts"[962], wenn und soweit sie als Gesetz beschlossen, durch den Bundespräsidenten gegengezeichnet und ausgefertigt sowie im Bundesgesetzblatt verkündet

962 BVerfGE 63, 343, 353

wird[963]. Bei der Verkündung handelt es sich um eine „Geltungsbedingung"[964], mit der sich das Grundgesetz in den Kontext der europäischen Rechtskultur stellt: bereits nach Thomas von Aquin ist „die Verkündigung dazu notwendig, dass das Gesetz seine Wirkkraft bekommt"[965]. Die Verkündung eines Gesetzes besteht in der Ausgabe der Nummer des Gesetzblattes[966], in der der vollständige Gesetzestext abgedruckt ist[967]. Im Falle des SchwarzArbG 2004 handelt es sich um das Bundesgesetzblatt Jahrgang 2004 Teil I Nr. 39 S. 1842ff. Der dort abgedruckte Textkörper umfasst die Legaldefinition und den Gesetzeszweck sowie die Entscheidung des Gesetzgebers, Schwarzarbeit durch Prüfungen/Ermittlungen sowie durch Bußgeld- und Strafsanktionen zu bekämpfen[968].

Anders das Schattenrecht: Der mehrschichtige Bekämpfungsansatz ist von seinem Standort in der Begründung der Regierungsvorlage nicht weiter als bis in die Ausschuss- und Plenarprotokolle gelangt. Bei einer Begründung handelt es sich um eine zwar nach der Geschäftsordnung des Bundestages erforderliche[969], nach der Verfassung jedoch allenfalls „wünschenswert(e)"[970] Erläuterung eines Gesetzentwurfs[971]. Als solche ist sie für eine Verkündung nach Art. 82 GG weder geeignet noch vorgesehen. Diese Eigenschaft teilt die Begründung des Gesetzentwurfs mit Ausschuss- und Plenarprotokollen. Denn die darin wiedergegebenen Wortbeiträge der Legislativakteure werden ebenfalls nicht zum Bestandteil eines auf die Beratung folgenden Gesetzesbeschlusses[972].

Mangels verfassungsgemäßer Verkündung fehlt dem Schattenrecht also außer der Gesetzesform noch eine weitere der Voraussetzungen, unter denen das BVerfG eine Norm im System des Grundgesetzes für „rechtlich existent" hält[973]. Allein nach diesem Befund betrachtet, würde hier ein rechtliches nullum vorliegen. Indes ist fraglich, ob eine solche Betrachtung nicht die Wirkung des

963 Art. 77 Abs. 1 S. 1; Art. 82 Abs. 1 S. 1 GG
964 BVerfG NVwZ 1984, 430, 431
965 Bernhart (Hrsg.), Thomas von Aquino, Summe der Theologie – 2. Band: Die sittliche Weltordnung, S. 432
966 BVerfG NVwZ 1992, 1182
967 Jarass/Pieroth, GG, 2012, Art. 82 Rn. 5
968 S. 1843; 1846
969 § 76 Abs. 2 GeschOBT
970 BVerfG NJW 1988, 545, 546 a.E.
971 Jarass/Pieroth, GG, 2012, Art. 76 Rn.3 m.w.N.; Waldhoff, Gesetzesmaterialien aus verfassungsrechtlicher Perspektive, 2013, elektronische Ressource: S. 5 m.w.N.
972 vgl. BVerfGE 54, 277, 297f.
973 BVerfGE 63, 343, 353

mehrschichtigen Bekämpfungsansatzes und seiner Konstruktionsgrundlagen (Schattendefinition, Schattenzweck) im Gefüge des staatlichen Rechts verkennen würde. Die hier angestellte Untersuchung muss diese Frage einbeziehen.

C. Wirkung des legislatorischen Schattenrechts

Dem demokratischen Rechtsstaat gilt das im Parlament beschlossene Gesetz als das „zentrale Steuerungsinstrument“[974] für die Ausgestaltung der Rechtsordnung und der gesellschaftlichen Verhältnisse. Jedem Parlamentsgesetz ist ein „Steuerungsanspruch“[975] sowohl hinsichtlich der „normativen Verhaltensordnung“[976], als auch hinsichtlich der „Sozialgestaltung“[977] zugewiesen[978]. Im Gesetzgebungsverfahren zum SchwarzArbG 2004 haben die Legislativakteure diese normativempirische Zweidimensionalität aufgespalten: Das Gesetz selbst materialisiert die normative Verhaltensordnung des Verzichts auf Schwarzarbeit, ohne nach dem sozio-ökonomischen Kontext informeller Arbeitskraftverwertung zu fragen. Die von den Legislativakteuren letztlich gewünschte Sozialgestaltung dagegen kommt erst im Schattenrecht zum Ausdruck: „Vorrangiges Ziel im Rahmen der Bekämpfung der Schwarzarbeit bleibt…der gewerbliche Bereich“[979] heißt es in der Begründung der Regierungsvorlage und im Plenarprotokoll: „Wir werden…in Zukunft sehr sorgfältig prüfen…, ob in der Praxis diejenigen…, auf die das Gesetz nicht angewendet werden soll, tatsächlich von den Kontrollmaßnahmen des Zolls verschont bleiben“[980]. Nimmt man das Fiskalziel der Haushaltsstabilisierung hinzu[981], dann ergibt sich eine Sozialgestaltung, die den gesellschaftlichen Raum in zwei Zonen aufteilt: den gewerblichen Bereich als das Areal, in dem die Bekämpfung der Schwarzarbeit Mehreinnahmen von 1 Mrd. Euro jährlich für den Bund erbringen soll und den privaten Bereich, wo sie „vorrangig bei der Schaffung von attraktiven und einfachen Möglichkeiten, sich legal zu verhalten (ansetzt)“[982].

974 Schuppert, Staatswissenschaft, 2003, S. 551 m.w.N.
975 ders. a.a.O. S. 168/550 m.w.N.
976 Zippelius, Das Wesen des Rechts 2012, S. 12
977 Schuppert a.a.O. S. 551; vgl. auch BVerfGE 41, 251, 260 („wichtige Lebensbereiche“)
978 vgl. BVerfGE 84, 212, 226 („Wesentlichkeitstheorie“)
979 BT-Drs. 15/2948, S. 5; 15/2573, S. 17
980 Plenarprotokoll 15/108, S. 9749 (B)
981 BT-Drs. 15/2948, S. 5; 15/2573, S. 2 – vgl. auch oben Einleitung
982 BT-Drs. 15/2948, S. 5; 15/2573, S. 17

Die legislatorische Aufspaltung des zweidimensionalen Steuerungsanspruchs führt zu der Notwendigkeit, auch die hier diskutierte Wirkungsfrage für das SchwarzArbG 2004 und das Schattenrecht je gesondert zu behandeln:

I. Normative Verhaltensordnung

In Bezug auf das SchwarzArbG 2004 selbst konkretisiert sich die Diskussion auf die Frage nach der Verwirklichung der normativen Verhaltensordnung, also darauf, ob die Normadressaten auf Schwarzarbeit verzichten. Wie schon die Auswertung der Berichterstattung an den Bundestag und anderer Quellen im 2. Teil der Untersuchung belegt, ist die Frage zu verneinen. Bereits vier Jahre nach Inkrafttreten des Gesetzes war dies auch die Auffassung der Bundesregierung, die deshalb im Sommer 2008 ein „Aktionsprogramm für Recht und Ordnung auf dem Arbeitsmarkt" auflegte. Bei der Vorstellung des „Aktionsprogramms" teilten der Bundesfinanzminister und der Bundesarbeitsminister den Abgeordneten der Koalitionsfraktionen mit, dass „Schwarzarbeit in Deutschland nach wie vor stark verbreitet" sei und deshalb „weitere Anstrengungen" erfordere[983]. Nach drei weiteren Jahren des Gesetzesvollzuges veröffentlichte „DER SPIEGEL" eine Reportage, die zeigte, dass für einen Scheinselbständigen oder einen „Tagelöhner auf dem Schwarzmarkt…die Chancen aufzufliegen gering"[984] sind (2011). Zum selben Zeitpunkt ging man auf wissenschaftlicher Ebene von gut 21 Prozent der Deutschen aus, die „trotz Intensivierung der Kontrollen meinen…, dass die Wahrscheinlichkeit, als Schwarzarbeiter erwischt zu werden, gering ist"; die Zahl habe damit „trotz staatlicher Kampagne noch zugenommen" [985]. Im Januar 2013 schließlich stellte der DGB lakonisch fest: „Die Bemühungen der letzten Jahre, die Schwarzarbeit und illegale Beschäftigung einzudämmen, konnten nur geringe Erfolge zeigen"[986]. Für die Richtigkeit dieser Einschätzung spricht ein Vergleich regierungsamtlicher Verlautbarungen aus den Jahren 2004 und 2012. Während es in der Begründung zum SchwarzArbG-E hieß: „Schwarzarbeit…

---

983 abrufbar unter: http://www.olafscholz.de/media/public/db/media/1/2010/12/191/20080604_gemeinsames_schreiben_bmf_und_bmas_zum_aktionsprogramm_recht_undordnung_auf_dem_arbeitsmarkt1.pdf

984 DER SPIEGEL 16/2011, S. 35 BDA Stellungnahme vom 31.01.2013 zum 12. Bericht der Bundesregierung über die Auswirkungen des Gesetzes zur Bekämpfung der illegalen Beschäftigung, S. 4

985 Enste, in: Enste/Schneider, Jahrbuch Schattenwirtschaft 2010/2011, 2011, S. 15

986 Stellungnahme vom 21.01.2013 zum 12. Bericht der Bundesregierung über die Auswirkungen des Gesetzes zur Bekämpfung der illegalen Beschäftigung, S. 2

verursacht enorme Einnahmeausfälle bei den Sozialkassen und dem Fiskus“[987] (März 2004), schreibt das federführende Bundesfinanzministerium in einem Arbeitsblatt für Schulen (Dezember 2012): „Dem Staat und der Sozialversicherung gehen durch „schwarz“ bezahlte Arbeiten (scil. noch immer) jährlich Steuereinnahmen und Sozialversicherungsbeiträge in Milliardenhöhe verloren“[988].

II. Sozialgestaltung

Mit der Aussage, dass Schwarzarbeit nach wie vor stark verbreitet sei, bilanzierte die Bundesregierung den Vollzug des SchwarzArbG 2004 bis zum Jahr 2008. Die sozialgestaltende Wirkung des Schattenrechts fand dabei keine Erwähnung. Anders der Bundesrechnungshof (BRH), der zum selben Zeitpunkt aufgrund einer bundesweiten Untersuchung feststellte, dass die „Arbeitsweise der Finanzkontrolle Schwarzarbeit“[989] die „Attraktivität“ informeller Arbeitskraftverwertung keineswegs beseitigt hatte[990]. Da die Arbeitsweise der FKS darauf ausgerichtet ist, den Verfolgungsdruck im gewerblichen Bereich massiv zu verstärken[991], während der Privatbereich „von den Kontrollmaßnahmen des Zolls verschont“ wird[992], spiegelt die Erkenntnis des BRH in erster Linie die Verhältnisse „rund ums Eigenheim“[993]. Dort hat das Schattenrecht eine Sozialgestaltung mindestens befördert, bei der die oben beschriebene[994] „Schwarzarbeit pur stattfindet“[995].

Zu fragen ist, ob sich Anhaltspunkte dafür finden, dass die Legislativakteure diese Sozialgestaltung durch das Schattenrecht gewünscht oder in Kauf genommen haben. Prima facie spricht hiergegen die in der Gesetzesbegründung formulierte Erwartung, die neuen Maßnahmen würden informelle Arbeitskraftverwertung verringern und zugleich „dazu beitragen, dass…die gesellschaftliche Akzeptanz der Schwarzarbeit deutlich sinkt“[996]. Verlauf und Ergebnis der

987 BT-Drs. 15/2948, S. 5; 15/2573, S. 1

988 http://www.bundesfinanzministerium.de/Content/DE/Standardartikel/Service/Arbeitsblaetter/2012-12-14- arbeitsblatt-dezember.html (Aufruf: 21.08.2013)

989 BT-Drs. 16/7727, S. 1

990 BT-Drs. 16/7727, S. 18

991 Bundesministerium der Finanzen - Monatsbericht 09.2004, S. 83

992 Plenarprotokoll 15/108, S. 9749 (B)

993 Plenarprotokoll 15/108, S. 9744 (C)

994 vgl. Teil 2

995 „Die Welt“ vom 11.07.2008 http://www.welt.de/wirtschaft/article2200505/Geputzt_wird_meistens_schwarz.html

996 BT-Drs. 15/2948, S. 5; 15/2573, S. 1

Anhörung in den Ausschüssen des Bundestages[997] zeigen jedoch, welche Vorstellungen auf die Legislativakteure einwirkten und unter welchen Motiven sie handelten. Dabei ist aufschlussreich, dass sich die Ausschussvorsitzende zu Beginn der Sitzung veranlasst sah, „Sie alle darauf hin(zu)weisen, dass diese Anhörung in Teilen zumindest von Phoenix übertragen wird. Sie müssen wissen, dass Sie sozusagen unter Beobachtung stehen“[998]. Der Hinweis spricht auch dafür, dass die Diskussion des Gesetzentwurfs in den Medien bereits „erhebliches politisches Gewicht gewonnen hatte“[999].

Von Gutachterseite wurde vorgetragen, dass es bei Schwarzarbeit „in vielen Bereichen um Dinge (geht), die sich gesellschaftlich entwickelt haben“[1000]. Jedenfalls insoweit sich Schwarzarbeit durch „Leistungen in Privathaushalten und die Inanspruchnahme solcher Leistungen“[1001] ohne ein „entsprechendes Unrechtsbewusstsein in der Bevölkerung“[1002] vollziehe, sei ihre Bekämpfung „mit strafrechtlichen Mitteln unverhältnismäßig“[1003]. Unter den Sitzungsteilnehmern artikulierte sich die Sorge, dass „Repression…in gewisser Weise ein Menschenbild zeichnet, das von einem gewissen Misstrauen gegenüber den Bürgern dieses Landes geprägt ist“[1004]. Mit der Einordnung als rechtlich nicht steuerbare gesellschaftliche Entwicklung verband sich die Furcht vor einem „negativen Echo in der Öffentlichkeit“[1005]. Verbandsvertreter merkten an, dass die Legislativakteure bei den Diskussionen im Vorfeld[1006] „sensibel auf Pressekampagnen reagiert“ hätten[1007] und „eingeknickt“

---

997 vgl. oben

998 BT-Finanzausschuss, Protokoll Nr. 15/52 (Wortprotokoll) S. 5

999 BT-Finanzausschuss, Protokoll Nr. 15/52 (Wortprotokoll), vorbereitende Stellungnahme BDZ, S. 11

1000 BT-Finanzausschuss, Protokoll Nr. 15/52 (Wortprotokoll) S. 13 (Herzog)

1001 BT-Finanzausschuss, Protokoll Nr. 15/52 (Wortprotokoll) S. 18 (Ignor)

1002 BT-Finanzausschuss, Protokoll Nr. 15/52 (Wortprotokoll) S. 18 (Ignor)

1003 BT-Finanzausschuss, Protokoll Nr. 15/52 (Wortprotokoll) S. 13 (Herzog); ähnlich: DGB, Wortprotokoll Nr. 15/52, S. 41 sowie in Bezug auf die Rechnungsaufbewahrung für Privathaushalte der Bund der Steuerzahler in seiner schriftlichen Stellungnahme, S. 5 http://webarchiv.bundestag.de/archive/2005/0825/parlament/gremien15/a07/protokolle/Anhoerungsprotokolle1/Stellungnahmen/Pr__sidium_Bund_d__Steuerzahler.pdf

1004 BT-Finanzausschuss, Protokoll Nr. 15/52 (Wortprotokoll) S. 6 (CDU)

1005 BT-Finanzausschuss, Protokoll Nr. 15/52 (Wortprotokoll) S. 14 (Herzog)

1006 vgl. BT-Finanzausschuss, Protokoll Nr. 15/52 (Wortprotokoll), vorbereitende Stellungnahme Herzog, S. 5

1007 BT-Finanzausschuss, Protokoll Nr. 15/52 (Wortprotokoll) S. 10 (DGB)

seien[1008]. Letztlich blieb dann die Einschätzung unwidersprochen, dass man sich der Privilegierung des Privatbereichs „nicht mehr entgegenstemmen (kann)"[1009].

Verlauf und Ergebnis der parlamentarischen Anhörung zeigen, dass sich die Legislativakteure über die sozialgestaltende Wirkung des Schattenrechts im Klaren und damit einverstanden waren: Nur im gewerblichen Bereich galt ihnen die „Verletzung zahlreicher Rechtsnormen" durch Schwarzarbeit als „nicht hinnehmbar"[1010]. Dort wollten und wollen sie das staatliche Recht „verschärft"[1011] durchsetzen. Im privaten Bereich dagegen halten sie es für ausreichend „rechtmäßiges Verhalten zu fördern"[1012]. Hier soll staatliches Recht als „Angebot"[1013] verstanden werden und „Möglichkeiten"[1014] legalen Verhaltens bieten. Dass diese Angebote bzw. Möglichkeiten in großem Umfang ungenutzt bleiben würden, war jedem klar, der die These von Schwarzarbeit als einer gesellschaftlichen Entwicklung ohne „entsprechendes Unrechtsbewusstsein in der Bevölkerung"[1015] akzeptierte. Wo Unrechtsbewusstsein fehlt, findet „Legalisierung"[1016] nicht statt und bleiben die bestehenden Zustände erhalten. Somit ist davon auszugehen, dass die Legislativakteure die Perpetuierung von Schwarzarbeit im sog. Privatbereich mindestens in Kauf genommen haben.

Allein mit diesem Befund ist allerdings die Einwirkung des Schattenrechts auf die Gestaltung gesellschaftlicher Verhältnisse noch nicht vollständig beschrieben. Vielmehr zeigt sich noch folgendes Phänomen: Das SchwarzArbG 2004 dient der Verwirklichung (para-)fiskalischer Steuer- und Beitragsansprüche gegenüber unterschiedslos allen gesellschaftlichen Akteuren, die den Tatbestand des jeweils einschlägigen Abgabengesetzes erfüllen; das Schattenrecht dagegen „zielt primär auf...auf den gewerblichen Bereich"[1017]. Die dem Schattenzweck entsprechende Konzentration aller FKS-Ressourcen bewirkt dass der „private Bereich" vom Vollzug des SchwarzArbG 2004 und dadurch auch vom Vollzug

1008 BT-Finanzausschuss, Protokoll Nr. 15/52 (Wortprotokoll) S. 10 (DGB) sowie Stellungnahme BDZ, S. 12
1009 Wortprotokoll Nr. 15/52 des Finanzausschusses, S. 46 (IG Bau)
1010 BT-Drs. 15/2948, S. 5; 15/2573, S. 17
1011 BT-Drs. 15/2948, S. 5; 15/2573, S. 17
1012 BT-Drs. 15/2948, S. 5; 15/2573, S. 17
1013 BT-Drs. 15/2948, S. 5; 15/2573, S. 17
1014 BT-Drs. 15/2948, S. 5; 15/2573, S. 17
1015 BT-Finanzausschuss, Protokoll Nr. 15/52 (Wortprotokoll), vorbereitende Stellungnahme Ignor, S. 18
1016 BT-Drs. 15/2948, S. 5; 15/2573, S. 17
1017 BT-Drs. 15/2948, S. 20

der adressierten Abgabengesetze ausgenommen bleibt. Unter dem Schattenrecht entstehen damit zwei Klassen gesellschaftlicher Akteure: solche, die Abgaben sowohl von Gesetzes wegen, als auch tatsächlich zahlen müssen und solche, denen hierzu nur „Möglichkeiten" geschaffen bzw. ein „Angebot" gemacht wird. Dass und wie dieser Effekt in der Gesellschaft wahrgenommen wird, zeigt die gemeinsame Forderung von Unternehmen und Gewerkschaften der Bauwirtschaft, Kontrollen „unterschiedslos und unabhängig von der Größe auf gewerblichen, öffentlichen und privaten Baustellen durchzuführen"[1018]. Indes reicht die Sozialgestaltung durch das Schattenrecht noch über die Klassenbildung hinaus; u.U. führt sie auch zu einem Phänomen, das pointiert als soziale Persönlichkeitsspaltung bezeichnet werden könnte. Um hierzu bei der Bauwirtschaft zu bleiben: In Bezug auf seine „schwarz" beschäftigte Haushaltshilfe ist der Bauunternehmer schattenrechtlich privilegiert, wird also grundsätzlich weder überprüft, noch zur Zahlung von Steuern und Abgaben angehalten. In Bezug auf seine Bauarbeiter dagegen sieht er sich erhöhtem Verfolgungsdruck ausgesetzt; nur hier gilt eine etwaige Steuer- und Beitragshinterziehung als „nicht hinnehmbar"[1019]. Je nach Lebensbereich – fasst lässt sich sagen: je nach Tageszeit, morgens in der Wohnung, mittags in der Firma – gehört der Bauunternehmer der Gruppe der Zahler- oder der (schattenrechtlichen) Nichtzahler an.

III. Zwischenergebnis

Das legislatorische Schattenrecht der Schwarzarbeit wurde im Vergleich mit dem Schwarz- ArbG 2004 auf seine normative Qualität untersucht. Dabei haben sich einerseits Gemeinsamkeiten und andererseits Unterschiede gezeigt:

So hat der mehrschichtige Bekämpfungsansatz (Gesetzesbegründung) mit dem umfassenden Bekämpfungsansatz (Gesetzeswortlaut) zunächst den Standort in der Regierungsvorlage gemeinsam. Gemeinsam ist den beiden Konzepten auch, dass sie jeweils Gegenstand der Ausschussanhörung und der Plenardebatte waren, wobei der Schwerpunkt allerdings auf dem Schattenrecht lag. Wie Debattenbeiträge zeigen, war den Legislativakteuren dabei bewusst, dass sich in dem mehrschichtigen Bekämpfungsansatz ein aliud zu dem gesetzlichen Konzept manifestierte.

Dieses Bewusstsein prägt den Erklärungswert der unter seiner Wirkung schließlich gefassten Beschlüsse. Ausdrücklich nur auf das Gesetz bezogen

1018 Hauptverband der Deutschen Bauindustrie, Zentralverband des Deutschen Baugewerbes und IG BAU Gemeinsame Presseinfo vom 18.02.2011

1019 BT-Drs. 15/2948, S. 5; 15/2573, S. 17

(Ausschussfassung), umfasste die parlamentarische Beschlussfassung inzidenter auch eine – fraktions- und organübergreifende – Billigung des Schattenrechts. Denn die Legislativakteure wiesen den mehrschichtigen Bekämpfungsansatz trotz seiner Widersprüchlichkeit zum SchwarzArbG 2004 selbst keineswegs zurück, sondern hoben auf die schattenrechtliche Privilegierung des sog. Privatbereichs von Schwarzarbeit sogar ausdrücklich ab. Insofern verband sich der formelle Gesetzesbeschluss mit einem informellen Parlamentsbeschluss. Anders als der Gesetzesbeschluss wurde der informelle Parlamentsbeschluss weder ausgefertigt noch verkündet. Deshalb fehlt es ihm an der Rechtsnormqualität im Sinne des Grundgesetzes.

Andererseits entfaltet das legislatorische Schattenrecht der Schwarzarbeit im Gefüge der staatlichen Rechtsordnung eine starke sozialgestaltende Wirkung. Es bewirkt erstens eine Perpetuierung von Schwarzarbeit „rund ums Eigenheim“[1020]. Zweitens segmentiert das Schattenrecht die gesellschaftlichen Akteure in die zwei Klassen der Zahler und der (potentiellen) Nichtzahler von Steuern und Sozialversicherungsbeiträgen, wobei drittens ein und derselbe Normadressat, je nach den Umständen, durchaus der einen oder der anderen Klasse zugehört.

D. Justiziabilität des legislatorischen Schattenrechts

Nach der Verfassungsrechtsprechung zu Artikel 20 Absatz 2 Satz 2 GG gilt als Ausübung von Staatsgewalt „jedenfalls alles amtliche Handeln mit Entscheidungscharakter“[1021]. Die Gesetzgebung zum SchwarzArbG 2004 sowie die hierdurch veranlassten Prüfungen und Ermittlungen erfüllen diese Tatbestandsvoraussetzungen. Dasselbe gilt allerdings auch für das legislatorische Schattenrecht der Schwarzarbeit und dessen Vollzug. Denn der mehrschichtige Bekämpfungsansatz manifestiert sich in der durch informellen Parlamentsbeschluss sanktionierten Entscheidung der Bundesregierung, die Behörden der Zollverwaltung bei ihren Prüfungen und Ermittlungen auf den gewerblichen Bereich zu konzentrieren (im Folgenden: Konzentrationsweisung). Wie das BVerfG entschieden hat, stellen sich Entscheidungen im internen Bereich von Regierung und Verwaltung im Verhältnis zu den Bürgern ebenfalls als Ausübung von Staatsgewalt dar[1022].

1020 Plenarprotokoll 15/108, S. 9744 (C)
1021 BVerfGE 83, 60, 73 st. Rspr.
1022 BVerfGE 93, 37, 68

Im System des GG begegnet die Ausübung von Staatsgewalt einem „allgemeinen Justizgewährungsanspruch“[1023], wenn und soweit sie eine normativ verankerte Rechtsposition verletzt. Der allgemeine Justizgewährungsanspruch gewährleistet die (mindestens) einmalige gerichtliche Entscheidung „über ein behauptetes Recht“[1024]. Sein positiver Ausdruck sind die „Rechtsschutzgarantie“[1025] aus Art. 19 Abs. 4 GG sowie die hiervon zu trennende Möglichkeit[1026], nach Maßgabe der Art. 93 und Art. 100 GG eine Entscheidung des BVerfG herbeizuführen.

Die Anwendung dieser Grundsätze auf das legislatorische Schattenrecht der Schwarzarbeit wirft zwei Fragen auf: erstens, ob und wessen Rechtspositionen hierdurch verletzt werden; zweitens, ob sich eine Rechtsverletzung mit dem verfügbaren Rechtsschutzinstrumentarium erfassen bzw. bewältigen lässt, anders ausgedrückt: ob sich in Bezug auf das legislatorische Schattenrecht der Schwarzarbeit der allgemeine Justizgewährungsanspruch überhaupt verwirklicht. Im Folgenden geht die Untersuchung diesen beiden Fragen je gesondert für den informellen Parlamentsbeschluss und die Konzentrationsweisung der Bundesregierung nach. Sie geht von der Prämisse aus, dass im einen Fall die staatliche, im anderen die gesellschaftliche Akteursebene berührt ist.

I. Informeller Beschluss des Parlaments

Der informelle Parlamentsbeschluss ist die Erscheinungsform, in der das legislatorische Schattenrecht Gestalt gewinnt. Durch seine Informalität dem formellen Gesetzgebungsverfahren entzogen, könnte er mit dem „durch Art. 38 Abs. 1 GG gewährleistete(n) repräsentative(n) verfassungsrechtliche Status“[1027] des einzelnen Abgeordneten kollidieren.

1. Verletzung des Abstimmungsrechts im Bundestag

Zu Kernbereich dieses Status und der Wahrnehmung des Abgeordnetenmandats gehört „das Recht, im Deutschen Bundestag abzustimmen (zu „beschließen“, vgl. Art. 42 Abs. 2 GG)“[1028]. Bei einem Gesetzentwurf konkretisiert die Geschäftsordnung des Bundestages dieses Recht auf „jede Einzelbestimmung“[1029].

1023 BVerfG NJW 2003, 1924 (Plenarbeschluss)
1024 BVerfG a.a.O.
1025 BVerfGE 113, 273, 310
1026 vgl. BVerfG NJW 2005, 1999, 2001 st.Rspr.
1027 BVerfGE 80, 188, 217
1028 BVerfGE 125, 104, 123
1029 §§ 81 Abs. 2; 86 GeschOBT

Im Falle des SchwarzArbG 2004 wurde die aus dem Vermittlungsverfahren hervorgegangene Ausschussfassung des Gesetzentwurfs zur Abstimmung gestellt. Ebenso wie die Ursprungsfassung enthielt auch die Ausschussfassung weder den mehrschichtigen Bekämpfungsansatz, noch dessen Konstruktionsgrundlagen, die Schattendefinition von Schwarzarbeit sowie den Schattenzweck. Damit war das Schattenrecht der Stimmabgabe entzogen; aus der Perspektive des einzelnen Abgeordneten betrachtet, lag in dieser Gestaltung des Abstimmungsgegenstandes eine Verletzung seines Abstimmungsrechts und damit seines verfassungsrechtlichen Status aus Art. 38 Abs. 1 GG.

2. Organstreit

Gegenüber einer Verletzung des Abgeordnetenstatus ist die Möglichkeit des Organstreits eröffnet[1030]. Unter den gegebenen Umständen wäre auch durchaus denkbar gewesen, dass Abgeordnete der CDU/CSU und/oder FDP diese Möglichkeit nutzen. Denn alle Abgeordneten der seinerzeitigen Oppositionsfraktionen hatten mit ihrer Gegenstimme die Ablehnung der Ausschussfassung zum Ausdruck gebracht[1031]. Tatsächlich jedoch wurde das Abstimmungsverfahren durch keinen Organstreitberechtigten zur Beurteilung durch das BVerfG gestellt. Für das hier verfolgte Erkenntnisinteresse liegt hierin ein weiterer Anhaltspunkt dafür, dass die Legislativakteure in der Sache, also in Bezug auf das Schattenrecht selbst, „nahtlos" übereinstimmten[1032].

II. Konzentrationsweisung der Bundesregierung

Während das Schattenrecht in dem informellen Parlamentsbeschluss Gestalt gewinnt, bildet der mehrschichtige Bekämpfungsansatz seinen Regelungsgehalt. Der Regelungsgehalt wiederum wird durch die Konzentrationsweisung der Bundesregierung verwirklicht. Infolge dieser Weisung konzentrieren die Zollbehörden ihre Prüfungen und Ermittlungen auf den sog. gewerblichen Bereich der Schwarzarbeit und setzen das SchwarzArbG 2004 im „Bereich der haushaltsnahen Dienstleistungen, der kleineren Handwerksleistungen rund ums Eigenheim"[1033] nicht um. Die Konzentrationsweisung ist den Legislativakteuren

1030 Art. 93 Abs. 1 Nr. 1GG – vgl. BVerfGE 118, 277, 320 st. Rspr.
1031 Plenarprotokoll 15/108 S. 9754 (C)
1032 Plenarprotokoll 15/108, S. 9753 (A)
1033 Plenarprotokoll 15/108, S. 9744

bekannt und von ihnen gewollt[1034]. Sie verletzt den allgemeinen Gleichheitssatz und zugleich das Rechtsstaatsprinzip.

1. Verletzung des allgemeinen Gleichheitssatzes

Der allgemeine Gleichheitssatz schützt natürliche[1035] und grundsätzlich auch juristische Personen des Privatrechts[1036] vor staatlicher Willkür[1037], ohne dabei auf bestimmte staatliche Handlungsformen beschränkt zu sein; erfasst werden vielmehr alle „Entscheidungen, Äußerungen und Handlungen, die - auf den jeweiligen staatlichen Entscheidungsebenen - den Anspruch erheben können, autorisiert im Namen aller Bürger getroffen zu werden"[1038]. Neben dem SchwarzArbG 2004 selbst sind daher auch das legislatorische Schattenrecht und seine Umsetzung an den Maßstäben des Artikels 3 Absatz 1 GG zu messen. Denn im einen wie im anderen Fall betrachten sich die staatlichen Akteure auf den jeweiligen Entscheidungsebenen als zu ihrem Entscheidungen/Handlungen autorisiert.

Bei dem SchwarzArbG 2004 handelt es sich um den durch „enorme Einnahmeausfälle bei den Sozialkassen und dem Fiskus"[1039] motivierten Versuch, die Abgabenbelastung entgeltlicher Verwertung bzw. Nutzung von Arbeitskraft gegenüber den gesellschaftliche Akteuren durchzusetzen. Hierzu von Verfassung wegen autorisiert[1040], sind die staatlichen Akteure allerdings gehalten, „die einmal getroffene Belastungsentscheidung folgerichtig im Sinne der Belastungsgleichheit umzusetzen"[1041]. Eine Abweichung vom Grundsatz der Belastungsgleichheit durch Unterscheidung von Normadressaten mit je unterschiedlichen Rechtsfolgen bedarf der „Rechtfertigung in besonderen sachlichen Gründen"[1042]. Wie oben aufgezeigt, wurde unter den Legislativakteuren durchaus die Option diskutiert, „die Leistungen rund um die privaten Haushalte" von der Schwarzarbeitsbekämpfung gesetzlich freizustellen[1043]. Am Ende stand allerdings nicht das formelle Privileg im Tatbestand des SchwarzArbG 2004, sondern die informelle

1034 Plenarprotokoll 15/108, S. 9749 (B)
1035 BVerfGE 23, 98, 104
1036 BVerfGE 35, 348, 357
1037 BVerfGE 78, 232, 248
1038 BVerfGE 128, 226, 244
1039 BT-Drs. 15/2948, S. 5; 15/2573, S. 1
1040 vgl. BVerfGE 93, 319, 342
1041 BVerfGE 101, 132, 138
1042 BVerfGE 101, 132, 138f. - Umsatzsteuer
1043 Plenarprotokoll 15/108, S. 9744 (D)

Verfolgungsprivilegierung in dessen Schatten. Die Frage nach der Rechtfertigung dieser Privilegierung stellt sich deshalb nicht an das Gesetz, sondern an den mehrschichtigen Bekämpfungsansatz und dessen Verwirklichung in der bzw. durch die Konzentrationsweisung der Bundesregierung.

Dass die Antwort auf die Rechtfertigungsfrage negativ ausfallen muss, ergibt sich bereits aus der Begründung des SchwarzArbG 2004. Dort reklamieren die Legislativakteure eine „Notwendigkeit, Schwarzarbeit im Interesse aller ehrlichen Steuer- und Beitragszahler zu verringern“[1044]. Hinsichtlich dieser Notwendigkeit, die ihrerseits aus dem Gebot der Gleichheit vor dem (Steuer- und Beitrags-)Gesetz folgt, kann es eine Unterscheidung „gewerblicher“ und „privater“ Schwarzarbeit aber nicht geben. Denn für die Schutzwürdigkeit des Interesses der Ehrlichen, auf das die Legislativakteure abheben, kommt es auf die Vergleichbarkeit (hier: die Identität) des Lebenssachverhalts Schwarzarbeit an; der sozio-ökonomische Status der Unehrlichen dagegen insoweit völlig unerheblich.

Tatsächlich geht es bei der Konzentrationsweisung auch gar nicht primär hierum, sondern um das erklärte Ziel, mit den Prüfungen und Ermittlungen der Zollbehörden jährlich staatliche Mehreinnahmen von 1 Mrd. Euro zu erzielen[1045]. Bereits bei der Entwicklung des mehrschichtigen Bekämpfungsansatzes und seiner Diskussion im Bundestag bestand Einvernehmen darüber, dass dieses Ziel unter den „Raubtieren“[1046], d.h. im gewerblichen Bereich[1047], verfolgt werden soll; daher herrscht heute auf der Vollzugsebene die Devise: „Wir müssen die Ressourcen gewinnbringend einsetzen“[1048]. Indes gilt unter dem Gesichtspunkt des Gleichheitssatzes für den Gesetzesvollzug nichts anderes als für die Gesetzgebung: Das Ziel der Einnahmenvermehrung stellt keinen hinreichenden sachlichen Grund für die Abweichung vom Grundsatz der Steuergerechtigkeit dar[1049]. Im Gegensatz dazu führen der mehrschichtige Bekämpfungsansatz und dessen Verwirklichung in der Konzentrationsweisung der Bundesregierung zu einem strukturellen „Widerspruch zwischen dem normativen Befehl der materiell pflichtbegründenden Steuernorm und der nicht auf Durchsetzung dieses

---

1044 BT-Drs. 15/2948, S. 5; 15/2573, S. 1

1045 vgl. BT-Drs. 15/2948, S. 5; 15/2573, S. 2

1046 BT-Finanzausschuss, Protokoll Nr. 15/52 (Wortprotokoll), vorbereitende Stellungnahme Herzog, S. 13

1047 vgl. BT-Drs. 15/2948, S. 5; 15/2573, S. 17

1048 Immoblien Zeitung Nr. 14/2011 vom 07.04.2011, S. 3

1049 BVerfGE 117, 1, 30 und 126, 268, 281

Befehls angelegten Erhebungsregel“[1050]. Ein solcher Widerspruch ist als Verletzung des allgemeinen Gleichheitssatzes „verfassungsrechtlich verboten“. [1051].

Die Verletzung des verfassungsrechtlichen Verbots im Schattenrecht der Schwarzarbeit war kein „Betriebsunfall“, sondern ein den Legislativakteuren bewusste Entscheidung. Denn sie waren bei der Anhörung zum SchwarzArbG 2004-E ausdrücklich aufgefordert worden, sich „darüber im klaren (zu) sein, dass diese Ausnahmetatbestände keinen einheitlichen und gerechten Vollzug gewährleisten werden“[1052].

2. Verletzung des Gesetzesvorbehalts

Mit dem Eingriff in das Grundrecht aus Art. 3 Abs. 1 GG verbindet sich ein Verstoß gegen den Vorbehalt des Gesetzes[1053] bzw. Gesetzesvorbehalt[1054]. Der Gesetzesvorbehalt wurzelt im Rechtsstaatsprinzip und im Demokratiegebot[1055]. Nach der „vom Bundesverfassungsgericht entwickelte(n) Lehre...darf (der Staat) in weiten Bereichen nur tätig werden, wenn er durch ein vom Parlament erlassenes Gesetz dazu ermächtigt ist“[1056]. Während andere Bereiche durch weitere Rechtsprechung noch näher bestimmt werden sollen[1057], steht bereits fest, dass die Einschränkung von Grundrechten1058[1058] und alle „Regelungen..., die für die Verwirklichung von Grundrechten erhebliche Bedeutung haben“[1059], stets dem Vorbehalt des Gesetzes unterliegen.

Unter diesen Umständen hätte es eines förmlichen Gesetzes bedurft, um „die Behörden der Zollverwaltung...auf den gewerblichen Bereich (zu) konzentrieren“[1060] und den privaten Bereich zu Lasten des Gleichbehandlungsgebotes von der Schwarzarbeitsbekämpfung weitgehend auszunehmen. Darauf, dass den Legislativakteuren diese Notwendigkeit auch durchaus vor Augen stand, deutet die Debatte um die gesetzliche Absicherung des Verfolgungsprivilegs

1050 BVerfGE 110, 94, 112
1051 BVerfGE 110, 94, 112
1052 BT-Finanzausschuss, Protokoll Nr. 15/52 (Wortprotokoll), vorbereitende Stellungnahme BDZ, S. 12
1053 vgl. BVerfGE 98, 218, 251
1054 vgl. BVerfGE 115, 118, 139
1055 BVerfGE 101, 1, 34
1056 BVerfGE 84, 212, 226 st.Rspr.
1057 vgl. BVerfGE 84, 212, 226
1058 BVerfGE 108, 282, 312
1059 BVerfGE 95, 267, 308
1060 BT-Drs. 15/2948, S. 20

für den Privatbereich durch „Ausnahmebestimmungen“[1061] hin. Vor dem Hintergrund dieser Debatte erweisen sich die Billigung des mehrschichtigen Bekämpfungsansatzes durch einen informellen Parlamentsbeschluss und seine Verwirklichung in der Konzentrationsweisung der Bundesregierung als durchaus bewusste (und fortgesetzte) Verletzung des Gesetzesvorbehalts und damit des Rechtsstaatsprinzips auf der „jeweiligen staatlichen Entscheidungsebene“[1062].

3. *Konkrete Normenkontrolle*

Die Betrachtung von Rechtsschutzmöglichkeiten auf der gesellschaftlichen Akteursebene beginnt mit der Frage nach der „Zulässigkeit einer konkreten Normenkontrolle“[1063]. Hierzu wird der Fall angenommen, dass ein „Unternehmen“[1064], dem Schwarzarbeit mit Ausländern nachgewiesen wurde, gegen einen deshalb ergangenen Strafbefehl Einspruch einlegt[1065] und sich zur Begründung des Rechtsbehelfs auf die Verletzung des Rechtsstaatsprinzips und des allgemeinen Gleichheitssatzes beruft[1066]. Das Strafgericht könnte erwägen, deshalb das Verfahren auszusetzen und auf der Grundlage des Art. 100 Abs. 1 GG die Entscheidung des BVerfG einzuholen.

Zwar knüpft Art. 100 Abs. 1 GG seinem Wortlaut nach an das Vorliegen eines Gesetzes, d.h. an eine Voraussetzung, die hier nicht erfüllt ist. Vielmehr manifestiert sich in dem informellen Parlamentsbeschluss auch die Entscheidung, „Ausnahmebestimmungen“[1067] zu Gunsten des Privatbereichs gerade nicht in das SchwarzArbG 2004 aufzunehmen oder sonst in Gesetzesform zu bringen, mithin die „Unterlassung einer Regelung durch den Gesetzgeber“[1068]. Indes ist auch eine solche Unterlassung vorlagefähig und ggf. Gegenstand einer Unvereinbarkeitserklärung durch das BVerfG[1069].

Allerdings könnte das legislatorische Unterlassen nur dann zu einem Vorlagebeschluss führen, wenn es für die Entscheidung über den Strafbefehl gegen den gewerblichen Nachfrager informeller Arbeitskraft auf die schattenrechtliche

1061 Wortprotokoll Nr. 15/52, S. 46 (IG Bau)
1062 BVerfGE 128, 226, 244; vgl. zu der dahinter stehenden Problematik auch Grimm, Die Zukunft der Verfassung, 1991, S. 172ff.
1063 1063 BVerfGE 97, 117, 123
1064 BT-Drs. 15/2948, S. 5; 15/2573, S. 17
1065 § 410 Abs. 1 StPO
1066 vgl. § 410 Abs. 2 StPO
1067 Wortprotokoll Nr. 15/52, S. 46 (IG Bau)
1068 BVerfGE 115, 259, 275
1069 BVerfG a.a.O.

Privilegierung des Privatbereichs ankäme. Hierzu müsste das Strafgericht bei Vorliegen einer Unvereinbarkeitserklärung durch das BVerfG anders zu entscheiden haben, als ohne diesen Verfahrensschritt[1070]. An dieser Tatbestandsvoraussetzung fehlt es jedoch. Denn im gegebenen Fall nachgewiesener Schwarzarbeit hat der Strafbefehl im SchwarzArbG 2004 selbst eine Rechtsgrundlage[1071], die als solche verfassungsrechtlich nicht zu beanstanden ist. Mit dem Instrument eines konkreten Normenkontrollverfahrens ist die Verletzung des Gesetzesvorbehalts daher nicht justiziabel.

Dieselbe Frage an den Gleichheitsverstoß gestellt führt zu folgender Erkenntnis: Zwar wäre auch dieser Vortrag zutreffend; auch könnte er durch einen Hinweis ergänzt werden, dass mit der informellen Freistellung des Privatbereichs von Schwarzarbeitsbekämpfung nach Maßgabe des SchwarzArbG 2004 eine Verletzung des Legalitätsprinzips[1072], also staatliches Unrecht, verbunden ist. Dennoch wäre er für den Einspruchsführer nicht zielführend. Denn nach der Rechtsprechung des BVerfG gibt es keine „Gleichheit im Unrecht" und kann „ein Straftäter seine Straflosigkeit (nicht) mit dem Hinweis darauf fordern…, dass andere Gesetzesbrecher nicht verfolgt" werden[1073]. Zwar hat das BVerfG in diesem Zusammenhang erwogen, ob dort eine Grenze zu ziehen sei, „wo willkürlich nur eine Minderheit des strafwürdigen Verhaltens herausgegriffen" werde[1074]. Indes handelt es sich bei Schwarzarbeit gerade nicht um ein Minderheitenphänomen[1075]. Mithin lässt sich auch die Verletzung des allgemeinen Gleichheitssatzes im Schattenrecht der Schwarzarbeit mit einer konkreten Normenkontrolle nicht bewältigen.

4. *Verfassungsbeschwerde*

Zu untersuchen ist sodann, ob sich der allgemeine Justizgewährungsanspruch des GG gegenüber dem Schattenrecht der Schwarzarbeit über eine Verfassungsbeschwerde verwirklicht. Die Verfassungsbeschwerde ist „ein außerordentlicher Rechtsbehelf, mit dem der Träger des vermeintlich verletzten Rechts Eingriffe der öffentlichen Gewalt abwehren kann"[1076]. Sie hat daneben die „Funktion, das objektive Verfassungsrecht zu wahren, auszulegen und fortzubilden"[1077]. Im hier

---

1070 vgl. BVerfGE 105, 61, 67
1071 § 10 SchwarzArbG 2004
1072 §§ 385 Abs. 1 AO; 152 Abs. 2 StPO
1073 BVerfGE 50, 142, 166
1074 BVerfGE 50, 142, 166
1075 vgl. BT-Drs. 15/2948, S. 5; 15/2573, S. 1
1076 BVerfG NJW 2003, 1924, 1927
1077 BVerfGE 126, 1, 17

betrachteten Zusammenhang hängt die Erfüllung dieser doppelten Funktion zunächst davon ab, dass das Schattenrecht der Schwarzarbeit als Gegenstand einer Verfassungsbeschwerde in Betracht kommt. Darüber hinaus sollen die Beschwerdefähigkeit, die Beschwerdebefugnis und die Rechtswegerschöpfung (Subsidiarität) als Zulässigkeitsvoraussetzungen problematisiert werden.

4.1 Beschwerdegegenstand

Bei der Frage, ob das Schattenrecht als ein „tauglicher Beschwerdegegenstand“[1078] in Betracht kommt, soll zwischen seiner Erscheinungsform als informeller Parlamentsbeschluss und seinem Vollzug im mehrschichtigen Bekämpfungsansatz unterschieden werden. Denn für die Tauglichkeit einer Maßnahme öffentlicher Gewalt als Beschwerdegegenstand ist maßgeblich, ob hierdurch in Rechte des Beschwerdeführers eingegriffen wird. Handlungen staatlicher Akteure, die „dem Bürger gegenüber keine unmittelbare Außenwirkung (entfalten)“[1079], erfüllen diese Voraussetzung nicht. Mangels unmittelbarer Außenwirkung hat das BVerfG insbesondere die Beratung eines Gesetzes und die Beschlussfassung hierüber ausgeschlossen[1080]. Eine Verfassungsbeschwerde etwa gegen den Gesetzesbeschluss zum SchwarzArbG 2004 wäre unzulässig, weil dieser Beschluss erst durch den Gesetzesvollzug Außenwirkung erlangt.

Auch der informelle Parlamentsbeschluss entfaltet als solcher noch keine Außenwirkung, weder mittelbar, noch unmittelbar. Vielmehr wird die Rechtssphäre des Bürgers erst dadurch berührt, dass die Behörden der Zollverwaltung angewiesen sind, sich „auf den gewerblichen Bereich (zu) konzentrieren“[1081] und diese Weisung auch tatsächlich umsetzen. In Bezug auf das Kriterium der Außenwirkung unterscheidet sich der informelle Parlamentsbeschluss nicht von dem Gesetzesbeschluss, in dessen Schatten er gefasst wurde. Daher ist er, ebenso wie dieser, kein tauglicher Beschwerdegegenstand.

Prüft man sodann die Konzentrationsweisung der Bundesregierung auf ihre externe Wirkung, so kommt zunächst noch einmal die bereits zitierte Rechtsprechung des BVerfG in den Blick, wonach sich Entscheidungen im internen Bereich von Regierung und Verwaltung im Verhältnis zum Bürger als Ausübung von Staatsgewalt darstellen[1082]. Wenn deshalb Außenwirkung zu bejahen ist, kommt es für die Eignung der Konzentrationsweisung als Gegenstand einer

1078 BVerfG NJW 2005, 2059
1079 BVerfG NJW 2005, 2059
1080 BVerfG NJW 2005, 2059
1081 BT-Drs. 15/2948, S. 20
1082 BVerfGE 93, 37, 68

Verfassungsbeschwerde auf das Kriterium der Unmittelbarkeit an. Denkbar ist es, auf Grundlage älterer Entscheidungen des BVerfG die Auffassung zu vertreten, mit der an die Zollbehörden gerichteten Weisung werde „noch nicht unmittelbar in die Rechtssphäre des einzelnen Staatsbürgers“ eingegriffen[1083]; ggf. handele es sich um nicht mehr als um die nicht justiziable Ankündigung von Vollzugsmaßnahmen[1084]. Indes erscheint zweifelhaft, ob eine solche Betrachtung dem normativen Gewicht der Konzentrationsweisung angemessen wäre. Denn zu bedenken ist, dass die Bundesregierung hiermit nicht nur eine Weisung erteilt, sondern ein Konstruktionselement in das Gefüge des Schattenrechts eingebaut hat, das nach informeller Billigung in Bundestag und Bundesrat den Eckstein des ganzen Systems bildet. Dabei ist schon mit der weisungsgemäßen „Schaffung leistungsfähiger Strukturen im Zoll zur Bekämpfung (scil. ausdrücklich nur) der gewerbsmäßigen Schwarzarbeit“[1085] die Grenze des Gleichheitsverstoßes überschritten. Zugleich zeigt sich in eben diesen Strukturen eine so enge Verknüpfung zwischen der Konzentrationsweisung und ihrer tatsächlichen Umsetzung, dass Regierungs- und Verwaltungshandeln unter dem Gesichtspunkt der Verfassungsbeschwerde als Einheit behandelt werden können und müssem: bei jährlicher Festlegung von Schadenssummen in einer Höhe, die sich nur im gewerblichen Bereich erreichen lässt, bleibt dem einzelnen FKS-Ermittler gar keine andere Wahl, als seine Prüfungen und Ermittlungen dort durchzuführen. Es ist dieser Automatismus, der die Konzentrationsweisung jedenfalls dann zu einem tauglichen Beschwerdegegenstand macht, wenn die einzelne Vollzugsmaßnahme mit der Verfassungsbeschwerde angegriffen werden kann.

Im oben gebildeten Beispielsfall ist diese Voraussetzung erfüllt. Denn der hier angenommene Strafbefehl gegen ein Unternehmen steht einem rechtskräftigen Urteil gleich[1086] und kann daher Gegenstand einer Verfassungsbeschwerde sein[1087].

4.2 Beschwerdefähigkeit

Weitere Voraussetzung ist allerdings die Beschwerdefähigkeit des „Unternehmens“. Nach Art. 93 Abs. 1 Nr. 4a GG kann die Verfassungsbeschwerde von jedermann mit der Behauptung der Verletzung eines der dort bezeichneten Rechte erhoben werden. So stellt sich hier zunächst die Frage, ob das „Unternehmen“ als

---

1083 BVerfGE 35, 366, 372

1084 vgl. BVerfGE 15, 256, 263

1085 BT-Drs. 15/2948, S. 5; 15/2573, S. 1

1086 vgl. § 410 Abs. 3 StPO

1087 vgl. § 90 Abs. 2 BVerfGG

jedermann und damit als beschwerdefähig gelten kann. Beschwerdefähig ist, wer als Träger des verletzten Grundrechts bzw. der grundrechtsgleichen Gewährleistung in Betracht kommt[1088]. Wie oben dargelegt, fehlt es im Schattenrecht der Schwarzarbeit an einer Bestimmung des Unternehmensbegriffs[1089]; deshalb ist insofern zunächst auch die Grundrechts- und damit die Beschwerdefähigkeit unklar. Indes kann nur der Inhaber eines Unternehmens Schwarzarbeit anbieten bzw. nachfragen. Inhaber ist entweder eine natürliche oder eine juristische Person, wobei Art. 19 Abs. 3 GG den Geltungsbereich der Grundrechte auf inländische juristische Personen insoweit ausdehnt, als sie ihrem Wesen nach auf diese anwendbar sind. Nach der Rechtsprechung des BVerfG erfüllt jedenfalls das hier in Rede stehende Grundrecht aus Art. 3 Abs. 1 GG diese Voraussetzung[1090]. Deshalb kommt es im Beispielsfall nicht darauf an, ob es sich bei dem Unternehmensinhaber um eine natürliche oder eine juristische Person handelt; Beschwerdefähigkeit ist zu bejahen.

4.3 Beschwerdebefugnis

Von der Beschwerdefähigkeit ist die Beschwerdebefugnis zu unterscheiden[1091], eine Voraussetzung, die der Beschwerdeführer nur erfüllt, wenn ihn die angegriffene Maßnahme selbst, gegenwärtig und unmittelbar betrifft1092[1092]. Das Erfordernis der Selbstbetroffenheit dient dem Ausschluss sogenannter „Popularklagen“[1093], wobei sich die Rechtsprechung des BVerfG hierzu in erster Linie auf die „Verfassungsbeschwerde unmittelbar gegen ein Gesetz“[1094] bezieht. Ihr liegt die Erwägung zu Grunde; dass „andernfalls die gesetzesunmittelbare Verfassungsbeschwerde in der Hand des Bürgers zu einem Art. 93 Abs. 1 Nr. 2 GG nachgebildeten Rechtsbehelf (geriete)“[1095], das verfassungssystematische Rechtsschutzsystem also durchbrochen würde. Bei dem hier beschriebenen legislatorischen Schattenrecht der Schwarzarbeit fehlt es allerdings gerade am Kern dieser Erwägungen, nämlich an einem förmlichen Gesetz. Deshalb kann allein auf dieser Grundlage noch keine Aussage zu dieser Zulässigkeitsvoraussetzung getroffen werden.

1088 BVerfGE 28, 314, 323
1089 vgl. 2. Teil, Tz. 1.1
1090 BVerfGE 35, 348, 357
1091 vgl. etwa BVerfGE 107, 104, 115f.; 108, 370, 384
1092 BVerfG NJW 1992, 1303 m.w.N.
1093 BVerfG a.a.O.
1094 vgl. etwa BVerfGE 110, 141, 151f. m.w.N.
1095 BVerfG NJW 1992, 1303 m.w.N.

Allerdings hat das BVerfG insbesondere die Selbstbetroffenheit auch in Bezug auf andere als Rechtssatzverfassungsbeschwerden geprüft[1096]. Gleichzeitig verfestigt sich in der Literatur die Auffassung, das Grundgesetz lasse ganz allgemein keine Popularklage zu, „d.h. keine Klage von jedermann, der auf eine Rechtsverletzung hinweist, die andere Personen zu erleiden haben oder die die Allgemeinheit angehen"[1097]. Daher könnte es im Beispielsfall durchaus an der Beschwerdebefugnis fehlen. Denn es kann ja nicht zweifelhaft sein, dass die zur Anfechtung des Strafbefehls vorgetragene Verletzung des Gesetzesvorbehalts die Allgemeinheit angeht und dass andere „Unternehmen" von dem strukturellen Vollzugsdefizit (Gleichheitsverstoß) ebenfalls betroffen sind. Andererseits jedoch erfüllt der Rechtsbehelfsführer bereits in seiner eigenen Person die Voraussetzungen, die das BVerfG für die Selbstbetroffenheit aufgestellt hat: „Selbstbetroffenheit ist jedenfalls dann gegeben, wenn der Beschwerdeführer Adressat der Regelung ist"[1098]. Diese Voraussetzung ist erfüllt: das Schattenrecht der Schwarzarbeit adressiert ausdrücklich an den „gewerblichen Bereich" bzw. die „Unternehmen" und damit auch an den Rechtsbehelfsführer selbst.

Das BVerfG will die Popularklage ferner durch die Erfordernisse der gegenwärtigen und der unmittelbaren Betroffenheit ausschließen: „Gegenwärtig ist die Betroffenheit, wenn klar abzusehen ist, dass und wie der Beschwerdeführer von der angegriffenen Vorschrift betroffen sein wird. Unmittelbare Betroffenheit liegt schließlich vor, wenn diese Bestimmung, ohne eines weiteren Vollzugsakts zu bedürfen, die Rechtsstellung des Beschwerdeführers verändert"[1099]. Nach dieser Rechtsprechung, die sich auf formelles Recht bezieht, reichen bereits Prognosen bzw. Möglichkeiten als Grundlagen der Beschwerdebefugnis aus. Für das informelle Schattenrecht muss dies erst recht gelten. Denn erstens zeigt der Beispielsfall, dass sich in dessen Konstellation die Prognosen/Möglichkeiten bereits verwirklicht haben und zweitens wird sich nur/erst bei Eintritt dieser Konstellation die Rechtsschutzfrage überhaupt stellen. Daher ist die Beschwerdebefugnis hier zu bejahen.

4.4 Erschöpfung des Rechtswegs (Subsidiarität)

Im oben gebildeten Beispielsfall wird Schwarzarbeit als nachgewiesen angenommen. Der Einspruch gegen den Strafbefehl kann deshalb keinen Erfolg haben;

1096 vgl. etwa BVerfGE 107, 104, 115f.; 108, 370, 384

1097 Maunz/Dürig, Grundgesetz-Kommentar, 69. Ergänzungslieferung 2013, Art. 93 Rdnr. 67

1098 BVerfGE 110, 141, 151f.

1099 BVerfGE 110, 141, 151f.

vielmehr wird es zu einer Verurteilung kommen. Damit stellt sich die Frage, ob der Überprüfung des Schattenrechts im Wege der Verfassungsbeschwerde die Anfechtung des Strafurteils vorausgehen muss. Denn gemäß § 90 Abs. 2 S. 1 BVerfGG kann eine Verfassungsbeschwerde grundsätzlich erst nach Erschöpfung des Rechtsweges erhoben werden, wobei der Rechtsweg „so lange nicht erschöpft ist, als der Beschwerdeführer die Möglichkeit hat, im Verfahren vor den Gerichten des zuständigen Gerichtszweiges die Beseitigung des Hoheitsaktes zu erreichen"[1100]. Durch den „Grundsatz der Subsidiarität"[1101] soll einerseits Rechtssicherheit und andererseits gewährleistet werden, dass dem BVerfG „vor seiner Entscheidung ein regelmäßig in mehreren Instanzen geprüftes Tatsachenmaterial unterbreitet und die Fallanschauung der Gerichte, insbesondere der obersten Bundesgerichte, vermittelt (wird)"[1102]. Dabei ist „zunächst dem sachnäheren Fachgericht die Kontrolle auch der Einhaltung der Verfassung zu überlassen[1103]". Wenn allerdings „der mit dem Subsidiaritätsgrundsatz insbesondere verfolgte Zweck, eine fachgerichtliche Klärung der verfassungsrechtlich relevanten Sach- und Rechtsfragen herbeizuführen, nicht erreicht werden (kann), ist die vorherige Anrufung der Fachgerichte…entbehrlich"[1104].

Der hier zur Beurteilung stehende Strafbefehl beruht auf dem Nachweis von Schwarzarbeit. Da die Sanktion mit dem SchwarzArbG 2004 zugleich auch eine normativ-gesetzliche Grundlage hat, sind das Schattenrecht und dessen Verstoß gegen den Gesetzesvorbehalt für die Entscheidung des Rechtsmittelgerichts ebenso wenig relevant wie vorher für das Instanzgericht. Auf den diesbezüglichen Vortrag des Angeklagten kommt es nicht an.

Eine andere Sichtweise mag für den Gleichheitsverstoß möglich sein. Indes ist nicht erkennbar, inwieweit der aus dem Schattenrecht hervorgehende Gleichheitsverstoß auf die gesetzliche Grundlage der Schwarzarbeitsbekämpfung, das SchwarzArbG 2004, zurückwirken sollte; dies wäre jedoch Voraussetzung für seine verfassungsrechtliche Relevanz gegenüber dem Strafbefehl[1105]. Letztlich kann die Frage allerdings offen bleiben, denn jedenfalls würde auch hier gelten, dass „ein Straftäter seine Straflosigkeit (nicht) mit dem Hinweis darauf

1100 BVerfG NJW 1963, 1491; vgl. auch BVerfG NJW 1952, 20 (Beschluss vom 12. 10. 1951 - 1 BvR 41/51)

1101 BVerfGE 115, 81; 72, 39, 43 („Gedanke der Subsidiarität")

1102 BVerfGE 74, 102, 113f.

1103 BVerfGE 115, 81, 92 st. Rspr.

1104 BVerfG NJW 1992, 1303, 1304f.; vgl. auch BVerfGE 104, 65, 71

1105 vgl. BVerfGE 84, 239, 284

fordern kann, dass andere Gesetzesbrecher nicht verfolgt worden sind"[1106]. Der Grundsatz, dass „es keine „Gleichheit im Unrecht" gibt"[1107], nimmt dem Vortrag des Angeklagten auch insoweit seine verfassungsrechtliche Relevanz. In der Zurückweisung des Rechtsmittels aus diesem Grunde liegt zugleich die „fachgerichtliche Klärung"[1108] der Verfassungsrechtslage im Sinne der Subsidiaritätsrechtsprechung des BVerfG. Wird mithin „das Gebot der Rechtswegerschöpfung im engeren Sinne"[1109] erst hierdurch erfüllt, dann zeigt sich, dass das legislatorische Schattenrecht der Schwarzarbeit allenfalls auf dem Weg über eine Verfassungsbeschwerde gegen das Urteil des Rechtsmittelgerichts zur Überprüfung durch das BVerfG gestellt werden könnte.

Eine sog. Urteilsverfassungsbeschwerde[1110] wäre hier allerdings ohne Aussicht auf Erfolg und würde deshalb nicht zur Entscheidung angenommen. Denn die „verfassungsgerichtliche Kontrolle im Rahmen einer Urteilsverfassungsbeschwerde beschränkt sich in der Regel auf die Prüfung, ob die angegriffenen Entscheidungen bei der Auslegung und Anwendung des einfachen Rechts auf einer grundsätzlich unrichtigen Auffassung von Bedeutung und Tragweite des in Anspruch genommenen Grundrechts beruhen oder willkürlich sind"[1111]. Das Rechtsmittelurteil als Gegenstand der Verfassungsbeschwerde beruht auf der Anwendung des SchwarzArbG 2004 sowie auf der Verfassungsrechtsprechung zum Ausschluss einer „Gleichheit im Unrecht". Es würde der verfassungsgerichtlichen Überprüfung standhalten, ohne dass das BVerfG zugleich Anlass hätte, das Schattenrecht der Schwarzarbeit in seine Betrachtung einzubeziehen.

III. Zwischenergebnis

Die Untersuchung hat gezeigt, dass das legislatorische Schattenrecht der Schwarzarbeit als Erscheinungsform der Ausübung öffentlicher Gewalt verfassungsrechtlich geschützte Positionen verletzt. Bereits bei seiner Erzeugung im Kontext der Gesetzgebung zum SchwarzArbG 2004 hat es sowohl den rechtsstaatlichen Parlamentsvorbehalt, als auch das Abstimmungsrecht des Abgeordneten berührt. In seiner Verwirklichung führt es zu einem strukturellen Vollzugsdefizit und verstößt dadurch gegen den allgemeinen Gleichheitssatz.

1106 BVerfGE 50, 142, 166
1107 BVerfG a.a.O.
1108 BVerfG NJW 1992, 1303, 1304f.
1109 BVerfGE 115, 81, 91
1110 vgl. BVerfGE 108, 282, 294
1111 BVerfG a.a.O. st. Rspr.

Diesen Befund ergänzt die Beobachtung, dass sich das Schattenrecht der Schwarzarbeit der „Rechtsschutzgarantie"[1112] des GG entzieht: Von fraktionsübergreifendem Einverständnis getragen, wurden die Umstände seiner Erzeugung nicht zum Gegenstand eines Organstreitverfahrens einzelner Abgeordneter mit dem Bundestag. Im Prozess der Verwirklichung des Schattenrechts gewährt weder die konkrete Normenkontrolle, noch die Verfassungsbeschwerde den adressierten gesellschaftlichen Akteuren („Unternehmen") Rechtsschutz gegen die Verletzung des Parlamentsvorbehalts und/oder des allgemeinen Gleichheitssatzes.

E. Rationalität des legislatorischen Schattenrechts

Der Beschreibung des legislatorischen Schattenrechts nach Erscheinungsform, normativer Qualität und Justiziabilität schließt sich die Frage nach den Anreizen an, die staatliche Akteure zur Privilegierung des Privatbereichs von Schwarzarbeit praeter legem veranlassen. Die nachfolgende Untersuchung dieser Frage geht von der Annahme aus, dass die Steuer-, die Sozial- und die Demokratiestaatlichkeit des Grundgesetzes[1113] zur Entstehung des Schattenrechts beitragen, weil und insoweit systembedingte Interessen staatlicher Akteure mit den in der Gesellschaft wirksamen Schwarzarbeitsanreizen[1114] übereinstimmen.

I. Steuerstaatlichkeit

Die Finanzverfassung des Grundgesetzes beruht auf der Idee und dem Anspruch einer sachgerechten Beteiligung des Staates am Gesamtertrag der Volkswirtschaft[1115]. Ihr „liegt die Vorstellung zugrunde, dass die Finanzierung der staatlichen Aufgaben in Bund und Ländern einschließlich der Gemeinden in erster Linie aus dem Ertrag der in Art. 105 ff. GG geregelten Einnahmequellen erfolgt (Prinzip des Steuerstaates)"[1116]. In der fiskalischen Wirklichkeit verhält es sich allerdings so, dass das Steueraufkommen dem „Gesamtstaat und (den) Gliedstaaten"[1117] keineswegs die zur Finanzierung ihrer Aufgaben erforderlichen Eigenmittel zur Verfügung stellt. Vielmehr musste sich allein der Bund als

1112 BVerfGE 113, 273, 310
1113 Art. 20 Abs. 1; 28 Abs. 1 GG sowie BVerfGE 93, 319, 342 („Prinzip des Steuerstaates")
1114 vgl. 2. Teil, Tz. 6
1115 vgl. BVerfGE 108, 1, 15
1116 BVerfGE 93, 319, 342
1117 BVerfGE 78, 249, 266

Gesamtstaat z.B. im Jahr 2012 mit einer Nettokreditaufnahme von 32,1 Mrd. Euro am Kapitalmarkt fremdfinanzieren, wobei jeweils 1 Mrd. Euro jährlich etwa 7 Mio. Euro Zinsausgaben verursacht[1118]. Schon lange kann der Bund seinen Finanzbedarf nicht mehr aus Abgaben decken, sodass er bis zum Jahr 2012 bereits einen Schuldenstand von 1.059 Mrd. Euro erreicht hatte[1119]. Vor diesem Hintergrund erschließt sich zunächst die Rationalität des normativen Programms mit seiner Doppelstrategie aus Modernisierung und Schwarzarbeitsbekämpfung[1120]. Der Gesetzgeber betrachtete die „Erschließung neuer Beschäftigungsmöglichkeiten“[1121] für selbständige und unselbständige Arbeitskraftanbieter wegen der damit verbundenen Haushaltsentlastung[1122] als „finanzpolitische Notwendigkeit“[1123] und ging zugleich davon aus, dass sich der (Para-) Fiskus die „enorme(n) Einnahmeausfälle“ durch Schwarzarbeit[1124] nicht mehr leisten könne[1125]. Leuchtet daher die Anlage auch des SchwarzArbG 2004 als „Bestandteil des Haushaltsstabilisierungskonzepts 2004“[1126] durchaus ein, so ist damit doch noch keine Erklärung für die schattenrechtliche Privilegierung des privaten Bereichs im Rahmen der Schwarzar-beitsbekämpfung gefunden. Im Gegenteil: Angesichts des erklärten Ziels, „Mehreinnahmen von 1 Mrd. Euro jährlich für den Bund“[1127] zu erwirtschaften, wäre eher eine möglichst breite Anlage des Gesetzesvollzuges zu vermuten. Dass tatsächlich in dem normativen Programm gerade auch der mehrschichtige Bekämpfungsansatz von fiskalischer Rationalität geprägt ist, zeigen erst folgende Überlegungen:

Die Legislativakteure waren sich von vornherein darüber im Klaren, dass ihr neues Konzept einen gegenüber dem vorherigen Zustand „höheren Verwaltungsaufwand des Bundes“ erfordern würde[1128]. Tatsächlich verursachte der Vollzug des SchwarzArbG 2004 im Durchschnitt der Jahre 2009/2010 einen

1118 BMF Finanzbericht 2013, S. 17; 80

1119 BMF Finanzbericht 2013, S. 12

1120 vgl. 3. Teil, Tz. 1

1121 BT-Drs. 15/25, S. 23; 15/26, S. 18

1122 BT-Drs. 15/25, S. 3; 15/26, S. 3; vgl. BT-Drs. 15/2573, S. 1

1123 BT-Drs. 15/25, S. 25

1124 vgl. BT-Drs. 15/2573, S. 1; 17

1125 BT-Finanzausschuss, Protokoll Nr. 15/52 (Wortprotokoll), vorbereitende Stellungnahme ifo, S. 3-5 „Auswirkungen der Schwarzarbeit auf das Umsatzsteuervolumen“

1126 BT-Drs. 15/2573, S. 2

1127 BT-Drs. 15/2573, S. 2

1128 BT-Drs. 15/2948, S. 5; 15/2573, S. 2

Personal- und Sachaufwand von rd. 350 Mio. Euro[1129]; der Bundesrechnungshof geht von einem weiteren Anstieg auf jährlich 416 Mio. Euro aus[1130]. Eine noch weitere Aufstockung fordern Arbeitgeber und Gewerkschaft der Baubranche (2011)[1131]; selbst die Bundesregierung hielt die weitere Vergrößerung des Personalkörpers von 6.318 Arbeitskräften (2011) für erforderlich[1132].

Um bei dieser Kostenlast wenigstens konzeptionell zu erreichen, dass „die zu erwartenden höheren Steuereinnahmen…den Verwaltungsaufwand…um ein Vielfaches überkompensieren“[1133], ist eine Konzentration der Verfolgungsressourcen unter dem Gesichtspunkt der „Gewinnmaximierung“ erforderlich. „Mehreinnahmen von 1 Mrd. Euro jährlich für den Bund“[1134] können ernsthaft nur im „gewerblichen Bereich“ der Schwarzarbeit, also z.B. auf Großbaustellen, nicht jedoch bei „privaten Bauherrn“, erwartet werden. Selbst dort schon hat die FKS das Fiskalziel bisher nicht erreicht. Wie eine Auswertung der Zoll- Jahresstatistik 2012[1135] belegt (Abbildung 4.4), lagen die erreichten Schadenssummen auch im achten Jahr des Gesetzesvollzuges weit unter dem angestrebten Ergebnis. Dabei gibt die Statistik lediglich die ermittelte Schadenshöhe, nicht jedoch den tatsächlichen Zufluss an die öffentlichen Haushalte bzw. die Sozialversicherungsträger wieder[1136]; die Personal- und Sachkosten für inzwischen 6.700 Beschäftigte des Zolls (März 2013[1137]) werden dagegen unmittelbar kassenwirksam.

1129 BT-Drs. 17/6219, S. 4

1130 BT-Drs. 16/7727, S. 8

1131 Hauptverband der Deutschen Bauindustrie, Zentralverband des Deutschen Baugewerbes und IG BAU Gemeinsame Presseinfo vom 18.02.2011

1132 BT-Drs. 17/6219, S. 3; 6

1133 BT-Drs. 15/2948, S. 5; 15/2573, S. 2

1134 BT-Drs. 15/2948, S. 5; 15/2573, S. 2

1135 abrufbar unter: http://www.bundesfinanzministerium.de/Content/DE/Downloads/Broschueren_Bestellservice/2013-03-22-zolljahrespressekonferenz-jahresstatistik.pdf?__blob=publicationFile&v=11

1136 vgl. BT-Drs. 17/6219, S. 5

1137 „Der Zoll gegen Schwarzarbeit“ - abrufbar unter http://www.bundesfinanzministerium.de/Content/DE/Standardartikel/Themen/Zoll/Schwarzarbeitsbekaempfung/2013-03-22-zoll-schwarzarbeit.pdf?__blob=publicationFile&v=6

Abbildung 4.4

in Mio. Euro	2010	2011	2012
Schadenssumme in Ermittlungsverfahren durch Bundesbehörden (FKS)	710,5	660,5	751,9
Schadenssumme in Ermittlungsverfahren durch Landesbehörden	42,4	31,5	46,3
Geldstrafen aus Urteilen und Strafbefehlen	29,8	30,6	27,2
Geldbußen, Verwarnungsgelder, Verfall (festgesetzt)	44,0	45,2	41,3
Geldbußen, Verwarnungsgelder, Verfall (vereinnahmt)	14,2	18,7	16,0

Dieses Ergebnis dürfte der Grund dafür sein, dass die operativ verantwortliche Bundesfinanzdirektion Forderungen, die Kontrollen zur Bekämpfung der Schwarzarbeit „unterschiedslos und unabhängig von der Größe auf gewerblichen, öffentlichen und privaten Baustellen durchzuführen"[1138], so deutlich zurückweist[1139]. Wenn es sich daher als Gebot fiskalischer Rationalität erweist, „Unternehmen" als „vorrangiges Ziel im Rahmen der Bekämpfung der Schwarzarbeit" auszuwählen[1140], dann ist die Privilegierung des privaten Bereichs ebenfalls Ausdruck dieses Gebots. Schwarzarbeit der „Bürgerinnen und Bürger"[1141] ist für eine „an der Höhe des Schadens für Sozialversicherungsträger und Fiskus orientierte"[1142] Verfolgungsstrategie schlicht unergiebig. Erst der mehrschichtige Bekämpfungsansatz verschafft den Vollzugsakteuren die Freiheit, ihre Ressourcen „gewinnbringend" einzusetzen.

II. Sozialstaatlichkeit

Eine zweite Rationalitätsdimension für den mehrschichtigen Bekämpfungsansatz und damit für das legislatorische Schattenrecht der Schwarzarbeit zeigt sich, sobald der Sozialstaat in seiner heute bestehenden Ausprägung in den Blick kommt:

Nachdem der (Fürsten-)Staat zu Beginn der Neuzeit die Funktion des Friedensgaranten übernommen und dabei das Monopol legaler Gewaltanwendung

1138 Hauptverband der Deutschen Bauindustrie, Zentralverband des Deutschen Baugewerbes und IG BAU Gemeinsame Presseinfo vom 18.02.2011

1139 vgl. oben 4. Teil A. IV.

1140 BT-Drs. 15/2948, S. 5; 15/2573, S. 17

1141 BT-Drs. 15/2948, S. 5; 15/2573, S. 1

1142 BT-Drs. 15/2948, S. 5; 15/2573, S. 17

errungen hatte[1143], trat im späten 19. Jahrhundert eine grundlegende Diversifizierung von Problemlagen und relevanten Machtprofilen ein: Für die Existenz der Gesellschaft kam es jetzt nicht mehr nur auf die Gewährleistung des inneren und äußeren Friedens an. Vielmehr führte und führt noch immer die Industrialisierung zu dem weiteren Problem existentieller Abhängigkeit großer Bevölkerungsteile von Erwerbschancen, die sie sich selbst nicht schaffen können[1144]; die Ergänzung des Produktionssektors durch einen Informations- und Dienstleistungssektor ab dem Ende des 20. Jahrhunderts änderte hieran wenig.

Der Zusammenhang zwischen dem Wandel der sozio-ökonomischen Lebensgrundlagen und der Funktionalität des Staates wurde in der politischen Praxis zwar früh, jedoch zunächst nur selektiv, nämlich unter dem Gesichtspunkt der seinerzeit so genannten Wohlfahrtspflege, wahrgenommen: Beginnend mit dem „Gesetz betreffend die Krankenversicherung der Arbeiter (KGV)"[1145] führte der Staat ab dem 01.12.1884 die im Prinzip noch immer bestehenden Systeme sozialer Sicherung ein. Dabei bevorzugten die staatlichen Akteure ursprünglich nicht unbedingt das schließlich verwirklichte Versicherungsprinzip. Vielmehr schwebte vor allem dem Reichskanzler Bismarck „der Arbeiter als materiell sichergestellter „kleiner Staatsrentner" (vor)"[1146].

Erst nach den Rupturen im Gefolge des 1. Weltkriegs öffnete sich der Blick auf die Notwendigkeit einer staatlichen „Daseinsvorsorge"[1147]. Mit dem Begriff hat sich ein Bewusstsein entwickelt, das dem Staat die „umfassende Verantwortung für Bestand und Entwicklung der Gesellschaft in sozialer, ökonomischer und kultureller Hinsicht"[1148] zuweist. Diese um den Wohlfahrtsfaktor erweiterte Funktionalität des Staates soll im Rahmen der vorliegenden Untersuchung als „Prosperitätsgarantie"[1149] bezeichnet werden.

1143 vgl. die Darstellung bei Reinhard, Geschichte der Staatsgewalt, 1999, S. 353 sowie bei Schuppert, Staatswissenschaft, 2003, S. 69, 168

1144 vgl. die Darstellung bei Stolleis, Geschichte des Sozialrechts in Deutschland, 2003, S. 37ff.

1145 vom 15.06.1883 RGBl. 1883 Nr. 9, S. 73

1146 Stolleis a.a.O.; S. 54f.

1147 vgl. BVerfGE 9, 124 (133)

1148 Grimm, Die Zukunft der Verfassung, 1991, S. 168; vgl. auch Forkel, Ein gesetzlicher Mindestlohn ist mit dem Grundgesetz nicht vereinbar, ZRP 2010, 115, 116 („umfassende Betreuung")

1149 nach: Pehle/Sturm, Staatliche und suprastaatliche Steuerung und Problembearbeitung in ausgewählten Politikfeldern, in: Gabriel/Holtmann (Hrsg.), Handbuch Politisches System der Bundesrepublik Deutschland, 2005, S. 796

Die „Versorgung der breiten Schichten der Bevölkerung mit Wohnraum“[1150] ist ein Beispiel, an dem sich die Zusammenhänge aufzeigen lassen. Das Beispiel bietet sich auch deshalb an, weil die Wohnraumversorgung auf der staatlichen Prosperitätsskala und gleichzeitig auf der gesellschaftlichen Informalitätsskala[1151] ganz oben steht, für das Erkenntnisinteresse der vorliegenden Untersuchung also eine Brückenfunktion erfüllt.

Zur Einlösung der staatlichen Wohnraumgarantie wendete allein der Bund zwischen 2007 und 2010 rd. 7,4 Mrd. Euro auf, die als sog. Wohnungsbauprämien sowie für ein CO - Gebäudesanierungsprogramm[1152] unterschiedslos allen Einkommensbeziehern ab dem 16. Lebensjahr zuflossen[1153]. Hinzu kommt ein Beitrag zum sozialen Wohnungsbau der Bundesländer in Höhe von jährlich 518,2 Mio. Euro „zunächst bis zum Jahr 2013“. Hierdurch begünstigt werden „Haushalte, die sich nicht aus eigener Kraft am Wohnungsmarkt angemessen versorgen können“[1154]. Während die Wohnungsbauprämie zwischen 2007 und 2010 unter den 20 größten Finanzhilfen des Bundes an Platz 2 stand und nur noch von den Subventionen für den Steinkohlenbergbau übertroffen wurde[1155], führte eine Steuerentlastung privater Wohnrauminhaber im selben Zeitraum zu Mindereinnahmen zwischen 3,2 Mrd. Euro und 4,1 Mrd. Euro jährlich[1156]. Allein für den Bund war die Wohnraumversorgung im Betrachtungszeitraum also mit mehr als 10 Mrd. Euro haushaltsrelevant. Diese Zahlen sollen eine Vorstellung von der Größenordnung des öffentlichen Finanzbedarfs vermitteln, der für die Einlösung der Prosperitätsgarantie allein in diesem Segment entsteht.

Aus diesem Zusammenhang gewinnen die schattenrechtliche Privilegierung des „privaten Bauherrn“[1157] und die (Re-)Subjektivierung des Gefälligkeitstatbestandes im „Maßnahmen- und Gesetzespaket“[1158] ihre Rationalität: Jede Bauausführung in Nachbarschaftshilfe lässt den Bedarf an öffentlich finanziertem

1150 BT-Drs. 17/465, S. 31

1151 Immoblien Zeitung Nr. 14/2011 vom 07.04.2011, S. 3

1152 BT-Drs. 17/465, S. 24

1153 § 1 WoPG

1154 BT-Drs. 17/465, S. 31 für die Folgezeit wird inzwischen eine Verdoppelung der Prämie gefordert http://www.hamburg.de/pressearchiv-fhh/3955776/2013-05-06-pr-mehr-mittel-fuer-den-wohnungsbau.html

1155 BT-Drs. 17/465, S. 14

1156 BT-Drs. 16/6275, Anlage 2, Nr. 44 und Anlage 3, Nr. 11 und 17/465, Anlage 2, Nr. 41 und Anlage 3, Nr. 11

1157 BT-Drs. 15/2948, S. 5; 15/2573, S. 19

1158 vgl. oben

bzw. subventioniertem Wohnraum sinken, während gleichzeitig sowohl die individuelle, als auch die gesamtwirtschaftliche Prosperität steigt. Dieser Effekt tritt unabhängig davon ein, ob die Arbeitsleistung mit oder „ohne Rechnung" erbracht wird. Einen Wohlstandsgewinn erzielt nicht nur der private Bauherr; auch der „Nachbar", der in Wirklichkeit ein Schwarzarbeiter ist, und der Materiallieferant („Baumarkt") profitieren[1159]. Man kann insofern von einem „self-fulfilling-prosperity"-Effekt sprechen, wobei dieser Effekt im Einzelfall größer sein dürfte, als das hinterzogene Abgabenaufkommen, Steuer- und Sozialversicherungsbeiträge inklusive.

Zu erkennen ist auch, dass die fiskalisch-ökonomische Rationalität „gewinnbringender" Ressourcenkonzentration[1160] mit dem „self-fulfilling-prosperity"-Effekt in einer Weise korreliert, die gemeinsame Interessen des „erschöpfen Sozialstaates"[1161] und des überschuldeten Steuerstaates berührt: Abstinenz der Vollzugsorgane im Privatbereich schafft Freiraum für die „Tendenz zur Eigenvorsorge"[1162] der gesellschaftlichen Akteure und mindert bzw. Relativiert zugleich den Personal- und Sachaufwand der Schwarzarbeitsbekämpfung.

III. Demokratiestaatlichkeit

„Der Staat des Grundgesetzes ist der Entscheidungszusammenhang und Verantwortungszusammenhang …, vermittels dessen sich das Volk nach der Idee der Selbstbestimmung aller in Freiheit und unter der Anforderung der Gerechtigkeit seine Ordnung, insbesondere seine positive Rechtsordnung, als verbindliche Sollensordnung setzt"[1163]. Mit dieser etwas schwerfälligen Beschreibung demokratischer Rechtsstaatlichkeit sowie mit dem Erfordernis „einer ununterbrochen auf das Volk zurückzuführenden Legitimationskette für alle Amtsträger"[1164] verweist das BVerfG auf den systemisch-institutionellen Abhängigkeitsstatus staatlicher von gesellschaftlichen Akteuren. So ist insbesondere das einzelne Mitglied des Gesetzgebungsorgans darauf angewiesen, seinen Abgeordnetenstatus bei

---

1159 1159 vgl. schon Gross, in: Gross/Friedrich (Hrsg.), Positive Wirkungen der Schattenwirtschaft, 1988, S. 39; Schneider/Badekow, Ein Herz für Schwarzarbeiter, 2006, S. 103; 105

1160 vgl. oben

1161 nach: Trampusch, Der erschöpfte Sozialstaat - Transformation eines Politikfeldes, 2009

1162 BT-Finanzausschuss, Protokoll Nr. 15/52 (Wortprotokoll), vorbereitende Stellungnahme Buchner, S. 3

1163 BVerfGE 44, 125, 142

1164 BVerfGE 107, 59, 92

regelmäßig wiederkehrenden Wahlen zu erneuern[1165], d.h. die Zustimmung einer ausreichend großen Anzahl gesellschaftlicher Akteure zu gewinnen[1166]. Im System der repräsentativen Demokratie[1167] wird der Abgeordnete vor, während und nach der Wahlperiode zum „politischen Unternehmer“[1168]. Nicht anders als sein Pendant im Wirtschaftsleben, denkt der politische Unternehmer in den Kategorien von Gewinn und Verlust; er ist bestrebt, Kosten zu vermeiden bzw. zu minimieren – in seinem Fall: „politische Kosten“[1169].

Vor diesem Hintergrund überrascht nicht, dass bereits auf der Bamberger Tagung (1985) von einer gewissen „Doppelzüngigkeit“[1170] in Bezug auf („individuelle“[1171]) Schwarzarbeit sowie davon berichtet wurde, wie „im privaten Gespräch…eine tolerierende oder positiv einschätzende Bewertung“[1172] dominiert; zwei Jahrzehnte später liest man bei Schneider/Badekow 2006: „Die Politiker wissen…, dass der Großteil der illegalen Arbeit für viele Menschen einen Teil ihres Wohlstands ausmacht. Wer diese zusätzlichen Einnahmen ernsthaft antastet, legt sich nicht mit einer Randgruppe an, sondern trifft den Kern der Gesellschaft“[1173].

Während der „politische Unternehmer“ daher bereits auf der Mikroebene erheblichen Informalitätsanreizen ausgesetzt ist, vermittelt die Demokratiestaatlichkeit dem Schattenrecht der Schwarzarbeit auch systemische Rationalität. Ebenfalls schon auf der Bamberger Tagung (1985) wurde die „freiwillige Schwarzarbeit“ als „eine …Abstimmung mit den Füßen“ im Sinne (plebiszitärer) „Abwanderung aus der sozialversicherten Ökonomie in die selbstverantwortliche Ökonomie“[1174] aufgefasst. Rund 20 Jahre später bestätigen Schneider/

1165 vgl. Art. 38f. GG sowie BVerfG-K NVwZ 1994, 893

1166 vgl. jüngst BVerfG NJW 2011, 2946, 2948 Rn. 98 („im verfassungsstaatlichen Gefüge maßgebliche(n) Herrschaftsgewalt“ der „wahlberechtigten Bürger“)

1167 vgl. dazu BVerfGE 102, 224, 237

1168 nach Schöbe, in: Gabler Wirtschaftslexikon, Stichwort: politischer Unternehmer, online Ressource: http://wirtschaftslexikon.gabler.de/Archiv/11737/politischer-unternehmer-v7.html

1169 Becker, Kooperative und konsensuale Strukturen in der Normsetzung, 2005, S. 40

1170 Gross, in: Gross/Friedrich (Hrsg.), Positive Wirkungen der Schattenwirtschaft, 1988, S. 35

1171 ders. a.a.O. S. 34

1172 ders. a.a.O. S. 26

1173 Schneider/Badekow, Ein Herz für Schwarzarbeiter, 2006, S. 120f.

1174 Koslowski, in: Gross/Friedrich (Hrsg.), Positive Wirkungen der Schattenwirtschaft, 1988, S. 239

Badekow (2006) diese Einschätzung[1175], gehen allerdings noch deutlich darüber hinaus: „Schwarzarbeiter wählen statt der „voice option" die „exit option": Sie geben nicht mehr ihre Stimme bei Wahlen ab, sondern nehmen still und heimlich den Hinterausgang aus unserem politischen System" – so lautet ein Befund, der das demokratische Prinzip und letztlich den Staat selbst berührt. Die Einsicht, dass man den „teilweisen Rückzug der Bürger in die staatsfreie Schattenwirtschaft" als „eine Form von Staatszerfall" ansehen muss[1176], ist als solche nicht neu[1177]; in einem wissenschaftlichen Diskurs, der sich jüngst den „Verfallsprozessen vordem funktionierender Staatlichkeit"[1178] zuwendet, dürfte sie jedoch an exemplarischer Bedeutung gewinnen.

Für das hier verfolgte Erkenntnisinteresse kommt es vorrangig auf die Bedeutung des Phänomens als Informalitätsanreiz für die Legislativakteure an. Bei der Anhörung in den Ausschüssen des Bundestages fiel die Bemerkung, dass „der Kampf gegen das Volk in einer Demokratie eine sehr schwere Angelegenheit" sei[1179] und war von einem „stillen Ausstieg aus dem System"[1180] die Rede. Vor diesem Hintergrund gewinnt besonderen Aussagewert, dass „Funktionäre (scil. der Polizeigewerkschaft GdP) berichten, dass Spitzenbeamte und Politiker in vertraulichen Gesprächen durchaus zu erkennen gäben, dass wirkliche Erfolge (scil. bei der Schwarzarbeitsbekämpfung im „privaten Bereich") gar nicht erwünscht seien"[1181]. Die informelle Privilegierung des Privatbereichs im Schattenrecht der Schwarzarbeit spricht für die Belastbarkeit dieser Aussage und illustriert zugleich die Wahrnehmung der Legislativakteure: Wenn jeder fünfte bzw. jeder dritte Bürger/Wähler Schwarzarbeit bereits offen einräumt[1182], dann ist das „Gemeinwesen"[1183] nicht nur in seinen fiskalischen Grundlagen berührt; vielmehr trifft die stetig weiter zunehmende Wahl der „exit option" anstelle der „voice option" das demokratische System buchstäblich an der Basis.

1175 Schneider/Badekow a.a.O. S. 137

1176 Reinhard, Geschichte der Staatsgewalt, 1999, S. 518;

1177 vgl. etwa schon Krüger, Allgemeine Staatslehre, 1964, S. 770

1178 Schuppert, Staat als Prozess, 2010, S. 168; 170

1179 BT-Finanzausschuss, Protokoll Nr. 15/52 (Wortprotokoll), S. 9

1180 BT-Finanzausschuss, Protokoll Nr. 15/52 (Wortprotokoll), vorbereitende Bauindustrie, S. 1

1181 Schneider/Badekow, Ein Herz für Schwarzarbeiter, 2006, S. 120f.

1182 vgl. 2. Teil F. II. 3.

1183 BT-Drs. 15/2948, S. 5; 15/2573, S. 1

IV. Zwischenergebnis

Die Untersuchung des legislatorischen Schattenrechts auf seine Rationalität hat gezeigt, dass im mehrschichtigen Bekämpfungsansatz staatliche Akteursinteressen mit den Anliegen der begünstigten gesellschaftlichen Akteure korrelieren:

So ermöglicht die weitgehende Freistellung privater Schwarzarbeit vom Vollzug des SchwarzArbG 2004 einerseits dem Zoll die „gewinnbringende“[1184] Konzentration seiner Ressourcen auf „Unternehmen“[1185] und erleichtert andererseits den „Bürgerinnen und Bürger(n)“[1186] ihre „gefühlte Steuer- und Abgabenlast“[1187]. Zugleich kann sich der erschöpfte Sozialstaat von der Einlösung seiner Prosperitätsgarantie entlasten, indem er der Entfaltung einer ohnehin vorhandenen gesellschaftlichen „Tendenz zur Eigenvorsorge“[1188] Raum gibt. Schließlich handeln die staatlichen Akteure als politische Unternehmer rational, wenn sie den Bedürfnissen und Stimmungen einer möglichst großen Zahl von Wahlrechtsinhabern Rechnung tragen.

F. Rechtstheoretischer Kontext des legislatorischen Schattenrechts

Im Folgenden wird der Versuch unternommen, das legislatorische Schattenrecht der Schwarzarbeit in einen rechtstheoretischen Kontext zu stellen. Dabei bietet sich die Bezugnahme auf Beobachtungen und Entwicklungen an, die bereits zu Beginn des 20. Jhdts. aufkamen[1189], sich seit den 1970er Jahren konkretisierten und sich im gegenwärtigen Diskurs weiter entfalten. Gemeint ist die Diskussion um die „Entformalisierung der Rechtsstruktur“[1190] bzw. um die Entstaatlichung des Rechts[1191] und die Ausbildung eines Rechtspluralismus[1192].

Vor dem Hintergrund sozio-ökonomischer Machtverschiebungen wandelt sich die seit der frühen Neuzeit festgeschriebene Rollenverteilung zwischen

---

1184 Immoblien Zeitung Nr. 14/2011 vom 07.04.2011, S. 3

1185 BT-Drs. 15/2948, S. 5; 15/2573, S. 17

1186 BT-Drs. 15/2948, S. 5; 15/2573, S. 17; 1

1187 Schneider/Badekow, Ein Herz für Schwarzarbeiter, 2006, S. 53

1188 BT-Finanzausschuss, Protokoll Nr. 15/52 (Wortprotokoll), vorbereitende Stellungnahme Buchner, S. 3

1189 Romano, Die Rechtsordnung, 1918 (1975), S. 93

1190 Grimm, Die Zukunft der Verfassung, 1991, S. 174 m.N.

1191 nach Schuppert, Staat als Prozess, 2010, S. 125

1192 vgl. dazu etwa Mahlmann, Rechtsphilosophie und Rechtstheorie, 2. Auflage 2012, S. 221; Vesting, Rechtstheorie, 2007, S. 93ff.; Schuppert a.a.O.; di Fabio, Verlust der Steuerungskraft klassischer Rechtsquellen, NZS 1998, 449 m.w.N.

staatlichen und gesellschaftlichen Akteuren als Normproduzenten bzw. Normadressaten. Vorher auf die Alternative beschränkt, staatliches Recht entweder zu akzeptieren oder zu brechen, haben gesellschaftliche Akteure inzwischen erheblichen Einfluss auf Regelungsgegenstände und Regelungsinhalte gewonnen[1193]. So geht dem Gesetzgebungsverfahren „nicht selten ein Aushandlungsprozess zwischen Vertretern des Rechtssetzungsorgans und den später von der Rechtsnorm betroffenen oder an ihr interessierten voraus“[1194]. Ein aktuelles Beispiel für diese Praxis im Kontext der vorliegenden Arbeit ist die Einführung gesetzlicher Mindestlöhne für Briefzusteller zum 01.01.2008[1195]. Zwar war es die Bundesregierung, die den hierzu erforderlichen Antrag auf Ergänzung des Arbeitnehmer-Entsendegesetzes in den Bundestag einbrachte; jedoch geschah dies unter ausdrücklichem Hinweis auf ein zuvor erzieltes Einvernehmen mit „Tarifvertragsparteien aus dem Bereich Postdienstleistungen“[1196]. Verfahrensgrundlage für einen solchen staatlich-gesellschaftlichen Aushandlungsprozess ist die „Gemeinsame Geschäftsordnung der Bundesministerien“ (GGO)[1197]. Hiernach ist ein Gesetzentwurf „Zentral –und Gesamtverbänden sowie Fachkreisen“ möglichst frühzeitig zuzuleiten, „wenn ihre Belange berührt sind“; die Angabe, „welche abweichenden Meinungen bestehen“, gehört zu den Bestandteilen der späteren Beschlussvorlage für das Bundeskabinett[1198].

Regelakzeptanz ist nicht länger eine einseitige Kategorie. Vielmehr muss der Gesetzgeber gesellschaftliche Praxis/Regeln zur Kenntnis nehmen und normativ verarbeiten, wenn er die Steuerungsfähigkeit staatlichen Rechts erhalten will. Dies war auch die Auffassung der Bundesregierung, die bei ihren Entwürfen sowohl der Hartz-Gesetze (Modernisierungsstrategie), als auch des Maßnahmen- und Gesetzespakets (Bekämpfungsstrategie)[1199] vom „Leitbild des aktivierenden Staates“[1200] ausging. Nach diesem Leitbild, das durch Kabinettsbeschluss

1193 vgl. dazu etwa Grimm, Die Zukunft der Verfassung, S. 169ff.

1194 Becker, Kooperative und konsensuale Strukturen in der Normsetzung, 2005, S. 63

1195 Zweites Gesetz zur Änderung des Arbeitnehmer-Entsendegesetzes vom 21.12.2007 (BGBl. I S. 3140)

1196 BT-Drs. 16/6735, S. 6

1197 abrufbar unter http://www.bmi.bund.de/SharedDocs/Downloads/DE/Veroeffentlichungen/ggo.pdf?__blob=publicationFile

1198 §§ 47; 51 Nr. 4 GGO

1199 vgl. oben Teil 3

1200 Koalitionsvereinbarung zwischen der Sozialdemokratischen Partei Deutschlands und BÜNDNIS 90/DIE GRÜNEN vom 20. Oktober 1998 – Kapitel IX, Nr. 11, 2. Abs. http://www.boell.de/downloads/stiftung/1998_Koalitionsvertrag.pdf

verbindlich gemacht wurde[1201], will der Staat „weniger Entscheider und Produzent, als vielmehr Moderator und Aktivator der gesellschaftlichen Entwicklungen" sein[1202]. Außerhalb reservierter „Kernbereiche" sieht er seine Funktion nur noch darin, „die Selbstregulierungspotentiale der Gesellschaft zu fördern und ihnen den notwendigen Freiraum zu schaffen"[1203]. Dabei geht es ausdrücklich um eine „höhere Wirksamkeit und Akzeptanz von (scil. staatlichem) Recht"[1204].

Mit dem „Fördern und Fordern"[1205] gesellschaftlicher Selbstregulierungspotentiale befindet sich die staatlichen Akteurspraxis[1206] in der Nähe rechtstheoretischer Positionen, die eine „Privatisierung des Rechts"[1207] beobachten oder gar einen staatlich-gesellschaftlichen „Gesetzgebungswettbewerb"[1208] ausrufen. Diese Beobachtungen/Ansätzen sind allerdings bisher hauptsächlich auf die Erzeugung formellen Rechts bezogen, wobei die Maßstäbe der Formalität entweder aus der Verfassung oder kollisionstheoretisch gewonnen werden (sollen). Erst in jüngster Zeit erweitert sich das Blickfeld auf die Frage, ob es „ein System der Informalität gibt, das formale Rechtsstaatlichkeit substituiert oder ergänzt"[1209]. Mit dieser Fragestellung ist ein Forschungsinteresse formuliert, in dessen Kontext sich die vorliegende Untersuchung stellen will. Ihr geht es um Beschreibung und Analyse folgenden Phänomens:

Der Hartz-Gesetzgeber zielte auf die „Herstellung einer neuen Ordnung auf dem Arbeitsmarkt"[1210]. Dabei hielt er die „Wege und Lösungsansätze" seiner Modernisierungsstrategie nur unter der Voraussetzung für Erfolg versprechend, dass sie „von den Vereinigungen der Arbeitgeber und den Gewerkschaften mit getragen und in eigener Verantwortung weiterentwickelt werden"[1211]. Verbunden

---

1201 „Moderner Staat – Moderne Verwaltung" – Das Programm der Bundesregierung http://www.bmi.bund.de/SharedDocs/Downloads/DE/Broschueren/nichtinListe/1999/Moderner_Staat_-_Moderne_Id_1447_de.pdf?__blob=publicationFile

1202 a.a.O. S. 2

1203 a.a.O. S. 2

1204 a.a.O. S. 5

1205 BMAS - Bericht zur Wirkung der Umsetzung der Vorschläge der Kommission Moderne Dienstleistungen am Arbeitsmarkt vom 20.12.2006, S. I (Kurzfassung); dort auch die Formulierung „Konzept des aktivierenden Sozialstaats"

1206 Schoch, Gewährleistungsverwaltung: Stärkung der Privatrechtsgesellschaft?, NVwZ 2008, 241 („Der „Gewährleistungsstaat" als neues Leitbild")

1207 nach Schuppert, Staat als Prozess, 2010, S. 125

1208 Vesting „Rechtstheorie", S. 95 m.w.N.

1209 Schuppert, Staat als Prozess, 2010, S. 105

1210 BT-Drs. 15/26, S. 1

1211 BT-Drs. 15/26, S. 1; 18

mit dezidierten „Erwartungen" an die gesellschaftlichen Akteure etwa zur Gestaltung der Leiharbeit[1212], zeigt dieser Ansatz sehr deutlich die Bereitschaft, unter dem „Leitbild des aktivierenden Staates" die eigene Rolle der staatlichen Akteure als Normproduzenten neu zu definieren. Sichtbar wird das Modell einer Rechtsordnung, zu deren Gestaltung staatliche und gesellschaftliche Akteure je eigene „Module" beitragen. Diese Modulbauweise zeichnet sich allerdings dadurch aus, dass es noch immer die staatlichen Akteure sind, die autonom darüber entscheiden, welcher gesellschaftlichen Praxis sie in der Rechtsordnung Raum geben wollen und welche Grenzen dabei gezogen werden; ferner dadurch, dass die legislatorische Entscheidung Gesetzesform behält. Paradigmatisch ist das oben schon berührte Zitat aus der Begründung des Hartz-Gesetzes II: „Der Gesetzgeber verbindet mit der hier vorgenommenen sehr weitgehenden Reform der Arbeitnehmerüberlassung die Erwartung an die Tarifparteien und an die Unternehmen der Zeitarbeitsbranche, dass..."[1213]. Formalität und Autonomie sind mithin die beiden Merkmale, die das Handeln des Gesetzgebers im Rahmen der Modernisierungsstrategie prägen.

Wie sich im Folgenden zeigen wird, verliert dieser Befund an Eindeutigkeit, wo im Rahmen des normativen Programms die Modernisierungs- in die Bekämpfungsstrategie übergeht. Im Schattenrecht der Schwarzarbeit schließlich verliert er sich ganz. Um sich diesem Ergebnis anzunähern, kann die nachfolgende Abbildung 4.5 hilfreich sein. Ihre Gegenstände sind das SchwarzArbG 2004 und der Mini-Job im Privathaushalt (§ 8a SGB IV) als wesentliche Bestandteile des normativen Programms; ferner der mehrschichtige Bekämpfungsansatz, der für diesen Zweck als Norm bezeichnet werden soll. Die Abbildung kategorisiert das Zustandekommen des SchwarzArbG 2004 sowie des § 8a SGB IV als formell, weil diese Normen jeweils in Form eines Parlamentsgesetzes in die staatliche Rechtsordnung eingeführt wurden. Anders der mehrschichtigen Bekämpfungsansatz, der als Gegenstand eines nur informellen Parlamentsbeschlusses[1214] auch so ausgewiesen werden muss. Mit dem Begriffspaar autonom vs. heteronom soll erfasst werden, ob und in welchem Maße Normproduktion und -inhalte durch gesellschaftliche Praxis/Regeln bestimmt wurden.

1212 BT-Drs. 15/26, S. 19
1213 BT-Drs. 15/26, S. 19
1214 vgl. oben 4. Teil B. II.

Abbildung 4.5

Norm	**Zustandekommen**		
	autonom	**formellheteronom**	**informellheteronom**
SchwarzArbG 2004	x		
§ 8a SGB IV		x	
mehrschichtiger Bekämpfungsansatz			x

Als in diesem Sinne autonom kann zunächst das SchwarzArbG 2004 selbst gelten: Im Gegensatz zu seiner Ursprungsfassung aus dem Jahre 1957 lag die Initiative dafür, dass die „Verfolgung von Schwarzarbeit und der damit einhergehenden Steuerhinterziehung auf eine neue gesetzliche Grundlage gestellt werden (soll)"[1215], bei den staatlichen und nicht bei interessierten gesellschaftlichen Akteuren[1216]. Das Anliegen, die Schwarzarbeit „verschärft"[1217] zu bekämpfen, war maßgeblich durch „enorme Einnahmeausfälle bei Sozialkassen und Fiskus"[1218] motiviert. Die normative Verwirklichung dieses Anliegens durch Prüfungen und Ermittlungen sowie Bußgeld- und Straftatbestände ist, für sich betrachtet, frei von Einflüssen aus der gesellschaftlichen Sphäre.

Anders liegen die Dinge bereits bei der Einfügung des Privathaushalts in das System der Abgabenprivilegierung für geringfügige Beschäftigung. Wie oben aufgezeigt wurde[1219], liegt dem § 8a SGB IV die Erkenntnis zu Grunde, dass „in privaten Haushalten in großer Zahl Tätigkeiten ausgeübt (werden), die ohne sozialrechtliche Absicherung in der Illegalität stattfinden"[1220]. Bei der normativen Verarbeitung dieser Erkenntnis hat sich der Gesetzgeber gegen eine verschärfte Bekämpfung und für die Anpassung der Rechtsordnung an die gesellschaftliche Akteurspraxis entschieden. Durch Einführung des Mini-Jobs im Privathaushalt wollte er eine selbst auferlegte Verpflichtung zur „Schaffung von attraktiven und einfachen Möglichkeiten ..., sich legal zu verhalten"[1221] erfüllen. Daher soll der § 8a SGB IV als ein „Angebot für Arbeitnehmer und Arbeitgeber"[1222]

1215 BT-Drs. 15/2948, S. 5; 15/2573, S. 1
1216 vgl. oben 3. Teil C. I.
1217 BT-Drs. 15/2948, S. 5; 15/2573, S. 17
1218 BT-Drs. 15/2948, S. 5; 15/2573, S. 17
1219 vgl. oben 3. Teil B. II.
1220 BT-Drs. 15/26, S. 24
1221 BT-Drs. 15/2948, S. 5; 15/2573, S. 17
1222 a.a.O.

verstanden werden. Mit Anpassung der Rechtsordnung an die gesellschaftliche Praxis und einem Verständnis von Legalität als „Möglichkeit" und „Angebot" hat die Entstaatlichung der Rechtserzeugung eine neue Stufe erreicht. Auf dieser Stufe wird der Regelungsinhalt des staatlichen Rechts durch gesellschaftliche Akteurspraxis/-regeln (mit-)bestimmt, kleidet sich allerdings noch immer in verfassungsmäßige Formen – im Falle des § 8a SGB IV in die Form eines Gesetzes. Die Einfügung des Privathaushalts in das Mini-Job-System ist insofern paradigmatisch für eine formell-heteronome Normerzeugung.

Mit dem Schattenrecht der Schwarzarbeit ist dann die nächste Stufe betreten. Im mehrschichtigen Bekämpfungsansatz werden nicht mehr nur einzelne Normen des staatlichen Rechts nach gesellschaftlicher Praxis ausgerichtet. Vielmehr überlassen die Legislativakteure einen großen Teil der gesellschaftlichen Sphäre seiner Selbstregulierung, sodass sich dort außerstaatliche Regeln frei entfalten bzw. das staatliche Recht substituieren können. In voller Kenntnis von Schwarzarbeit „rund ums Eigenheim"[1223] waren die Fraktionen des Bundestages untereinander sowie mit der Mehrheit des Bundesrates und der Bundesregierung darin einig, dass im Privatbereich „das Gesetz nicht angewendet werden soll"[1224]. Dadurch, dass der „private Bereich" auch „tatsächlich von den Kontrollmaßnahmen des Zolls verschont bleiben"[1225] soll, werden diesseits und jenseits seiner – diffusen – Grenzlinie zum sog. gewerblichen Bereich die Rollen zwischen staatlichen und gesellschaftlichen Akteuren neu verteilt: Nur für den gewerblichen Bereich - gegenüber den „Raubtieren"[1226] - erheben die staatlichen Normproduzenten noch länger den Anspruch auf ein Rechtsmonopol; im privaten Bereich dagegen stellen sie es der Putzhilfe, dem Klavier- oder dem Nachhilfelehrer[1227] und deren Auftraggebern („Mäuse"[1228]) informell frei, die Regeln des gegenseitigen Leistungsaustauschs selbst festzulegen und an die Stelle des staatlichen Rechts zu setzen. In dem Bewusstsein, unter medialer Beobachtung zu stehen[1229], vermittelten die Legislativakteure den Schwarzarbeitern im „Privatbereich" das sichere Gefühl, im Zweifel unentdeckt zu bleiben und sogar akzeptiert zu sein. Die Erwägung, dass sich Schwarzarbeit im Privatbereich „gesellschaftlich entwickelt"

1223 Plenarprotokoll 15/108, S. 9744 (C)
1224 Plenarprotokoll 15/108, S. 9749 (B); vgl. auch S. 9744 (D)
1225 Plenarprotokoll 15/108, S. 9749 (B)
1226 BT-Finanzausschuss Nr. 15/52 (Wortprotokoll), S. 13 (Herzog)
1227 vgl. BT-Finanzausschuss Nr. 15/52 (Wortprotokoll), S. 13 (Ignor)
1228 BT-Finanzausschuss Nr. 15/52 (Wortprotokoll), S. 13 (Herzog)
1229 BT-Finanzausschuss Nr. 15/52 (Wortprotokoll), S. 5 (Vorsitzende)

hat[1230] und zu bedeutend geworden ist, um noch vertrieben werden zu können[1231], belegt den heteronomen Charakter des Schattenrechts.

In dem erklärten Verzicht auf das Rechtsmonopol unterscheidet sich das legislatorische Schattenrecht von der Einfügung des § 8a in das SGB IV. Als heteronom ist es insofern zu bezeichnen, als sich in der Entstehung des Schattenrechts Wirkungsfaktoren wiederspiegeln, die der gesellschaftlichen Sphäre entstammen: Maßgeblich für dic Akzeptanz des mehrschichtigen Bekämpfungsansatzes unter den Legislativakteuren war u.a. die Erwägung, dass „der Kampf gegen das Volk in einer Demokratie eine sehr schwere Angelegenheit (ist)“[1232]. Auf diese gesellschaftliche Bedeutung informeller Arbeitskraftverwertung im Privatbereich gründet sich zugleich die oben beschriebene Rationalität des Schattenrechts aus Sicht der Legislativakteure[1233]. Die Menge gesellschaftlicher Akteure, denen die „exit-option“ offensteht, ist schlechterdings zu groß; dasselbe gilt für die Attraktivität der Möglichkeit, die hier als „selffulfilling-prosperity“ beschrieben wurde[1234]. Offensichtlich ist deshalb nicht nur die Informalität des legislatorischen Schattenrechts (informeller Parlamentsbeschluss), sondern auch sein heteronomer Charakter.

G. Justizielles Schattenrecht

Die oben referierten Urteile zum Werkvertrag mit Ohne-Rechnung-Abrede[1235] sind Manifestationen höchstrichterlicher Rechtsfortbildung durch den BGH. Im System des GG ist den Gerichten die Befugnis zur Fortbildung des Rechts von Verfassung eröffnet[1236]. Das BVerfG verweist hierzu einerseits auf den beschleunigten Wandel der gesellschaftlichen Verhältnisse und die begrenzten Reaktionsmöglichkeiten des Gesetzgebers sowie andererseits auf die offene Formulierung zahlreicher Normen[1237]. Gleichzeitig zeigt die Verfassungsrechtsprechung allerdings auch die Grenzen auf, die richterlicher „Anpassung des geltenden Rechts“[1238] gezogen sind. So ist es durch den Grundsatz der

1230 BT-Finanzausschuss Nr. 15/52 (Wortprotokoll), S. 14 (Herzog)

1231 BT-Finanzausschuss Nr. 15/52 (Wortprotokoll), S. 28 (Herzog)

1232 vgl. BT-Finanzausschuss Nr. 15/52 (Wortprotokoll), S. 9 (Wenkel)

1233 vgl. oben E. III.

1234 vgl. oben E. II.

1235 vgl. oben 3. Teil F. I.

1236 BVerfGE 34, 269, 287 Rdnr. 39f.; vgl. auch Hirsch, Im Namen des Volkes: Gesetz – Recht – Gerechtigkeit, ZRP 2012, 205, 207

1237 BVerfG NJW 2011, 836, 838 Rdnr. 53 m.w.N.

1238 BVerfG a.a.O.

Gewaltenteilung[1239] den Gerichten verwehrt, „sich aus der Rolle des Normanwenders in die Rolle einer normsetzenden Instanz (zu) begeben“[1240]. Insbesondere darf sich der Richter nicht dem vom Gesetzgeber festgelegten Sinn und Zweck eines Gesetzes entziehen, muss vielmehr die gesetzgeberische Grundentscheidung respektieren und den legislatorischen Willen möglichst zuverlässig zur Geltung bringen[1241]. „Eine Interpretation, die als richterliche Rechtsfortbildung…keinen Widerhall im Gesetz findet und vom Gesetzgeber nicht ausdrücklich oder – bei Vorliegen einer erkennbar planwidrigen Gesetzeslücke – stillschweigend gebilligt wird, greift unzulässig in die Kompetenzen des demokratisch legitimierten Gesetzgebers ein“[1242].

Mit seinen Urteilen im Terrassen- und im Vermessungsfall (BGH 2008) hat der BGH den „Bauvertrag mit Ohne-Rechnung-Abrede“[1243] aus der sozialen Wirklichkeit in das staatliche Recht eingeführt. Die Einführung dieses neuen „Vertragstyps“ durch rechtsfortbildende Auslegung des § 242 BGB ist geradezu ein Lehrbuchbeispiel für einen Verstoß des Richters gegen das verfassungsrechtliche Gebot, eine gesetzgeberische Grundentscheidung und deren Ziele zu respektieren[1244]. Die gesetzgeberische Grundentscheidung findet sich in der Rechnungstellungspflicht nach § 14 Abs. 2 S. 1 Nr. 1 UStG; über die damit verfolgten Ziele gibt die Gesetzesbegründung eindeutige Auskunft: Ohne-Rechnung-Geschäfte im Zusammenhang mit einem Grundstück, darunter ausdrücklich werkvertragliche „Bauleistungen“[1245] (Terrassenfall) und deren Vorbereitung durch „planerische Leistungen z.B. von Vermessungsingenieuren“[1246] (Vermessungsfall), betrachtet der Gesetzgeber als einen „Missstand“, dem er mit der Einführung der Rechnungsstellungspflicht „begegnen“ will[1247]. Ohne-Rechnung- Geschäfte der BGH 2008 vorliegenden Art sollen also gerade nicht in die staatliche Rechtsordnung eingeführt, sondern von dort ausgeschlossen werden. So betrachtet, stellen sich die Urteile im Terrassen- und im Vermessungsfall als Ansätze zur Ausbildung eines Schattenrechts der Schwarzarbeit auch auf der Rechtsprechungsebene dar.

1239 Art. 20 Abs. 2 S. 2 GG

1240 BVerfG NJW 2011, 836, 838 Rdnr. 52 m.w.N.

1241 BVerfG NJW 2011, 836, 838 Rdnr. 53 m.w.N.

1242 BVerfG NJW 2011, 836, 838 Rdnr. 53 m.w.N.

1243 BGH NJW-RR 2008, 1050, 1051 Rdnr. 14 m.w.N.

1244 vgl. BVerfG NJW 2011, 836, 838 Rdnr. 54

1245 BT-Drs. 15/2948, S. 5; 15/2573, S. 33 re. Sp.

1246 BT-Drs. 15/2948, S. 5; 15/2573, S. 34 li. Sp.

1247 BT-Drs. 15/2948, S. 5; 15/2573, S. 33 re. Sp.

Zwar hat sich der BGH im Auffahrt-Fall von diesen Ansätzen jedenfalls für die Zeit nach Inkrafttreten des SchwarzArbG 2004 am 1.8.2004 wieder entfernt (BGH 2013); ausdrücklich aufgegeben hat er sie jedoch nicht. Die statt dessen versuchte Abgrenzung zwischen BGH 2013 einerseits und BGH 2008 andererseits kann aus den oben dargelegten Gründen[1248] nicht überzeugen. Hinzuzufügen ist, dass der BGH in BGH 2013 (erneut) der Auffassung und dem Willen des Gesetzgebers widerspricht: Während höchstrichterlich der „Bauvertrag mit Ohne- Rechnung-Abrede" für die Zeit vor dem 1.8.2004 nicht als tatbestandsmäßig im Sinne des SchwarzArbG gilt[1249], hat der Gesetzgeber die „Ohne-Rechnung-Geschäfte" für diesen Zeitraum ausdrücklich als „Form der Schwarzarbeit" eingeordnet[1250]. Somit bleiben selbst noch in BGH 2013 Ansätze eines justiziellen Schattenrechts erkennbar.

Anders als der BGH hatte das BAG bis zum Abschluss der vorliegenden Untersuchung noch keine Gelegenheit, seine Rechtsprechung zum steuerrechtswidrigen Leistungsaustausch (Schwarzlohnabrede) zu überprüfen. Auf der Ebene unselbständiger Schwarzarbeit sind daher die schattenrechtlichen Ansätze – jedenfalls gegenwärtig – durchaus verfestigt ist und die Entwicklung offen.

1248 vgl. 3. Teil, Tz. 6.1

1249 vgl. BGH NZBau 2013, 627, 629 Rdnr. 28

1250 BT-Drs. 15/2948, S. 5; 15/2573, S. 34

Zusammenfassung und Ergebnisse

I. Legislatorisches Schattenrecht der Schwarzarbeit

1. Der im Bundesgesetzblatt verkündete Wortlaut des SchwarzArbG 2004 stimmt mit dem in Gesetzesmaterialien dokumentierten Willen der Legislativakteure nicht überein: Während der Gesetzestext die flächendeckende „Intensivierung der Bekämpfung der Schwarzarbeit"[1251] verbindlich macht, ist es Mehrheitswille der Legislativakteure in Bundestag und Bundesrat, dass das SchwarzArbG 2004 auf den sog. Privatbereich „nicht angewendet werden soll"[1252]. Dabei gilt ihnen als Privatbereich das „privat genutzte Eigenheim/ Gartengrundstück"[1253] sowie die darin bestehende Wohn- und Wirtschaftseinheit, der „Privathaushalt"[1254].

   Zu beobachten sind Tatbestands- und Verfolgungsprivilegien, die entweder außerhalb des SchwarzArbG 2004 in Gesetzesform auftreten oder sich in parlamentsöffentlich artikulierten Erwartungen der Legislativakteure manifestieren. Zugleich ist die zum Gesetzesvollzug eingesetzte Zollverwaltung ausdrücklich angewiesen, die Schwarzarbeitsbekämpfung durch Prüfungen/Ermittlungen bzw. Bußgeld- und Strafverfahren auf den sog. „gewerblichen Bereich" zu konzentrieren[1255] (Konzentrationsweisung). In ihrer Gesamtheit betrachtet, verbinden sich die Tatbestands- und Verfolgungsprivilegien mit der Konzentrationsweisung zu einem legislatorischen Schattenrecht der Schwarzarbeit.
2. Das legislatorische Schattenrecht war Gegenstand der Ausschuss- und Plenarberatungen zum SchwarzArbG 2004-E, wurde im Anschluss daran jedoch nicht zur Abstimmung gestellt. In seinem Zustandekommen verletzt es daher jeden Abgeordneten in seiner durch das GG und die GeschOBT gewährleisteten Rechtsstellung.

   Dessen ungeachtet dokumentieren die Gesetzesmaterialien eine ausdrückliche bzw. unwidersprochene Billigung der Privilegien für den sog. Privatbereich zunächst im Bundesrat und dann im Bundestag. In seiner normativen Qualität kann das legislatorische Schattenrecht daher als informeller Parlamentsbeschluss bezeichnet werden.

1251 § 1 Abs. 1 SchwarzArbG 2004

1252 Plenarprotokoll 15/108, S. 9749 (B); vgl. auch S. 9744 (D)

1253 BT-Drs. 15/2948, S. 5; 15/2573, S. 33

1254 BT-Drs. 15/2948, S. 5; 15/2573, S. 17

1255 BT-Drs. 15/2948, S. 20

3. Seine normative Informalität verschleiert die empirische Wirkung des Schattenrechts auf die Gleichheit der Normadressaten vor dem Gesetz (SchwarzArbG 2004). Das SchwarzArbG 2004 dient der Verwirklichung (para-) fiskalischer Abgabenansprüche. Mit seinem Vollzug „sollen ab 2004 Mehreinnahmen von 1 Mrd. Euro jährlich für den Bund erzielt werden“[1256]. Unter den verfassungsrechtlichen Erfordernissen des Gleichheitssatzes darf dieses Ziel nur durch „tatsächlich…gleichen Gesetzesvollzug“[1257] gegenüber allen Schwarzarbeitern (= Normadressaten) angestrebt werden. Tatsächlich jedoch lässt die schattenrechtliche Beschränkung der Schwarzarbeitsbekämpfung auf den „gewerblichen Bereich“ zwei Klassen von Normadressaten mit je unterschiedlicher Belastung durch die (para-)fiskalischen Abgabenansprüche entstehen: solche, von denen der Staat seine Beteiligung am Ergebnis ihres Leistungsaustauschs nicht nur verlangt, sondern auch erzwingt und solche, denen er hierzu nur „Möglichkeiten“[1258] eröffnet.

   In dieser empirischen Wirkung begründen die Privilegien für den sog. Privatbereich einen „Widerspruch zwischen dem normativen Befehl der materiell pflichtbegründen- den Steuernorm (scil. sowie des SchwarzArbG 2004) und der nicht auf Durchsetzung dieses Befehls angelegten Erhebungsregel“[1259]. Zugleich erweisen sie sich für die nicht privilegierten Normadressaten als „Regelungen…, die für die Verwirklichung von Grundrechten erhebliche Bedeutung haben“[1260]. Als solche stehen sie unter dem Erfordernis/Vorbehalt eines förmlichen Gesetzes[1261]. Ein nur informeller Parlaments- beschluss genügt diesem Erfordernis nicht.
4. Wegen der Verstöße gegen die Rechtsstellung der Bundestagsabgeordneten, den Gleichheitssatz und den Vorbehalt des Gesetzes je gesondert auf seine Justiziabilität befragt, erweist sich das legislatorische Schattenrecht als im Rechtsschutzsystem des GG nicht fassbar:

   Zwar hätte jeder Abgeordnete gegen die Informalität des Parlamentsbeschlusses vor dem BVerfG ein Organstreitverfahren anstrengen können. Jedoch ist dies nicht geschehen und war angesichts grundsätzlicher Übereinstimmung der politischen Akteure untereinander sowie mit den angehörten Gutachtern und Verbänden auch nicht zu erwarten. Die Privilegierung des

1256 BT-Drs. 15/2948, S. 5; 15/2573, S. 2
1257 BVerfGE 110, 94, 112
1258 BT-Drs. 15/2948, S. 5; 15/2573, S. 17
1259 BVerfG 110, 94, 113
1260 BVerfGE 95, 267, 308
1261 vgl. BVerfG a.a.O.

sog. Privatbereichs von Schwarzarbeit war und ist übereinstimmender politischer Wille.

Auf der Normadressatenebene zeigt eine Fallstudie (Einspruch gegen einen Strafbefehl bei nachgewiesener Schwarzarbeit), dass es einem „gewerblichen“ Schwarzarbeiter nicht möglich wäre, das BVerfG im Rahmen einer konkreten Normenkontrolle mit den Verstößen gegen den Gesetzesvorbehalt und gegen den Gleichheitssatz zu befassen: Die Verletzung des Gesetzesvorbehalts würde den Strafrichter nicht zu einer Vorlage zwingen, weil der Strafbefehl im SchwarzArbG 2004 eine verfassungsgemäße Grundlage hat. Der Gleichheitsverstoß wäre unerheblich, weil die Verfassungsrechtsprechung eine „Gleichheit im Unrecht“[1262] ausschließt, d.h. der Rechtsmittelführer mit dem Hinweis auf die Verfolgungsprivilegierung vergleichbarer „privater“ Schwarzarbeiter nicht gehört werden könnte.

Bei einer Verfassungsbeschwerde stellt sich die Rechtslage etwas komplexer dar, ändert sich im Ergebnis allerdings nicht: Als „tauglicher Beschwerdegegenstand“[1263] kommt das legislatorische Schattenrecht durchaus in Betracht. Denn nach der „Schaffung leistungsfähiger Strukturen im Zoll zur Bekämpfung (scil. ausdrücklich nur) der gewerbsmäßigen Schwarzarbeit“[1264] macht die Konzentrationsweisung die Umsetzung der Tatbestands- und Verfolgungsprivilegien zu einem Automatismus. Da es sich deshalb nicht nur um eine verwaltungsinterne Regelung handelt, ist die Zulässigkeitsvoraussetzung unmittelbarer Außenwirkung gegenüber dem Bürger[1265] erfüllt. Auch ist der Schwarzarbeiter im „gewerblichen“ Bereich als entweder natürliche oder juristische Person grundrechts- und daher beschwerdefähig. Dasselbe gilt – wie die Fallstudie zeigt – für die persönliche Betroffenheit als Voraussetzung der Beschwerdebefugnis. Schließlich kann sogar offenbleiben, ob der Subsidiaritätsgrundsatz den Rechtsmittelführer zur Erschöpfung des Rechtswegs vor den Fachgerichten zwingt. Denn jedenfalls würde das BVerfG eine Urteilsverfassungsbeschwerde nicht zur Entscheidung annehmen. Denn nach seiner eigenen Rechtsprechung beschränkt sich das BVerfG auf die Überprüfung der fachgerichtlichen Entscheidung auf eine verfassungswidrige bzw. willkürliche Auslegung und Anwendung einfachen Rechts. Hierfür gibt es jedoch keinerlei Anhaltspunkte, weil der Strafbefehl auf dem SchwarzArbG 2004 beruht und eine „Gleichheit im Unrecht“ ausgeschlossen ist.

1262 BVerfGE 51, 142, 166
1263 BVerfG NJW 2005, 2059
1264 BT-Drs. 15/2948, S. 5; 15/2573, S. 1
1265 BVerfG NJW 2005, 2059

5. Das legislatorische Schattenrecht gewinnt seine Rationalität durch spezifische Interessenlagen staatlicher Akteure, die sich aus den Verfassungsprinzipien der Steuer-, der Sozial- und der Demokratiestaatlichkeit ergeben und mit gesellschaftlichen Akteursinteressen korrelieren:

   Durch das Prinzip des Steuerstaates auf die Optimierung des Steueraufkommens angewiesen, wollen die Legislativakteure durch die Schwarzarbeitsbekämpfung jährlich Mehreinnahmen von 1 Mrd. Euro für den Bund erwirtschaften. Bei ebenfalls jährlichen Vollzugskosten von weit mehr als 400 Mio. Euro ist die Konzentration der Prüfungen und Ermittlungen auf den gewerblichen Bereich ein Gebot fiskalischer Rationalität. Denn nur im gewerblichen Bereich fallen Steuern und Sozialversicherungsbeiträge in einer Höhe an, die Aussicht auf die Verwirklichung des Einnahmeziels bieten. Der sog. Privatbereich von Schwarzarbeit ist demgegenüber fiskalisch uninteressant. Das somit sichtbare steuerstaatliche Interesse an der Konzentration auf den gewerblichen Bereich korreliert mit dem Interesse der hierdurch begünstigten Privatakteure, von Prüfungen und Ermittlungen sowie von Sanktionen nach dem SchwarzArbG 2004 frei zu bleiben.

   Unter dem Sozialstaatsprinzip ist dem Staat des GG eine umfassende Verantwortlichkeit für den Bestand und die Entwicklung der Gesellschaft zugewachsen, die als Prosperitätsgarantie bezeichnet werden kann. Bei einem Schuldenstand allein des Bundes von 1.059 Mrd. Euro (2012) wird der Spielraum zur Einlösung dieser Prosperitätsgarantie kontinuierlich kleiner. In der Schere zwischen Anspruch und Erfüllungsmöglichkeit besteht und wächst das Interesse staatlicher Akteure an Selbstversorgung in der Gesellschaft, z.B. mit Wohnraum. Ein sozialstaatliches Entlastungsinteresse korreliert mit einer gesellschaftlichen Tendenz zur Eigenvorsorge und vermittelt so der schattenrechtlichen Privilegierung z.B. des privaten Bauherrn ihre Rationalität.

   Im System der repräsentativen Demokratie ist jedes Mitglied des Bundestages darauf angewiesen, seinen Abgeordnetenstatus bei regelmäßig wiederkehrenden Wahlen zu erneuern. Sein systemimmanentes Interesse an Zustimmung durch eine für die Wiederwahl ausreichende Anzahl gesellschaftlicher Akteure korreliert mit dem Interesse dieser Stimmrechtsinhaber an der Umsetzung ihrer Vorstellungen in der staatlichen Rechtsordnung. Zu diesen Vorstellungen gehört die Zulässigkeit von Schwarzarbeit „rund ums Eigenheim“[1266], die der Tendenz zur Eigenvorsorge und zugleich dem gesellschaftlichen Bewusstsein entspricht.

1266 Plenarprotokoll 15/108, S. 9744 (C)

6. Aus rechtstheoretischer Sicht betrachtet, lässt sich das legislatorische Schattenrecht der jüngst in der Literatur aufgeworfenen Frage zuordnen, ob formale Rechtsstaatlichkeit durch ein System der Informalität ergänzt oder gar substituiert wird[1267]. Die Frage ist zu bejahen. Denn die euphemistisch so genannten Mehrschichtigkeit der Schwarzarbeitsbekämpfung[1268] macht den Privatbereich zu einem Reservat, in dem der staatliche Normgeber die gesellschaftliche Sphäre der Selbstregulierung überlässt, sodass sich dort außerstaatliche Verwertungsregeln frei entfalten bzw. das staatliche Recht substituieren können. Für den nicht nur praktizierten, sondern parlamentsöffentlich angekündigten Verzicht auf das staatliche Rechts(durchsetzungs)monopol war die Erwägung maßgebend, dass sich Schwarzarbeit im Privatbereich „gesellschaftlich entwickelt" habe[1269] und dass „der Kampf gegen das Volk in einer Demokratie eine sehr schwere Angelegenheit" sei[1270].

II. Justizielles Schattenrecht der Schwarzarbeit

Auch auf der Ebene höchstrichterlicher Zivilrechtsprechung zeigen sich Ansätze zur Ausbildung eines Schattenrechts der Schwarzarbeit:

Im Jahre 2008 hat der BGH der „Bauvertrag mit Ohne-Rechnung-Abrede" als Quasi- Rechtsfigur eingeführt und hieraus für den selbständigen Arbeitskraftanbieter Vergütungs-, sowie für den Nachfrager Gewährleistungsansprüche abgeleitet. Zwar ist mit einem Urteil vom August 2013 eine Änderung der Rechtsprechung eingetreten: Jedenfalls unter Geltung des SchwarzArbG 2004 sind nunmehr Gewährleistungsansprüche bei Ohne-Rechnung-Geschäften ausgeschlossen. Ausdrücklich aufgegeben ist der „Bauvertrag mit Ohne-Rechnung-Abrede" jedoch nicht.

Gegenstück der Ohne-Rechnung-Abrede für selbständige Schwarzarbeit ist die „Schwarzlohnabrede" in/bei einem Arbeitsvertrag. Nach der Rechtsprechung des BAG lässt die einvernehmlich kalkulierte Steuerhinterziehung das Arbeitsverhältnis unberührt, ist hierfür also gewissermaßen unschädlich.

1267 vgl. Schuppert, Staat als Prozess, 2010, S. 105

1268 vgl. BT-Drs. 15/2948, S. 5; 15/2573, S. 17 passim

1269 BT-Finanzausschuss, Protokoll Nr. 15/52 (Wortprotokoll), vorbereitende Stellungnahme Herzog, S. 14

1270 BT-Finanzausschuss Protokoll Nr. 15/52, S. 9 (Wenkel)

Literaturverzeichnis

Adomeit, Klaus, Der Schein-Schein-Selbständige NJW 1999, 2086.

Aulmann, Peter, Schwarzarbeit und illegale Beschäftigung vermeiden Bergisch-Gladbach 2011.

Bauer, Jobs-Hubertus/Diller, Martin/Schuster, Doris-Maria, Das Korrekturgesetz zur „Scheinselbständigkeit" – Alles anders, nichts besser! NZA 1999, 1297.

Bayreuther, Frank, Gesetzlicher Mindestlohn und sittenwidrige Arbeitsbedingungen NJW 2007, 2022.

Bamberger,Heinz Georg/ Roth, Herbert (Hrsg.), Beck'scher Online-Kommentar BGB Stand: 1.8.2013.

Becker, Florian, Kooperative und konsensuale Strukturen in der Normsetzung 2005.

Bergmann, Jan/Dienelt, Klaus (Hrsg.), Ausländerrecht 10. Auflage 2013.

Bernhart, Joseph (Hrsg.), Thomas von Aquino Summe der Theologie – 2. Band: Die sittliche Weltordnung 1985.

Blankart, Charles B., Öffentliche Finanzen in der Demokratie 6. Auflage 2006.

Blanke, Thomas, Die Auflösung des Arbeitnehmerbegriffs Von der Bekämpfung zur Förderung von Scheinselbständigkeit und geringfügiger Beschäftigung KJ 2003, 7.

Boemke, Burkhard, EU-Osterweiterung und grenzüberschreitende Arbeitnehmer-überlassung BB 2005, 266.

Böhm, Wolfgang, „Zweite Belegschaften": Mehr Flexibilität und geringere Personalkosten durch onsite management NZA 2005, 554.

–, Lohndumping durch konzerninterne Arbeitnehmerüberlassung?! Bad cases make bad laws („Fall Schlecker") DB 2010, 672.

Boockmann, Bernhard/Döhrn, Roland/Groneck, Max/Verbeek, Hans, Abschätzung des Ausmaßes der Schwarzarbeit Eine Untersuchung im Auftrag des Bundesministeriums für Ar-beit und Soziales IAW Policy Reports Nr. 4 März 2010 http://www.iaw.edu/iaw/De:Publikationen:IAW-Reihen:IAW_Policy_Reports.

Bosch, Andreas, Verstöße gegen § 1 II Nr. 2 SchwarzArbG n.F. und der Grundsatz von Treu und Glauben NJOZ 2008, 3044.

Brand, Jürgen, Die Behandlung des Problems „Scheinselbständigkeit" durch die Sozialgerichte NZS 1997, 552.

Brenke, Karl (DIW Berlin), Solo-Selbständige in Deutschland – Strukturen und Erwerbsverläufe Untersuchung für das Bundesministerium für Arbeit und Soziales – Endbericht, 2011 http://www.bmas.de/SharedDocs/Downloads/DE/PDF-Publikationen/fb-423-solo-selbststaendige-deutschland-pdf.pdf?_blob=publicationFile.

Buchner, Herbert, Neuerlicher Anlauf zur Bewältigung der „Schwarzarbeit" GewArch 2004, 393.

Bundesministerium der Finanzen, Finanzbericht 2013 Stand und voraussichtliche Entwicklung der Finanzwirtschaft im gesamtwirtschaftlichen Zusammenhang 2012.

Dietz, Martin/Müller, Gerrit/Trappmann, Mark, Warum Aufstocker trotz Arbeit bedürftig bleiben iab-Kurzbereicht 2/2009 doku.iab.de/kurzber/2009/kb0209.pdf.

Dombois, Rainer, Der schwierige Abschied vom Normalarbeitsverhältnis APuZ 1999, 13.

Dörre, Klaus, Prekäre Arbeit und soziale Desintegration APuZ 40-41/2006, 7 http://www.bpb.de/apuz/29490/prekaere-arbeit-und-soziale-desintegration?p=all.

Drenseck, Walter (Hrsg.), Einkommensteuergesetz 29. Auflage 2010.

Enste, Dominik/Hülskamp, Nicola/Schäfer, Holger, Familienunterstützende Dienstleitungen Marktstrukturen, Potentiale und Politikoptionen 2009 http://www.bosch-stiftung.de/content/language1/downloads/Analyse.pdf.

Enste, Dominik/Schneider, Friedrich, Jahrbuch Schattenwirtschaft 2010/2011 Schwarzarbeit, Steuerhinterziehung und Finanzkrise 2011.

Erdmann, Joachim, Gesetz zur Bekämpfung der Schwarzarbeit 1996.

di Fabio, Udo, Verlust der Steuerungskraft klassischer Rechtsquellen NZS 1998, 449.

Fehn, Bernd Josef, Die Novellierung des Schwarzarbeitsbekämpfungsgesetzes - Ein wichtiger Schritt in die zutreffende Richtung – ZfZ 2004, 218.

Forkel, Hans-Walter, Ein gesetzlicher Mindestlohn ist mit dem Grundgesetz nicht vereinbar ZRP 2010, 115.

Fricke, Frank, Zivilrechtliche Folgen von Verstößen gegen das SchwarzArbG. 2005.

Glanz, Peter, Die Erosion des Arbeitsvertrags am Beispiel von Schlussbestimmungen NJW-Spezial 2008, 466.

Greiner, Stefan, Die Ich-AG als Arbeitnehmer DB 2003, 1058.

Grimm, Dieter, Die Zukunft der Verfassung 1991.

Gross, Peter/Friedrich, Peter (Hrsg.), Positive Wirkungen der Schattenwirtschaft 1988.

Große-Halbuer, Andreas, Schwarzarbeit ist heimliche Boombranche in Deutschland in: WirtschaftsWoche vom 21.05.2008.

Hardinghaus, Barbara, „Die Firma" in: DER SPIEGEL 8/2008, 64.

Huchatz, Wolfgang/Materna, Jörg, Die neue Aufgabe der Zollverwaltung: Bekämpfung der Schwarzarbeit und illegalen Beschäftigung in: Bönders, Thomas (Hrsg.) Kompetenz und Verantwortung in der Bundesverwaltung – 30 Jahre Fachhochschule des Bundes für öffentliche Verwaltung 2009, S. 669.

Heinze, Meinhard, Einwirkungen des Sozialrechts ins Arbeitsrecht? NZA 2000, 5.

Henckel, Dietrich/Spars, Guido/Wukovitsch, Florian (Hrsg.), Arbeiten in der Grauzone – Informelle Ökonomie in der Stadt 2008.

Hirsch, Günter, Im Namen des Volkes: Gesetz – Recht – Gerechtigkeit ZRP 2012, 205.

Höland, Armin, Normalitätswandel statt Normenerosion: Atypische Erwerbsformen aus rechtssoziologischer Sicht in: Frommel, Monika/Gessner, Volkmar (Hrsg.) Normenerosion 1996, S. 99.

Ignor, Alexander/Rixen, Stephan (Hrsg.), Handbuch Arbeitsstrafrecht – Personalverantwortung als Strafbarkeitsrisiko 2. Auflage 2008.

Internationales Arbeitsamt, Bericht zur Internationalen Arbeitskonferenz, 95. Tagung 2006 „Das Arbeitsverhältnis".

Jarass, Hans D./Pieroth, Bodo, Grundgesetz für die Bundesrepublik Deutschland 12. Auflage 2012.

Jerger, Christoph, Von der Nichtigkeit zur Wirksamkeit zurück zur Nichtigkeit des gesamten Vertrages bei Schwarzarbeit NZBau 2013, 608.

Karpen, Ulrich, Gesetzgebungslehre – neu evaluiert, 2. Auflage 2008.

Keller, Berndt, Atypische Beschäftigungsverhältnisse: Formen, Verbreitung, soziale Folgen, APuZ Nr. 27/2009 http://www.das-parlament.de/2009/27/Beilage/007.html

Körner, Anne, Pflegekräfte aus Osteuropa – Licht ins Dunkel der Schwarzarbeit? Zur sozialrechtlichen Bewertung der Tätigkeit von Pflegekräften in Privathaushalten im Hinblick auf die Erweiterung der Arbeit-nehmer-Freizügigkeit zum 1. 5. 2011 NZS 2011, 370.

Kreikebohm, Ralf/Spellbrink, Wolfgang/Waltermann, Raimund, Kommentar zum Sozialrecht 3. Auflage 2013.

Krüger, Herbert, Allgemeine Staatslehre 1964.

Mahlmann, Matthias, Rechtsphilosophie und Rechtstheorie 2. Auflage 2012.

Mahr, Leo, Die illegale Beschäftigung aus dem Blickwinkel der Bekämpfungsbehörden 2011.

Marschall, Dieter, Zur Abgrenzung zwischen Werkvertrag und Arbeitnehmerüberlassung NZA 1984, 150.

Maunz, Theodor/Dürig, Günter (Begr.), Grundgesetz – Kommentar 69. Ergänzungslieferung 2013.

Mückenberger, Ulrich, Die Krise des Normalarbeitsverhältnisses ZfS 1985, 415; 457.

Möller, Thomas/Hudasch, Claudia, Schwarzarbeit und damit einhergehende Steuerhinterziehung – Recht des Rechnungsempfängers zum Vorsteuerabzug trotz Er-bringung von Schwarzarbeit BDZ magazin Fachteil 1-2/2013, F1.

Müller-Glöge, Rudi/Preis, Ulrich/Schmidt, Ingrid (Hrsg.), Erfurter Kommentar zum Arbeitsrecht 13. Auflage 2013.

Neumann, Dirk, Die unendliche Geschichte des Arbeitsvertragsrechts DB 2008, 60.

Oschmiansky, Frank (bpb), Minijobs / geringfügige Beschäftigung bpb-Dossier „Arbeitsmarktpolitik“ vom 01.06.2010 http://www.bpb.de/politik/innenpolitik/arbeitsmarktpolitik/55335/minijobs.

Palandt (Begr.), Bürgerliches Gesetzbuch. 72. Auflage 2013.

Pehle, Heinrich/Sturm, Roland, Staatliche und suprastaatliche Steuerung und Problembearbei-tung in ausgewählten Politikfeldern in: Gabriel, Oscar W./Holmann, Everhard (Hrsg.) Handbuch Politisches System der Bundesrepublik Deutschland 3. Auflage 2005.

Peter, Adrian, Die Fleischmafia – Kriminelle Geschäfte mit Fleisch und Menschen 2006.

Peters, Frank, Die Leistung ohne Rechnung NJW 2008, 2478.

Popescu, Paul/ Majer, Christian Friedrich, Gewährleistungsansprüche bei einem wegen Ohne-Rechnung-Abrede nichtigen Vertrag NZBau 2008, 424.

Rahne, Friederike, Aufenthaltsrechtliche Aspekte der nichtselbständigen Beschäfti-gung ausländischer Fachkräfte aus Drittstaaten in Deutschland DB 2012, 2281.

Reinhard, Wolfgang, Geschichte der Staatsgewalt Eine vergleichende Verfassungsgeschichte Europas von den An-fängen bis zur Gegenwart 1999.

Reiserer, Kerstin, Wird durch die „Hartz"-Gesetze die Scheinselbstständigkeit abgeschafft und die Selbstständigkeit gefördert? DStR 2003, 292.

Richardi, Reinhard/Wißmann, Hellmut/Wlotzke, Otfried/Oetker, Harmut (Hrsg.), Münchener Handbuch zum Arbeitsrecht 2009.

Rolfs, Christian, Scheinselbständigkeit, geringfügige Beschäftigung und „Gleitzone" nach dem zweiten Hartz-Gesetz NZA 2003, 65.

Rüthers, Bernd/Fischer, Christian, Rechtstheorie: Begriff, Geltung und Anwendung des Rechts 5. Auflage 2010.

Ruland, Franz, Ausbau der Rentenversicherung zu einer allgemeinen Erwerbstätigenversicherung? ZRP 2009, 165.

Schaub, Günter (Begr.), Arbeitsrechts-Handbuch Systematische Darstellung und Nachschlagewerk für die Praxis 15. Auflage 2013.

Schmidt, Ludwig, Einkommensteuergesetz 29.Auflage 2013.

Schiefer, Bernd/Ettwig, Volker/Worzalla, Michael, Ein Jahr Allgemeines Gleichbehandlungsgesetz DB 2007, 1977.

Schmid, Günther, Moderne Dienstleistungen am Arbeitsmarkt: Strategie und Vorschläge der Hartz-Kommission APuZ B 6-7/2003, 3.

Schneider, Friedrich/Badekow, Helmut, Ein Herz für Schwarzarbeiter Warum die Schattenwirtschaft unseren Wohlstand steigert 2006.

Schneider, Jörn A., Arbeitsrechtliche Vorhaben der Bundestagsparteien - Überblick über die Wahlprogramme DB 2013, 1551.

Schnur, Roman (Hrsg.), Santi Romano Die Rechtsordnung 1975.

Schoch, Friedrich, Gewährleistungsverwaltung: Stärkung der Privatrechtsgesellschaft? NVwZ 2008, 241.

Schubert, Jens M., Das Normalarbeitsverhältnis in der arbeits- und sozialrechtlichen Wirklichkeit NJW 2010, 2613.

Schüren, Peter, Der Scheinwerkvertrag – Rechtsfolgen und Identifikation verdeckter, illegaler Arbeitnehmerüberlassung Wirtschaft und Verwaltung 2001, 173.

Schuppert, Gunnar Folke, Staatswissenschaft 2003.

–, Staat als Prozess Eine staatstheoretische Skizze in sieben Aufzügen 2010.

Sonnenschein, Jürgen, Schwarzarbeit JZ 1976, 497.

Stamm, Jürgen, Zur Rechtsvereinheitlichung der Schwarzarbeitsproblematik Ein Lösungsmodell unter besonderer Berücksichtigung der neu-esten Rechtsprechung zur sogenannten Ohne-Rechnung-Abrede NZBau 2009, 78.

Stolleis, Michael, Geschichte des Sozialrechts in Deutschland. Ein Grundriß 2003.

Tipke, Klaus/Lang, Joachim (Hrsg.), Steuerrecht 21. Auflage 2013.

Trampusch, Christine, Der erschöpfte Sozialstaat Transformation eines Politikfeldes 2009.

Vesting, Thomas, Rechtstheorie 2007.

Waldhoff, Christian, Gesetzesmaterialien aus verfassungsrechtlicher Perspektive in: Fleischer, Holger (Hrsg.), Mysterium Gesetzesmaterialien. Bedeutung und Gestaltung der Gesetzesbegründung in Vergan-genheit, Gegenwart und Zukunft Tübingen 2013, S. 77 http://waldhoff.rewi.hu-berlin.de/doc/lehre2012ws/rsr/gesetzesmaterialien.pdf.

Waltermann, Raimund, Abschied vom Normalarbeitsverhältnis? Welche arbeits- und sozialrechtlichen Regelungen empfehlen sich im Hinblick auf die Zunahme neuer Beschäftigungsformen und die wachsende Diskontinuität von Erwerbsbiographien? NJW-Beilage 2010, 81.

Wank, Rolf, Die „neue Selbständigkeit“ DB 1992, 90.

Wingerter, Christian, Der Wandel der Erwerbsformen und seine Bedeutung für die Einkommenssituation Erwerbstätiger Wirtschaft und Statistik 2009, 1080.

Wolf, Erik (Hrsg.), Radbruch, Gustav Rechtsphilosophie 5. Auflage 1956.

Zippelius, Reinhold, Das Wesen des Rechts Eine Einführung in die Rechtstheorie 6. Auflage 2012.

www.ingramcontent.com/pod-product-compliance
Ingram Content Group UK Ltd.
Pitfield, Milton Keynes, MK11 3LW, UK
UKHW021233031026
15588UKWH00001B/67

9 783631 662816

Schattenrecht der Schwarzarbeit

Europäische Hochschulschriften

European University Studies

Publications Universitaires Européennes

Reihe II **Rechtswissenschaft**

Series II Law

Série II Droit

Band/Volume **5720**